Hacia la novela nueva

Francis Lough (Ed.)

Hacia la novela nueva

Essays on the Spanish Avant-Garde Novel

PETER LANG
Oxford · Bern · Berlin · Bruxelles · Frankfurt am Main · New York · Wien

Die Deutsche Bibliothek – CIP-Einheitsaufnahme

Hacia la novela nueva : essays on the Spanish avant-garde novel / Francis Lough (ed.). – Oxford ; Bern ; Berlin ; Bruxelles ; Frankfurt am Main ; New York ; Wien : Lang, 2000
ISBN 3-906765-90-3

British Library and Library of Congress Cataloguing-in-Publication Data: A catalogue record for this book is available from *The British Library*, Great Britain, and from *The Library of Congress*, USA

Cover design: Thomas Jaberg, Peter Lang AG

ISBN 3-906765-90-3
US-ISBN 0-8204-5312-9

© Peter Lang AG, European Academic Publishers, Bern 2000
Jupiterstr. 15, Postfach, 3000 Bern 15, Switzerland; info@peterlang.com

All rights reserved.
All parts of this publication are protected by copyright.
Any utilisation outside the strict limits of the copyright law, without the permission of the publisher, is forbidden and liable to prosecution.
This applies in particular to reproductions, translations, microfilming, and storage and processing in electronic retrieval systems.

Printed in Germany

For Linda and Catherine

Acknowledgements

I would like to express my thanks to the School of European Culture and Languages at the University of Kent at Canterbury for the award of a grant to assist in the publication of this volume.

F. Lough

Contents

FRANCIS LOUGH
Introduction 11

ALEX C. LONGHURST
Ruptures and Continuities: From Realism to Modernism
and the Avant-Garde 19

DOMINGO RÓDENAS DE MOYA
De la nueva prosa a la novela nueva 43

ALAN HOYLE
Ramón Gómez de la Serna: Avant-Garde Novelist *Par Excellence* 61

ILDEFONSO-MANUEL GIL
Benjamín Jarnés y la novela vanguardista 79

FRANCIS LOUGH
Writing out the Hero: Benjamín Jarnés's *Locura y muerte de nadie* 93

ÓSCAR AYALA
La novela de Antonio Espina. Hombre de fina hoja mental
en un paisaje bailable 113

MECHTHILD ALBERT
Vicios y virtudes: un diálogo literario franco-español 135

JORDI GRACIA
La conciencia astillada del escritor Mario Verdaguer 155

NIGEL DENNIS
César Arconada at the Crossroads: *La turbina* (1930) 179

FRANCISCO MIGUEL SOGUERO GARCÍA
Los narradores de vanguardia como renovadores del género
biográfico: aproximación a la biografía vanguardista 199

NOTES ON CONTRIBUTORS 219

FRANCIS LOUGH

Introduction

The history of the Spanish Avant-Garde novel of the early part of the twentieth century has for a long time been incomplete and unsatisfactory. New approaches to the novel in other European countries at the beginning of the twentieth century have been the subject of critical acclaim since the works themselves first appeared. And while some Spanish novelists writing in the first two or three decades of the century – Unamuno, Valle-Inclán, Pío Baroja, Miró, Pérez de Ayala, for example – have become established as part of the canon, the experimental fiction of the 1920s and 1930s has often been ignored or little understood. For many, the accepted although unhelpful idea of the Spanish Avant-Garde novel relates to the works of a small group of experimental novelists who, following rigidly the tenets of Ortega, failed in their attempts to create a new form of novel, and whose efforts were overshadowed by the appearance of a new socially- or politically-committed approach to fiction in the 1930s. In recent years, however, a body of research has begun to appear which attempts to dispel the many false ideas which persist in this area and to begin to write a more accurate history of the Spanish novel of this period in all its forms. One of the most significant points to emerge is what would appear to be a general consensus that, in spite of any failings one may wish to attach to it, the challenges presented by the experimental fiction of these Spanish authors have as much relevance today as they did then.

There are three main aspects to the problem of trying to establish a more faithful history of the Spanish Avant-Garde novel. The first is a general issue concerning the manner in which Spanish literature of the twentieth century has traditionally been classified; the second and third relate more specifically to the nature of the Avant-Garde novel itself.

The standard form of classification applied to twentieth-century Spanish literature – that of a succession of 'generations' of writers – has been under attack for some time, but continues to pervade critical studies. The use of a generational model creates many problems, most notably the establishment of a false canon which excludes many from its domain. As C. Christopher Soufas has argued, 'the unfortunate consequence is a literary history in which the part stands for, and becomes, the whole'.[1] The idea of a 'Generation of 1927' has for a long time provided the dominant filter through which Spanish literature of the 1920s and 1930s has been viewed. If, as Soufas suggests, the ideological assumptions which lie behind the creation and application of this label leave us with a false impression of Spanish poetry of this period, what might we conclude about our understanding of the Spanish novel from the same period, when the label itself privileges poetry? Víctor Fuentes has drawn attention to what he has termed 'la otra generación del 27', namely those writers at the time whose interests were more overtly social or political and so did not coincide with those of the poetic 'generation'.[2] However, the experimental novelists from this period do not fit this category either, as Eugenio de Nora has noted with specific reference to Benjamín Jarnés.[3] What is required is a more inclusive approach to Spanish literature from this period which, as Soufas suggests, recognises similarities but also differences.[4] Soufas contends that the false barriers and exclusions established by a literary history which divides a period of just under forty years into a succession of four so-called generations (1898, 1914, 1927, 1936) could be removed by seeing their differences within the global framework of a modernist agenda so that 'the real generation, if one wishes to call it that, is one that lasts from 1898 until 1936 and that parallels in significant detail developments in European modernist art'.[5] Three of the assumptions that underlie this volume of essays are that what has been termed the Avant-Garde novel of the

---

1   C. Christopher Soufas. *Conflict of Light and Wind. The Spanish Generation of 1927 and the Ideology of Poetic Form*, Middletown, Connecticut, Wesleyan University Press, 1989, p. 3.
2   Víctor Fuentes, 'La otra generación del 27', *La Chispa*, 1987, pp. 123-30. Others have taken up this idea. See, for example, Laurent Boetsch, 'Una aventura de la otra generación de 1927: Díaz Fernández, Arconada y la literatura de avanzada', *Bazar. Revista de Literatura* 4, 1997, pp. 144-49.
3   Eugenio G. de Nora, 'Jarnés, hoy', *Ínsula*, 529, 1991, p. 30.
4   Víctor Fuentes in 'Modernidad, nuevas tendencias y polémicas literarias en la España de los años 20', *Bazar. Revista de Literatura*, 4, 1997, pp. 10-19, divides the novels from this period into three categories and attempts to consider what they have in common as much as what distinguishes them.
5   Soufas, *op. cit.*, p. 21.

1920s and 1930s has been unduly ignored and misunderstood, that this situation results from a failure to see the aims of the new novelists of the 1920s as part of a process of change which had been going on in the Spanish novel since the turn of the century and which continued into the 1930s, and that this process corresponded to developments in all forms of art throughout Europe. This inevitably brings into question the scope of the label 'Avant-Garde novel'.[6] While it can readily be applied to the new novelists like Benjamín Jarnés, Pedro Salinas, Antonio Espina, etc. who appeared in the mid-1920s, it cannot be applied to them exclusively. As Alan Hoyle indicates in his essay, the term must also apply, at least, to Ramón Gómez de la Serna, a key figure in the Avant-Garde movement in Spain whose early novels date from before the 1920s.

The other two main problems which relate to the history of the Spanish Avant-Garde novel – and specifically in relation to the works of the new novelists who appeared in the 1920s – have to do, on the one hand, with the negative reaction to the works of these young writers in their own day and, on the other, with their own sense of uncertainty, which in itself may have helped give rise to the misconceptions surrounding their works.

In one of the first and most significant studies of the Spanish Avant-Garde novel,[7] Gustavo Pérez Firmat focused his attention on the critical reaction to the new group of novelists in the mid-1920s which viewed their works as anti-novels or non-novels because of the manner in which they rejected the mainstays of the nineteenth-century Realist novel – plot, character, etc. The Avant-Garde novel was, as Pérez Firmat's study suggests, easily identified with a negative aesthetic which had a coherence unmatched by the more positive, creative aesthetic which also underlined their work. In this respect the novel has been marginalised from the development of the Avant-Garde movement in general which was considered to begin with a destructive, iconoclastic phase – which also had positive associations of purification and demythification – before moving into a

---

6   For a full discussion of the relationship between the concepts Avant-Garde and Modernism see Domingo Ródenas de Moya, *Los espejos del novelista. Modernismo y autorreferencia en la novela vanguardista española*, Barcelona, Ediciones Península, 1998.
7   Gustavo Pérez Firmat, *Idle Fictions. The Hispanic Vanguard Novel, 1926-1934*, Durham and London, Duke University Press, 1993 [1982].

second and more clearly creative phase.[8] The novelists' cause was not helped in any way by their own uncertainties and doubts. As Domingo Ródenas de Moya, a contributor to this volume, has noted elsewhere,

> El propio Marichalar, acaso el crítico más avisado del grupo, acertó a diagnosticar ¡ya en 1924! el daño que todos padecían: 'Se sabe a ciencia cierta qué es lo que no hay que hacer, pero se carece en cambio de esa cierta ciencia que asegura una probable viabilidad'. Demasiada autoconsciencia atenaza; el exceso de razón deseca y esteriliza. Así lo creyó Benjamín Jarnés, hondamente inquieto, desde 1928, por que la estación de paso de la duda se hubiera trocado en posada para los narradores jóvenes. El prólogo de su novela Paula y Paulita no es sino una exhortación a perder el miedo al contacto con la realidad, a abandonar el estado de indecisión perpetua, en definitiva, a combatir el temor a equivocarse en la búsqueda.[9]

An 'anti-novelistic form' – a label which only makes sense if the Realist novel is taken as the norm – combined with the writers' own doubts and uncertainties made it all too easy to dismiss their works as failed novels.

Most of the misunderstandings surrounding the Avant-Garde novel have to do with this negative aesthetic and what have been perceived as its other 'negative' qualities which appeared simply to complement its iconoclastic stance in relation to nineteenth-century Realism. In one way or another, these other negative qualities are related to the influence of Ortega y Gasset. The appearance of the Avant-Garde novel is often linked directly to the views expressed in Ortega's *La deshumanización del arte* and *Ideas sobre la novela*, a link seemingly strengthened by his support for the creation of the *Nova Novorum* collection, published by the *Revista de Occidente*, in which the first Avant-Garde novels appeared – Salinas's *Víspera del gozo* (1926) and Jarnés's *El profesor inútil* (1926). Ortega's guiding hand was clearly visible and acknowledged by the novelists themselves – Jarnés, for example, wrote the following dedication at the beginning of *Escenas junto a la muerte* (1931):

---

8   See Ana Rodríguez Fischer's comments in the 'Introducción' to her recent anthology *Prosa española de vanguardia*, Madrid, Castalia, 1999, pp. 32-34, 43.
9   Domingo Ródenas de Moya (ed.), *Proceder a sabiendas. Antología de la narrativa de vanguardia española, 1923-1936*, Barcelona, Alba Editorial, 1997, p. 23. See also Rodríguez Fischer, *op. cit.*, pp. 43-5.

Introduction 15

> A ti, Valentín Andrés Avarez, si no padre al menos padrino de *El profesor inútil*, te dedico estas páginas, continuación de aquellas que un día –con la emoción de chicos que van a examinarse– llevamos juntos al aula de José Ortega y Gasset.

Yet, to proceed from such evidence to the conclusion that the relationship between Ortega and the novelistic production of the Avant-Garde novelists who surrounded him was both simple and direct is misleading. It ignores several factors: the inconsistencies which exist between some of Ortega's ideas as expressed in the two essays mentioned, the differences which exist between the novelists themselves and their output, the influence of more established writers, and the influence of other European models. These novels did not all come from exactly the same mould and were not written according to a formula set out by Ortega. Nor did they represent a sudden change in the novel which rejected the 'formula' of the nineteenth-century novel. As in other European countries, in Spain, the Realist mode of narrative had been under attack from the turn of the century. Unamuno, Valle-Inclán, Pérez de Ayala, Miró and Gómez de la Serna all explored new avenues of novel writing without which the new novelists of the 1920s could not have attempted what they did. Nor should we ignore the fact that several of these younger novelists worked as journalists reviewing foreign literature and as translators of other European novels.

Perhaps the most significant link established between Ortega and the new novelists lay in the use of the term 'dehumanisation', a term which has a clear sociological significance and in the area of art was intended to refer to technique. However, in what would appear to be an unhappy fusion of the two usages, it also came to be interpreted as descriptive of a work's content. Ironically, writers promoting a highly subjective view of reality, often described as poetic or lyrical, which formed part of their response to the dehumanising nature of a developing bourgeois society were attacked as purveyors of cold, dehumanised characters. The central issue in this question is the relationship between life and art, and the assumption that a high degree of attention to the artistic or aesthetic qualities of a work is incompatible with a concern for life. One of the most significant developments in critical approaches to the Avant-Garde novel in recent years has been the attention paid to this question and it has resulted in a common view that the new novelists' aesthetic concerns complemented rather than undermined their interest in human concerns. As Peter Bürger has indicated in a wider context, the 'avant-gardiste protest' had as one of its aims 'to reintegrate art into the praxis of life'.[10] In the Spanish context, Antonio Candau has recently argued that one of the aims of Pedro Salinas was to attempt to 'romper la incomunicación entre lo literario y lo otro, entre lo vital y lo artístico'.[11] According to Ródenas: 'En la obra de Jarnés, por ejemplo, siempre se verificó una exploración del mundo de la vida sin abdicación alguna de su deber artístico'.[12] The difficulty lies in the fact that these human concerns were not related openly or directly to social or political concerns at a time when commitment in art and literature was rapidly becoming the order of the day.

This volume of essays is the result of a desire to bring together the ideas of some of those now carrying out research in this area in order to reflect on some of these key issues surrounding the emergence of an Avant-Garde novel in Spain at the beginning of the century and its replacement – more or less, but not entirely – by a more committed form of novel in the 1930s. Individual contributors will differ in their views on particular aspects of the history and development of the Spanish Avant-Garde novel, as did the Avant-Gardists themselves. As Rodríguez Fischer indicates, 'es difícil encontrar una coincidencia de criterios entre las definiciones del fenómeno vanguardista formuladas por sus protagonistas más activos'; what united them was their common desire to innovate.[13] Nevertheless, there is much common ground to be found in these essays. The experiments in novel form associated with the new novelists are generally seen to develop from what went before and not to represent a simple putting into practice of the ideas of Ortega y Gasset. Approaching the question of the development in the novel at the beginning of the century from different angles, Alex Longhurst and Domingo Ródenas de Moya both see the experimental novel of the 1920s as the culmination of a process which began with the novelists associated with what is generally termed the 'generation of 1898'. Alan Hoyle shows the importance to this development of Spain's key Avant-Gardist, Ramón Gómez de la Serna, as he moved from considering the Avant-Garde novel to be an impossibility to

---

10 Peter Bürger, *Theory of the Avant-Garde*, Manchester, Manchester University Press, 1984, p. 22.
11 'El presente representado: *Víspera del gozo* de Pedro Salinas y el momento vanguardista', *Bazar. Revista de Literatura*, 4, 1997, p. 44.
12 Domingo Ródenas de Moya, *Proceder a sabiendas ...*, p. 26.
13 Rodríguez Fischer, *op. cit.*, p. 30.

being one of its key practitioners. In relation to the works of the new novelists, Ildefonso-Manuel Gil and Domingo Ródenas point to the heterogeneity of their novelistic practice, while Óscar Ayala, Mechthild Albert and Francisco Soguero García all offer clear evidence of the new novelists' knowledge of and interest in the works of writers from other countries in Europe. Several essays – Longhurst, Hoyle, Ayala – also question the nature of Ortega's influence on the new novel while Soguero reminds us that, whatever the relationship between Ortega's ideas and the novels published, his influence as editor was significant, setting up not only the *Nova Novorum* collection but also a huge project of literary biographies.

A significant part of the debate over Ortega's role centres around the term 'dehumanisation' which several contributors seek to redefine. There are also several suggestions as to the factors which contributed to the decline of the Avant-Garde novel in the 1930s, while both Longhurst and Ayala point to features in the Avant-Garde novel which would re-emerge under a new guise in the post-Civil War period – Cela's *La colmena* being an emblematic text in this context. There are also several essays which focus on individual writers. It is not intended that these writers should be seen as any more important or significant than some of those who have been omitted, with the exception perhaps of Jarnés whose central role has always been recognised. The essays on individual writers tackle issues which are in some way or another applicable to others. Gil sees in Jarnés some of the representative features of all Avant-Garde novelists, while my own contribution considers one of the key novels from this period, Jarnés's *Locura y muerte de nadie*, as a metafictional text which takes as its main theme the form of the new novel and its rejection of an out-moded Realist aesthetic; Ayala's focus on Antonio Espina leads, amongst other things, to a discussion of the role of Ortega and the form of the Avant-Garde novel; and Jordi Gracia's essay on Mario Verdaguer presents a new angle on the life-art debate by focusing on the effects on the novelist of his role as a professional writer.

In short, and in spite of the inevitable gaps, the essays in this volume develop ideas which are beginning to come to the fore in the study of the Avant-Garde novel in Spain in the early part of the twentieth century. They recognise the need to reconsider the role of Ortega as mentor to the new novelists who emerged in the mid-1920s and reveal some of the contacts between the new novel and the works of other novelists in Spain and in other countries while emphasising the heterogeneity of novelistic practices within a common, modernist framework. As such, this volume pretends to be no more than one more step forward in our understanding of a part of Spain's literary history which has too long been ignored but which is slowly being rediscovered and re-interpreted to dispel the myths which continue to surround it. The title chosen for the volume – *Hacia la novela nueva* – relates as much to the work contained in it as to the novelistic practice studied. While Spanish Avant-Garde novelists, in their different ways, were working towards a new form of fiction, we are still working our way towards a clearer understanding of the nature and limits – not to mention limitations – of their attempts to create a Spanish Avant-Garde novel. As Rodríguez Fischer reminds us, of all the adjectives used in the 1920s to define the art of the time,

> "nuevo", "joven", "actual", "moderno" o de "vanguardia" [...] "nuevo" parece ser el que gozó de mayor aceptación, hasta el punto de sustantivizarse –"lo nuevo"–, es decir, alcanzar una categoría conceptual.[14]

---

14   Rodríguez Fischer, *op. cit.*, pp. 22-23.

ALEX C. LONGHURST

Ruptures and Continuities: From Realism to Modernism and the Avant-Garde

In Spanish narrative fiction the first clear signs of rebellion against the dominant Realist aesthetic occur in the 1890s. Although there is no very specific point at which we can say with conviction that a new approach has replaced the old – indeed the epigones of Realism continue their activity well into the twentieth century – the final decade of the nineteenth witnesses a questioning of the practice of Realism and of its theoretical basis. That this occurs hard on the heels of the debate over the Zolaesque brand of Naturalism, and therefore in part at least as a consequence of it, seems reasonably certain. Although Zola was a respected, even revered, figure both as a novelist and, more especially, for his later role in the affaire Dreyfus, his views on the novel came under severe attack from major established figures as well as from younger writers. In France, Flaubert, just as earlier he had rejected the deterministic theories of Hippolyte Taine on the grounds that they left little room for individual talent and inspiration, so he later castigated Zola for having neglected the essentials of 'poetry and style' in favour of materialism. In England, Thomas Hardy, in his pointedly titled essay of 1891 'The Science of Fiction', denounced the scientific theory of Naturalism as a mere attempt to sustain a crumbling Realism through a formula impossible in practice: in selecting, ordering and manipulating his material, the novelist, argued Hardy, is led by his artistic instinct, and the pretension to scientific experiment in order to bring the novel into line with a new scientific philosophy is mere wishful thinking.

In Spain, the defence of naturalism à la Zola was intense but short-lived, and in any case less than faithful to the French writer's materialist argumentation. Naturalism spawned a very large number of second-rate novels in Spain, but without the theoretical underpinning of materialist determinism offered by Zola, indeed in most of them Naturalism is reduced to the sexual instinct.[1] Emilia Pardo Bazán's enthusiasm for Zola's Naturalism displayed in *La cuestión palpitante* (1883) appears to have waned fairly rapidly to judge from her remark of 1894 to the effect that new approaches 'han venido a reemplazar al naturalismo [que] pertenece a la historia literaria'.[2] Before this, as early as 1889, Ganivet had come to the conclusion that no serious Spanish novelist could be labelled Naturalist in the full sense of the term:

> El fondo filosófico de la novela naturalista es un positivismo radical que no acepta ningún novelista español digno de esta consideración. Alarcón, Pereda, Trueba, Pardo Bazán y la mayor parte de ellos son espiritualistas. Valera, Galdós y otros lo son también, aunque también propenden al escepticismo.[3]

Throughout the 1890s and into the early 1900s we find comments of writers and critics alluding to the collapse of Naturalism and to the lack of any clear, dominant aesthetic. Thus, for example, in 1898 Unamuno wrote an article in which he discussed Zola's brand of scientific determinism and expressed his admiration for the care with which the Naturalist novel documents the reality which it purports to study. But at the same time he stated categorically that 'el naturalismo novelesco ha fracasado', the reason being that the attempt to apply the tenets of scientific determinism to an aesthetic form is wholly misguided because 'el arte es un saber intuitivo', not a logical abstraction. Art deals with a dimension of existence which science ignores. For Unamuno, art could not afford to neglect the individual because life itself is reflected in our own individual consciousness: 'El arte debe proceder como la naturaleza, en el orden del ser intuitivamente reflejado en nosotros, no en el orden del conocer discursivamente expuesto'.[4] Here we have, in a nutshell, what was to become one of the central tenets of Modernism: the primacy of the individual consciousness of the artist as a source of all interpretations of the world. Unamuno ex-

---

1 See Jean-François Botrel, 'España, 1880-1890; el naturalismo en situación', in Yvan Lissourgues (ed.), *Realismo y naturalismo en España*, Barcelona, Anthropos, pp. 183-97. For the erotic Naturalist novel see in particular Pura Fernández, *Eduardo López Bago y el Naturalismo radical*, Amsterdam and Atlanta, Rodopi, 1995.
2 Quoted in W.T. Pattison, *El naturalismo español*, Madrid, Gredos, 1965, p. 159.
3 Ángel Ganivet, *España filosófica contemporánea*, in *Obras Completas*, Madrid, Aguilar, 1951, II, pp. 625-26.
4 Miguel de Unamuno, 'Notas sobre el determinismo en la novela', in *Obras Completas*, Madrid, Escelicer, 1966-71, IX, p. 771.

emplifies particularly well the epistemological shift that underlies the transition from Realism to Modernism. The positivist paradigm is no longer credible: the accumulation of data through observation and the consequent explication through a deterministic cause-and-effect relationship have failed to explain the complexities of modern man.

A virtually identical position was adopted at the time by Pío Baroja, who had himself been trained as a scientist. Like Unamuno, Baroja emphasises that modern art deals with areas of human cognition that science ignores:

> A las regiones superiores del espíritu sedujo la Ciencia; al arte le han quedado las regiones inferiores del alma, una segunda personalidad inferior, llamada subconsciencia; ese reflejo oscuro de la vida es quien goza de la obra de arte moderna.[5]

One could reasonably speculate that Baroja's conception of art is an amalgam of two important influences: Dostoyevski and Symbolism. In his teens Baroja had developed an enthusiasm for the Russian novelist – recently translated into French – which was to remain with him throughout his career. In a 1903 article he went so far as to refer to Dostoyevski as an idol of the *modernistas*, accurately foreshadowing modern scholars' propensity to regard the Russian writer as one of the clearest precursors of Modernism.[6] The Symbolist influence, more noticeable certainly in early Baroja than in other novelists of the Generation of 1898, could have come to him via his reading of Baudelaire's translations of that 'American prophet of Symbolism' (the phrase is Edmund Wilson's), Edgar Allan Poe, and is unmistakably detectable in his 1890s stories and even in his 1902 novel *Camino de perfección*.[7]

---

5   Pío Baroja, 'Hacia lo inconsciente', in *Obras Completas*, Madrid, Biblioteca Nueva, 1946-52, VIII, p. 851.
6   Pío Baroja, 'Estilo modernista', in *Obras Completas, ed cit.*, VIII, pp. 845-47.
7   This, despite the fact that Baroja poked fun at Symbolism in some of his early articles. For his quasi-Symbolist short stories see those collected by Luis Urrutia in Pío Baroja, *Hojas sueltas*, Madrid, Caro Raggio, 1973, Vol. I. For a mention of Symbolist aesthetics in *Camino de perfección* see my '*Camino de perfección* and the Modernist Aesthetic', in *Hispanic Studies in Honour of Geoffrey Ribbans*, Mackenzie and Dorothy Severin (eds.), Liverpool, Liverpool University Press, 1992, pp. 191-203.

More surprising perhaps than either Unamuno's 1898 critique of Naturalism or Baroja's 1899 dismissal of the movement as passé[8] is Blasco Ibáñez's rather later self-dissociation from the movement and his explanation of his own work from a significantly different aesthetic position. Writing in 1918 to the Jesuit literary scholar Julio Cejador, and fully admitting his admiration for Zola, he nevertheless rejects the label 'el Zola español' which he had been given: 'Yo, en mis primeras novelas, sufrí de un modo considerable la influencia de Zola y de la escuela naturalista, entonces en pleno triunfo. En mis primeras nada más'. By his 'primeras novelas' he means those of the 1890s, perhaps up to *Cañas y barro* (1902). But even so, he not only disavows the aesthetic theory of the *roman expérimental* but insists on the lack of similarity between their respective approaches: 'Por más que busco, encuentro muy escasas relaciones con el que fue considerado como mi padre literario. Ni por el método de trabajo, ni por el estilo, tenemos la menor semejanza'. It seems as if rather late in the day Blasco has realized that his close connection with Naturalism makes him look old-fashioned, so now he is determined to chart his own alternative aesthetic of the novel, except that it is not far removed from that expressed by Unamuno twenty years earlier and is uncannily similar to Baroja's. The Basque and the Valencian coincide on a number of points. They both emphasize the limits of reason in art and the role of unconscious forces. Blasco wrote:

> La obra de arte habla al sentimiento, a todo lo que en nosotros forma el mundo de lo inconsciente, el mundo de la sensibilidad, el mundo más extenso y misterioso que llevamos en nosotros, pues nadie conoce sus límites, mientras que la razón es limitada.

Years earlier, Baroja had also emphasized the role that the personality of the writer had in art; indeed he had almost reduced art to self-revelation:

> Lo difícil es esto, llegar a descubrir el Yo, parir la personalidad, grande o pequeña, de ruiseñor o de búho, de águila o de insecto, cuando se tiene. El estilo debe ser expresión, espontánea o rebuscada, eso es lo de menos, pero expresión fiel de la forma individual de sentir y pensar.[9]

---

8   In 'Literatura y bellas artes', written originally for a French newspaper and reproduced by Ricardo Gullón in his anthology *El modernismo visto por los modernistas*, Madrid, Guadarrama, 1980, pp. 75-81.
9   Pío Baroja, 'Estilo modernista', *loc. cit.*, p. 846.

Blasco virtually repeated the idea: 'Para mí, lo importante en un novelista es su temperamento, su personalidad, su modo especial y propio de ver la vida. Esto es verdaderamente el estilo de un novelista, aunque escriba con desaliño'. Blasco also emphasized the role of unconscious memory in artistic creativity, of impressions that lie dormant within the artist until they are mysteriously recalled in the ferment of the creative moment:

> El que verdaderamente es novelista posee una imaginación semejante a una máquina fotográfica, con el objetivo eternamente abierto. Con la misma inconsciencia de la máquina, sin enterarse de ello, recoge en la vida diaria fisonomías, gestos, ideas, sensaciones, guardándolas sin saber las que posee. Luego, lentamente, todas estas riquezas de observación se mueven en el misterio[so] inconsciente, se amalgaman, se cristalizan, esperando el momento de exteriorizarse; y el novelista, al escribir bajo el imperativo de una fuerza invisible, cree estar diciendo cosas nuevas y acabadas de nacer, cuando no hace más que transcribir ideas que hace años viven dentro de él y que le fueron sugeridas por un personaje olvidado, por un paisaje remoto, por un libro del que no se acuerda.[10]

This time it is Baroja who seems to echo Blasco, for in his famous 1925 'Prólogo casi doctrinal sobre la novela' he refers to the critical role played by what he calls 'el fondo sentimental del escritor', that is to say, sedimentary impressions, all those ideas and images deposited over time in our minds and slowly fermenting until recalled by some creative force. It is that 'sedimento de su personalidad' which each writer pours into his work: 'Todos los novelistas, aun los más humildes, tienen ese sedimento aprovechable, que es en parte como la arcilla con la que construyen sus muñecos, y en parte como la tela con las que hacen las bambalinas de sus escenarios'.[11] The explanation of the genesis of the work of a novelist is virtually identical in Blasco and Baroja, both referring not just to personality and the unconscious, but to the manner in which characters and sceneries are created.

---

[10] All quotations from Blasco have been taken from the letter to Julio Cejador, 1918, reproduced in the Introduction to Vicente Blasco Ibáñez, *Obras Completas*, Madrid, Aguilar, 1961, I, pp. 14-20.

[11] Pío Baroja, 'Prólogo caso doctrinal sobre la novela', *Obras Completas, ed. cit.*, IV, p. 325. Interestingly, some years later in the prologue to *Superrealismo*, Azorín would repeat, as was his wont, although in his own poetic language, the ideas of Blasco and Baroja.

Whereas Unamuno was to develop his ideas about the novel much further, and from *Niebla* (1914) onwards must be regarded as a fully-fledged Modernist in the European sense, Baroja and Blasco belong to an intermediate stage of development and stand as a near-perfect example of a halfway house between Naturalism and Modernism.[12] Both writers still cling to certain aspects associated with Realism and Naturalism. They do not accept historical determinism à la Taine, but they do nevertheless seem to adhere to some kind of naturalistic interaction with the environment, of which the individual can still be a victim despite his efforts to rise above his circumstances. They also retain a measure of physiological interest, something which they have in common with Zola. On the other hand they do not accept that a novelist can set up a novel as an experiment from which to infer Nature's laws. On the contrary, unlike Realists and Naturalists both Baroja and Blasco have abandoned all pretence at objectivity, at least in their theoretical statements. Zola of course left a place, albeit a non-too-prominent one, for the artist's individual temperament and personal expression, and he insisted on the artist's involvement with his material through the mechanism of experimental modification. Modernists were to have none of this, insisting in their turn that the artist does not modify true, indestructible facts taken from Nature as Zola would have it, but that he actually creates his material: 'El mundo de afuera no existe; tiene la realidad que yo le quiero dar', says the artist hero of *Camino de perfección*. 'La realidad circundante es una creación del artista', Azorín was later to write; and Jarnés: 'La realidad la estamos creando nosotros al pensar sobre ella'.

Baroja and Blasco appear to lie somewhere between these two positions, that of Zola and that of the Modernists. They accept the presence, indeed perhaps the necessity, of something external to the work of art, but insist that the ultimate product is so deeply imbued with the personality of the artist that its real value lies in its authenticity as the expression of a subjective, even unconscious, vision. To an extent we might still see in

---

12 It has to be said, however, that there is a clearer development in Blasco, who moves from a quasi-Naturalism in the Valencian novels, through a typically *fin-de-siècle* psychological phase between 1906 and 1909, to a final position in the 1920s in which he betrays a timid experimentalism with Modernist self-reflexivity. Baroja by contrast is at his most Modernist in the novels of his first decade and will hover in and out of this position without ever developing a fully Modernist approach.

this posture Hippolyte Taine's 'invisible man', a temperament peeking through external actions and gestures; but the crucial difference is that there are no longer any ascertainable facts, any historical determinants, any social predictors, or any hereditary constraints forcing the artist to create in a particular way. If these forces exist they are unknowable to the individual. Baroja and Blasco evolve their aesthetics, limited as they are, in an epistemological vacuum; all they have is a knowledge of their compulsion to write, and their art, they will insist, is but an extension of their own selves. The work is a measure of the man, a view not exclusive to Baroja or Blasco since it would appear that Ramón Gómez de la Serna at one stage held similar views.[13] What we have here is a reversal of the direction of travel that characterises Realism, which moves from the outer world to the inner world; instead, we are now moving from the inner world of the artist to the outer world that he (and his characters) observes. The philosophy of Kant appears at last to have caught up with the most open of all artistic genres, and in doing so it has given it a subjective turn that is ultimately more Nietzschean than Kantian.

Alongside the explicit rejection of the Naturalist aesthetic, we find, in the closing years of the nineteenth century and early years of the twentieth, numerous comments that attest the lack of any clear dominant aesthetic. Thus, for example, Baroja in 1899:

> Hay un sinfín de tendencias y de corrientes artísticas. El arte y la literatura varían como la moda. Seguir la moda en el traje es ser elegante; seguirla en literatura es ser modernista. El modernista, el adorador de lo nuevo, no encuentra, como el elegante, una sola moda que adoptar, sino muchas en el mismo momento.[14]

In 1903 he writes: 'Antes una época tenía su estilo [...]. Hoy cada individuo es una época', adding that, in his view, there is nothing wrong with this: 'se debe escribir como se siente', and 'el escritor debe presentarse tal como es'.[15] In their insistence on the primacy of the artistic self Baroja's

---

13   Luis Fernández Cifuentes, in his *Teoría y mercado de la novela en España: del 98 a la República*, Madrid, Gredos, 1982, p. 44, refers to a 1909 review by Gómez de la Serna in which Ramón had written that the new literature aspired to 'lo escrito responda fielmente al sentido de la vida chez del autor'.
14   Pío Baroja, 'Literatura y bellas artes' (1899), reproduced in *El modernismo visto por los modernistas, ed. cit.*, p. 77.
15   Pío Baroja, 'Estilo modernista', *loc. cit.*, p. 846.

comments are beginning to sound almost like a Modernist manifesto. That same year Pérez de Ayala, referring to what he terms 'anarquismo estético', wrote:

> En la novela, sobre todo, se ha llegado al triunfo completo del individualismo *atómico* a partir de la bancarrota de la escuela naturalista. Hoy cada autor escribe sus novelas sin prejuicios de técnica ya definida ni preocupaciones de bando, y el público los alienta a todos. No hay novela concebida *específicamente* y que predomine como escuela de *moda* sobre todas las demás; hay la novela *in genere*, que cada cual entiende a su modo.[16]

Among the reviewers and critics there was the same general disorientation. New works were being dismissed because they did not conform to old criteria, while older writers were being devalued as old-fashioned. There was critical activity aplenty in the old and new literary magazines, but much of it polemical and with no clear, dominant tendency.[17] As far as the novel itself is concerned, it was widely noted that the new fiction emerging from the pens of Baroja, Valle-Inclán, Azorín and Pérez de Ayala did not fit either the traditional mould or the late resurgence of a crude, sensationalist Naturalism that exploited a market for the seamier side of life. There was no coherent concept of narrative fiction; each critic, each novelist, had self-justificatory theories or admonitions. *Fin-de-siècle* disarray appears to have persisted till World War I. On the other hand there was a keen awareness of the aesthetic vacuum in which literature was developing and of the need to establish a new theoretical framework. This is of course what Ortega would ultimately try to do. But in a rather more limited and less systematic way it was being constantly attempted by writers and critics.

What is clear in broad terms is that traditional Realism was no longer seen as viable and that the attempts to replace it took one of two forms: either to search for a reinvigorated form of Realism by adding a new dimension, or to deny that art had anything to do with a reality outside itself and to claim that it was responsible to no authority except its own artistic integrity. The first approach was succinctly described by the distinguished

---

16   Ramón Pérez de Ayala, 'La aldea lejana', in *Obras Completas*, Madrid, Aguilar, 1963, p. 1094.
17   See the immensely useful summative pages in Luis Fernández Cifuentes, *op. cit.*, pp. 31-38.

critic Gómez de Baquero (Andrenio). While noting the diversity of products of the contemporary novel, he observed that what these disparate varieties had in common was a 'tendencia a conservar el realismo, como elemento genérico de la novela, y a agregarle algún otro elemento... psicología, ocultismo, palpitaciones sociales, fondo histórico'.[18] The second approach, art for art's sake, had been notoriously promulgated by Oscar Wilde, although it was often adulterated with a concept of the ideal in art vaguely derived either from Taine's *De l'Idéal dans l'Art* or from Schopenhauer's defence of aesthetic values. Although art for art's sake was very much a *fin-de-siècle* fashion and a posture typical of late nineteenth-century decadent Romanticism, it did not on the whole appeal to European Modernists.

The emergence of the Modernist novel thus took place in a climate of change, or more correctly of belief in the need for change. It was neither a late rearguard action to retain the robust Realist tradition nor, at the other extreme, a repudiation of reality in the pursuit of artistic exclusivity. It was questioning rather than prescriptive, and what it questioned and explored was the nature of the relationship between art and reality, between what was written and what it was written about. In pursuit of this aim it undoubtedly subverted established forms and conventions of fictional narrative and had to struggle for a readership. But it did not appear overnight. Before Unamuno, Valle-Inclán and Baroja published their well-known novels of 1902 there had been clear pointers that the genre was taking a new turn. This early non-conformism is easily detectable in Juan Bautista Amorós (Silverio Lanza), whose eccentric creations jarred in the still prevalent Realism of the 1880s and 1890s. Not easily classifiable, his novels were nevertheless of significance to the younger writers. In 1890, at the early age of seventeen, Pío Baroja (in collaboration with his older brother Darío) published a short piece on Silverio Lanza in which he mischievously sustained the hoax perpetrated by Amorós himself, who had 'killed' his pseudonymous personage, Silverio Lanza, in one of his works and from then on presented himself as editor of Lanza's posthumous works. Before calling upon the 'editor' to publish more of the deceased writer's works, Baroja says:

---

18 Cited by Luis Fernández Cifuentes, *op. cit.*, p. 54. See pp. 38-74 for an excellent survey of contradictory ideas and tendencies in the period 1908-14.

> Creo yo que Silverio Lanza no pertenece a ninguna escuela literaria. Su talento imaginativo, su poder cerebral, no sé explicarme, vamos, le impide ser naturalista (Perdón). Su pesimismo filosófico, unido a su escepticismo, le prohíbe el ser idealista.[19]

Since Idealism (or sometimes Idealist Realism) was at the time supposed to be the alternative to Naturalism, it follows that the Baroja brothers did not see Silverio Lanza as fitting into either of the two perceived modes of narrative fiction. In this sense he appears to belong to a third, undefined mode. Interestingly, Pío Baroja was to return to Silverio Lanza in a somewhat later article (1904) and to refer to him alongside the by then deceased Ganivet as being 'en discordancia completa con el momento histórico en que nacen y con la sociedad que los rodea'.[20] These two writers 'no han conocido aún los favores de la crítica ni del público, pero una reacción va iniciándose en la juventud presente, que hará que estos grandes desconocidos sean al fin los triunfadores'.[21]

Ganivet's two Pío Cid novels (1897 and 1898) are probably the closest precursors of Spanish Modernist narrative. Indeed two recent and detailed studies unequivocally label them as such.[22] I am more inclined to see them as hybrid products. *Los trabajos del infatigable creador Pío Cid* on the one hand conserves some features typical of nineteenth-century Realism: a linear structure of sequential events; an omniscient, impersonal third-person narrative voice despite the intermittent presence of a first-person narrator; and human relations affected by economic, political and emotional circumstances perfectly in keeping with what is found in the Galdós of the middle period. On the other hand *Los trabajos del infatigable creador Pío Cid* is also a novel which shows a high degree of self-consciousness unusual in nineteenth-century fiction but a commonplace in Modernist narrative; in which plot has lost its former dominant role; in which environmental determinism is replaced by an interest in the inner workings of personality; within whose narration the Realist illusion of his-

---

19 Pío Baroja, 'Silverio Lanza y su editor J.B.A.', in *Hojas sueltas, ed. cit.*, I, p. 92.
20 Pío Baroja, 'Silverio Lanza' in *Obras Completas, ed. cit.*, V, p. 54.
21 *Ibid.*, p. 55.
22 Nil Santiáñez-Tió, *Ángel Ganivet, escritor modernista. Teoría y novela en el fin de siglo español*, Madrid, Gredos, 1994. Raúl Fernández Sánchez-Alarcos, *La novela modernista de Ángel Ganivet*, Granada, Diputación Provincial / Fundación Caja de Granada, 1995.

toricity is mocked; and whose unity is obviously not formal but symbolic. The title is a pointer: the creative labours of Pío Cid mirror the labours of his novelistic creator, hence the element of self-reflexivity that will become a hallmark of later Modernist fiction.

Silverio Lanza and Ángel Ganivet help us to chart the move away from nineteenth-century Realism. But perhaps most significant of all in the transition from Realism to Modernism is the late evolution of consecrated Realists such as Galdós and Pardo Bazán. As is well known, Galdós moved away from what for want of a better phrase one might call materialist Realism towards a more spiritual kind of Realism as well as experimenting with novels in dialogue.[23] A novel such as *Misericordia* (1897) eludes easy classification, for if, on the one hand, it seems as if Galdós sets out to offer a Naturalist study of the indigent classes of Madrid, on the other he clearly ends up creating a study in fabulation, a fabulation carried out through the characters' own disposition to fabulate. Benina, Almudena, Obdulia, Frasquito, Doña Paca, are all endowed by their creator with an unusual inventive capacity, and indeed the narrator several times refers to the powerful imagination of his characters. The playful interaction between the fake and the real, exemplified above all by the two Don Romualdos, accurately foreshadows the Modernist preoccupation with the nature of the relationship between art and reality, between the world and the book. Doña Emilia developed in a slightly different way. From an impassioned defence of Zolaesque Naturalism and a desire to explain the mechanisms of social structures and relationships, she moved to an exploration of the human psyche. The novel of psychological interest, sometimes termed Psychologism or Psychic Naturalism, is another potential but complex link between Naturalism and Modernism. It is undoubtedly an offshoot of Naturalism as practised by Paul Bourget or Joris-Karl Huysmans; but it also appears in the work of European Modernists such as Hermann Hesse, Thomas Mann, and Italo Svevo, and in *noventaiochistas* like Baroja and Azorín. It is not easy to draw distinctions between Naturalist psychologising and Modernist psychologising, but one that often does apply is that in the former the personage is rendered as an

---

23 In an unusually encomiastic comment, Baroja in 1899 referred to Galdós as having succeeded in giving a new impulse to Spanish literature, leading it into new territory through his 'obras de evolución reciente hacia un misticismo realista.' In 'Literatura y bellas artes', *loc. cit.*, p. 77.

object of psychological study, whereas in Modernism the personage embodies a subjective vision of the world. Among Spanish writers we observe this at work, for example, in Baroja's *Camino de perfección* and Pérez de Ayala's *La pata de la raposa*.

It is now becoming widely accepted – except perhaps in Spain – that the novelists of the Generation of 1898 are *grosso modo* the Spanish counterparts of the European Modernist fiction writers of the first four decades of the twentieth century. Unamuno, Valle-Inclán, Baroja and Azorín, to whom one might reasonably add the slightly younger Pérez de Ayala and Gabriel Miró, all wrote novels at least some of which bear comparison in theme and approach with the works of fiction writers in Europe now recognized as Modernist. One could object that the new wave of novelists in Spain did not produce a work of the stature of *Ulysses* or *À la recherche du temps perdu*, but this would be to argue from the exception rather than the rule. Many parallels suggest themselves: Unamuno's fiction, like Pirandello's, explores the depths of personality and self-identity, or, like Kafka's, inquires into the problem of moral choice in a non-rational universe. Ganivet satirizes mechanistic systems of thought through the use of fabulation and accidentalism, just as Italo Svevo was to do after him. Valle-Inclán, like Joyce, elevates the artist to a demiurge or all-powerful craftsman and ironizes upon the characters through a linguistic mockery of their world. Baroja echoes Joseph Conrad in the way in which he subjectivises narrative and renders uncertain the act of narration, creating a tension between historicity and invention. Miró, in his Oleza novels, gave pride of place to memory in a Proustian-like attempt to capture the Bergsonian flow of consciousness. And Pérez de Ayala is a Spanish Gide in his subtly humorous exploitation of the newly rediscovered technique of the *mise-en-abyme* or internal self-reflexion. All the well-known preoccupations of Modernist narrative are to be found in the Spanish writers, even the collapse of faith in the ability of language to render reality: 'Words as is well known are the great foes of reality', said Joseph Conrad in the preface *to Under Western Eyes*; likewise Baroja referred to language as a modifier and adulterator of ideas; and Unamuno makes Augusto's dog Orfeo declare that 'la lengua le sirve [al hombre] para mentir, inventar lo que no hay, y confundirse'.[24] Gone is the comfortable relationship between art

---

24   Baroja, *Obras Completas, ed. Cit.*, VII, pp. 812-13; Unamuno, *Niebla, Obras Completas, ed. cit.*, p. 680.

and reality facilitated by a neutral and enabling language. All the *noventaiochistas* mentioned above developed an interest in, even a fascination with, language and expression. Some, notably Valle-Inclán in *Tirano Banderas* or Pérez de Ayala in *Belarmino y Apolonio*, converted this interest into a rich source of imaginative and original storytelling. Language rather than story is the real key to late Valle-Inclán and late Pérez de Ayala.

Not all the *noventaiochistas* can be accorded the same membership status of the Modernist club. Baroja, like Joseph Conrad with whom he has so much in common, is perhaps best described as a proto-Modernist. His contradictory aesthetic statements, together with his diversity of output, make it difficult to inscribe him in any specific poetics of the genre. His early enthusiasm for Lanza, Ganivet and a renovated Galdós mark him out as a lover of the new; yet his novels, while evincing certain features closely associated with Modernism (ironic treatment of plot and character, concern with subjective perception, interest in personality and mental states, self-conscious narration), do not amount to a radical break with nineteenth-century modes of narrating but rather to an attenuation of traditional approaches which owe much to a dissenting and fully modern philosophical outlook derived from Schopenhauer and Nietzsche.[25] Unamuno on the other hand, despite Realist beginnings in his historical novel *Paz en la guerra* (1897), had fully earned his Modernist credentials with the publication of *Niebla* in 1914 (first redaction 1907). Here we encounter, perhaps for the first time in Spanish fiction, some of the central preoccupations of Modernist narrative: an acutely self-conscious text aware of itself in the making; a sustained discussion of artistic autonomy – that of the text, of the characters and of the author; a concern with the role of language in human affairs including literature; a preoccupation with self-identity and the authenticity of one's perceived image.[26] In his creation of an essentially experimental novel, one based, that is, on an unstable, multi-faceted, stimulative system of aesthetic discourse, Unamuno is a clear link

---

25 For a view of Baroja as a Modernist see my own *Critical Guide to 'El mundo es ansí'*, London, Grant and Cutler, 1977. For an almost opposite view see H. Ramsden's *Critical Guide to 'La busca'*, London, Grant and Cutler, 1982.
26 For a lucid explication of *Niebla*'s Modernist traits see John Macklin, 'Unamuno's Niebla and the Discourse of Modernism', in John Macklin (ed.), *After Cervantes: 75 years of Iberian Studies at Leeds*, Leeds, Trinity and All Saints College, 1993.

between *noventaiochismo* and *vanguardismo*, and indeed *Niebla* was to re-echo loud and clear in later fiction.

Another connective figure is that of Ramón Pérez de Ayala: his earlier Alberto Díaz de Guzmán tetralogy exemplifies the existentialist themes of anguish and alienation typical of the early *noventaiochista* novel and has much in common with Baroja, early Azorín, and the Modernist *Bildungsroman* in general. Ayala's novels of the 1920s by contrast have moved on to a ludic exploration of narrative literature itself, in which intertextuality, self-reflexivity, and the cognitive function of art reign supreme. The Ayala of the 1920s is fully an experimental novelist, and this development gives him an overarching presence in what can loosely be termed the two phases of Modernism, a first phase of disconformity and rebellion characterised by a severe weakening of the mainstays of causal plotting, harmonious characterisation, and pretence at historicity; and a second phase characterised by the search for new ways of storytelling in which fictional narrative asserts its independence from historical narrative and thrives on the exploration of its own fictiveness. The first phase lays emphasis on the disintegration of the self, as we observe in such novels as *Camino de perfección*, *La voluntad*, and *La pata de la raposa*. The second phase deepens the interest in narrative authority and truth (as in, say, Unamuno's late fiction, e.g. *La novela de don Sandalio*), greatly enlarges the interest in personality (notably, again, in Unamuno's fiction, e.g. *La tía Tula*, *Abel Sánchez*), and above all greatly expands the range of themes and techniques: Azorín explores the idea of time (*Doña Inés*), Gabriel Miró exploits the function of memory as the essential ingredient of narrative art (*El obispo leproso*), Valle-Inclán uses techniques drawn from painting, especially cubism (*Tirano Banderas*), while Pérez de Ayala uses contrapuntal techniques (*El curandero de su honra*) and most clearly expresses the basis of the new paradigm that has replaced the old truths, namely, the relativity of knowledge (*Belarmino y Apolonio*). This latter theme is ubiquitous, and the readiness of some scholars to attribute it to the influence of Ortega y Gasset is incautious in the extreme. Neither Unamuno nor Baroja were fans of Ortega (indeed Baroja, though a personal friend and public admirer, was an antagonist of Ortega so far as ideas on the novel are concerned), yet their hostility to positivism under any form and their adherence to an observer-based view of knowledge was total. Baroja, the least experimental of the novelists of the 1898 Generation, nevertheless consistently reflected in his fiction the partial, incomplete, subjective nature of all knowledge, whether of ideas, events, or characters. His series of historical novels, *Memorias de un hombre de acción* (1913-1934), for which he carried out considerable original research, is an ironic subversion of the possibility of historical truth. For Baroja, neither history nor fiction could be true in any absolute sense.

It is nevertheless true that the relativity of knowledge in the Ortegian sense, better referred to perhaps as perspectivism, is amply reflected in many of the novels of what I have termed the second phase of Modernism, which includes the historical Avant-Garde proper. In this sense, that is to say, an epistemological one, there is no very meaningful distinction that can be drawn between the Modernists and the vanguardists of the 1920s. If there is a distinction to be made, it is probably one of names of writers rather than of themes and techniques. Ramón Gómez de la Serna and Benjamín Jarnés, the two writers most closely associated with the vanguard novel,[27] are of course experimental novelists to a more sustained degree than any of the older or younger *noventaiochistas*, but the aesthetic assumptions which underlie their work are not so very different from those which underlie the later novels of Unamuno, Valle-Inclán, Azorín, and Pérez de Ayala. Undoubtedly one can make a justifiable case for dealing with the Avant-Gardists as a separately identifiable group coalescing around the *Revista de Occidente*, more justifiable perhaps than one can make for a Generation of 1898; but from the perspective of literary historiography their work has much in common with that of older novelists publishing in the 1920s – notably so in the case of Azorín and Valle-Inclán. Valle-Inclán returned to the novel in 1927 with *Tirano Banderas*, his first since 1909, and one in which, as mentioned above, the influence of cubism is clearly detectable just as it is in the work of Gómez de la Serna. Azorín participated in the vanguard novel of the 1920s with *Doña*

---

27 Gómez de la Serna is often omitted from the 1920s Avant-Garde since he had started to publish much earlier; but quite apart from the fact that he was the same age as Jarnés, it seems to me that from the point of view of an experimental genre he cannot be left out. His most significant novels were 1920s productions in any case. I would suggest a tripartite division of the Avant-Garde novelists:
1) Novelists with a substantial production (Gómez de la Serna and Jarnés);
2) Novelists with limited production: (Giménez Caballero, Espina, Neville, Salinas and various others);
3) Novelists who abandoned Avant-Gardism in favour of other approaches to fiction (Sender, Francisco Ayala, Arderíus, Arconada).

Inés, *Félix Vargas* (later renamed *El caballero inactual*), and *Superrealismo* (later renamed *El libro de Levante*), novels which, in one way or another, explore the theme of writing. The central tenet of the Avant-Garde novelists was quite simply a restatement, in heightened form, of the separateness of art as a category of knowledge. Art did not depend on an external reality, but nor was it in conflict with it. This view of the independence of art from a common, objective reality was so widespread that it can even be found in aesthetic antagonists like Ortega and Baroja.[28]

Although the vanguard novel of the 1920s has come to be irremediably linked to Ortega because of the undoubted connection between Gómez de la Serna, Jarnés, and Ortega, the label 'deshumanizada' which has sometimes been applied to it is not wholly appropriate: it is too limiting and belies the variety of 1920s production. Ortega's notorious 1924 essay (which appeared first in *El Sol* and in book form a year later) created a (probably unintended) polarity between 'humanizar' and 'deshumanizar', but this proved something of a red herring and arose perhaps from an incomplete reading of Ortega and from the latter's infelicitous choice of word.[29] Ortega's essay might have been more accurately titled 'la desmasificación del arte', since in essence what he was debating was the trend towards an art for a sophisticated consumer. This was one of the points resisted by Baroja, who realized that a professional novelist needed a substantial readership in order to be able to function. The dangers of élitism were also recognized by a leading Avant-Gardist, Jarnés himself, who defended Ortega by arguing that 'deshumanización' was not meant as a goal but was rather a consequence of the inevitable tension between two dimensions of experience, the real and the artistic. Jarnés himself, Spain's leading Avant-Garde novelist, remains a troublingly ambiguous figure, suggesting perhaps the difficulty of encapsulating the aesthetics of Avant-Gardism in a few handy generalizations.

Several scholars, most notably Paul Ilie, have in the past adopted an approach to Jarnés's fiction which sees it as the virtual embodiment of Ortega's theories, but this has been questioned recently by Francis Lough

---

28   'La novela quizá es la que no debe ser como la vida', wrote Baroja in his famous 'Prólogo casi doctrinal'. In Ortega the idea of distance between art and reality is central to *La deshumanización del arte*.

29   For a succinct yet interesting account of the polemic caused by the term 'deshumanización' see Luis Fernández Cifuentes, *op. cit.*, pp. 323-38.

and Soledad Fernández Utrera.[30] Lough has argued that the desire to divest the novel of all manner of ideological intrusion and conventional structures does not make it escapist or esoteric; rather does this type of novel seek, through an art that does not hire itself out to any extraneous doctrine or position, to make us aware of other ways of 'seeing'. Fernández Utrera for her part argues that the Avant-Garde, of whom she takes Jarnés to be the 'ejemplo modélico', attempts to reconcile conflicting facets of humankind in the search for an integrating, all-encompassing harmony between the rational and non-rational, the sensual and the intellectual, fidelity to oneself and responsibility to society. In the light of this plea, it would be possible to make a case for Jarnés as the natural inheritor of the critical Realism of Clarín. But the problem of course is not what the novels of Jarnés stand for but the fact that they are perceptibly different as fictional constructs. Perhaps Jarnés was indeed seeking similar ends; but the fact remains that he was doing so through distinctly dissimilar means. From a literary-historiographical point of view the fundamental question, I think, is to what extent Jarnés's novel is different from that of his predecessors, and this is a matter of genre rather than of aims. It is not perhaps wholly irrelevant to this discussion that the most critically praised of Jarnés's novels is *Locura y muerte de nadie*, which many consider to be the most genre-specific of all, with an identifiable theme (the very Unamunian one of personal identity) and an identifiable storyline, in a word the most conventional. The temptation to approve of familiar surfaces, to endorse what we recognize, is irresistible.[31]

---

30   Paul Ilie, 'Benjamín Jarnés: Aspects of the Dehumanized Novel', *PMLA*, LXXVI, 1961, pp. 247-53. Francis Lough, '*El profesor inútil* and the Ethical Aesthetics of Benjamín Jarnés', *Bulletin of Hispanic Studies* (University of Glasgow), LXXV, 1998, pp. 469-89. María Soledad Fernández Utrera, 'Los héroes de la vía media: representación de la nueva humanidad en el discurso artístico y literario de la vanguardia española', *Bulletin of Hispanic Studies* (University of Glasgow), LXXV, 1998, pp. 491-516.
31   Curiously, to add to the contradictions and paradoxes of the situation, the generic loosening which characterised the Avant-Garde novel, what Gustavo Pérez Firmat referred to as 'the stretching of the boundaries under eclecticism' (*Idle Fictions. The Hispanic Vanguard Novel, 1926-1934*, Second Edition, Durham and London, Duke University Press, 1993, p. 11), had been accepted not by Ortega but by the supposedly more conventional Baroja: 'Una novela es posible sin argumento, sin arquitectura y sin composición' ('Prólogo casi doctrinal', *loc. cit.*, p. 326). Baroja adds, however,

If we turn to the only other major novelist of the Avant-Garde, Gómez de la Serna, whose novels have often been dismissed as pyrotechnics, as *greguerías* writ large, there is a corresponding problem of form versus substance. Ramón's extreme aestheticism is probably harder to maintain in narrative prose fiction than in other genres because narrative fiction has what Frank Kermode once referred to as 'followability', that aspect of relating that allows, even invites, analogy with our experience of the world. Despite its fragmented, chaotic appearance, *El novelista* has a story to tell, that of the novelist Andrés Castilla. What is more important: the story of Andrés or the stories of Andrés? Of course Gómez de la Serna deliberately exploits his protagonist's profession in order to include all manner of ingenious, not to say outrageous incongruities. But the reader is still drawn into the life of Andrés. One might say of the protagonist of *El novelista*, or of Gómez de la Serna himself, what Alain Robbe-Grillet said of the artist, that he is a man with nothing to say, for it is the artist in the man who speaks, not the man himself. What is characteristic about Ramón is the extent to which he was prepared to go in the search of a distinctive artistic voice. The theoretical issues which he raised were no different in essence from those of his elders and contemporaries, as José Enrique Serrano has shown.[32] But Gómez de la Serna was prepared to go much further down the road of heterodoxy in pursuit of these issues, all the way to self-mockery in fact. Alan Hoyle has convincingly argued that behind Ramón's love of incongruity lies a very ordinary and human truth, namely that incongruity appeals to all ideologies because it is rooted in humour, and humour infringes the rigid categories of conventional thinking.[33] In his theoretical statements Ramón certainly tended to emphasize the entertainment value of his art, an art that by implication belittles life, showing us its paucity and meaninglessness. Fiction does not depend for its meaning on life; if anything, it is the reverse. Yet amidst the incongruities, a novel such as *El novelista* also appears to hide a good deal of rationality of

---

that although he can imagine 'la novela de arte puro', he does not know any examples.

32 José Enrique Serrano, 'The Theory of the Novel in Ramón Gómez de la Serna's *The Novelist*', in Derek Harris (ed.), *The Spanish Avant-Garde*, Manchester and New York, Manchester University Press, 1994, pp. 27-38.

33 Alan Hoyle, 'Ramón Gómez de la Serna and the Avant-Garde', in Derek Harris (ed.), *Changing Times in Hispanic Culture*, Aberdeen, University of Aberdeen Centre for the Study of the Avant-Garde, 1966, pp. 7-16.

the down-to-earth, commonsensical type. For example, contrary to the idea put forward in Unamuno's *Niebla* (later repeated in Azorín's *Superrealismo*) that authors might after all be the victims of their fictional creations, here it is repeatedly shown, albeit farcically, that it is very much the other way round. Gómez de la Serna's fiction has usually been seen as merely clever, ludic, self-sufficient, frivolous, intranscendental. But the question of whether or not it makes some kind of metaphysical statement cannot be dismissed quite so easily. If, as certain critics maintain, (José Enrique Serrano or Robert Spires, to mention but two), we have in *El novelista* a possible parody of Unamuno's work, then Gómez de la Serna's novel is making a statement about a reality outside of itself. Furthermore, Ramón's undoubted belief in literature as linguistic engineering is problematical in itself. 'Literature that pretends to deny any meaning beyond its linguistic presence ultimately undermines its own reason for existence', writes Robert Spires with reference to *El novelista*.[34] This rather presupposes that literature has to have a transcendental reason for its existence, which is a brave assumption indeed. Are reasons not inventions every bit as much as fictional plots are? One could well imagine Ramón arguing that the rational world is as much a construct of the human mind as is the world of invented fictions, for meaning is something conferred, not given.

Because the younger writers tended to be disrespectful towards their elders it is tempting to see the vanguard novel as being written against its generic predecessors. 'It is clear that from the moment of its appearance the vanguard novel presents itself as an alternative to the canonic genre. Its novelty is always gauged against the immediate fictional past', writes Gustavo Pérez Firmat; and again: 'The vanguard novel's hostility toward the canonic genre puts the two classes in head-to-head competition'.[35] This, while true in one sense, could be misleading in another. For while the vanguard novel self-consciously set out to be different, it did so in a context ordained by its predecessors both remote (the nineteenth-century Realist novel) and immediate (the *noventaiochistas*' mould-breaking fiction). Robert Spires has effectively rebutted Pérez Firmat's contention that 'before 1926 there was no general awareness of the genre, nor was there a

---

34   Robert Spires, *Transparent Simulacra. Spanish Fiction, 1902-1926*, Columbia, University of Missouri Press, 1988, p. 118.
35   Gustavo Pérez Firmat, *op. cit.*, pp. 30 and 31.

corpus of works that could have engendered it'.[36] Referring to the vanguardists' manifestoes, Spires writes:

> Based on their statements, one receives the impression that vanguardism was unique in its campaign to renovate fiction. Yet the aesthetics that the vanguardists describe as the enemy is essentially the same as the one that members of the Generation of '98 rejected twenty years earlier.[37]

Furthermore, as Roberta Johnson has shown, there was a fruitful exchange, or a crossfire as she so aptly puts it, between the different waves of novelists of the first three-and-a-half decades of the twentieth century, not so much hostility then – although bitchy remarks among men of letters would appear to be even more common than among academics – as a mutual influence through debate, reaction and subversion.[38]

But if Pérez Firmat's incautious statement needs modification, one must avoid the danger of overcorrection. For there was, clearly, a difference of degree between the vanguard novel and its immediate predecessor: the impact, indeed concomitance, of aesthetic theory was more intense. As Pérez Firmat himself has amply demonstrated, the vanguard novel both informed and was informed by an ongoing critical debate about the nature of the novel: 'Novels and criticism mirror each other with exceptional clarity. The same quirks, the same excesses, appear in both'.[39] While this theoretical discourse was not of course limited to Ortega and the vanguardists – Unamuno, Baroja, Pérez de Ayala also made and reacted to theoretical statements about narrative fiction – it was particularly sustained and ingenerate in the case of the Avant-Garde group of novelists. For them each novel appeared to make a critical statement, a statement that was often taken up and debated by another vanguardist in the literary press. There was another difference too, though again perhaps one of degree. The *noventaiochistas* rebelled against what they perceived as the rhetorical, clichéd style of *Restauración* prose. The novelists of the historical Avant-Garde went much further. They understood one crucial point; that in a universe built of words expression is everything. You can-

---

36   *Ibid.*, p. 29.
37   Robert Spires, *op. cit.*, p. x.
38   Roberta Johnson, *Crossfire: Philosophy and the Novel in Spain, 1900-1934*, Lexington, Kentucky, University Press of Kentucky, 1993.
39   Pérez Firmat, *op. cit.*, p. 41.

not innovate simply by changing the subject of a novel; you have to change the expression. This they had in common with the 'Generación poética del 27', whose members had the effrontery, but also the enormous vision, to resurrect the Golden Age poet condemned for generations for his linguistic creativity, Luis de Góngora. Predictably, the linguistic innovations of the novelists of the Avant-Garde did not please everybody, not least because they tended to take over the narrative at the expense of event and character. It would be a safe speculation that verbal excess had as much to do with the rapid decline of vanguard fiction in the 1930s as the need to take up ideological positions in the looming confrontation that was to engulf first Spain and then the entire western world.

It may be useful finally to sum up the preceding discussion. The period that has concerned us here can be divided into two broad phases. The first phase marks the collapse of the nineteenth-century paradigm. This phase gets under way with the devaluation of Naturalism not by the conservative literary establishment and its moral legitimisers – they had always objected to Naturalism on essentially religious grounds – but by a new generation of liberal writers who attack it on aesthetic grounds. At about the same time an older generation of Realists shifts its focus from the sociological to the psychological, from the study of social mores or of individuals in social relationships, to the study of the inner workings of individual minds. This shift is in turn greatly emphasised by the new novelists (those associated with the factitiously named Generation of 1898), who, while not necessarily divesting the novel of social reality, deny that the history or mechanisms of society can provide individual man, and hence the individual writer, with referents. Social reality continued to exist in the Modernist novel both Spanish and European, but the novel itself was not intended to be an account of that reality. The heroes of *Ulysses*, *The Man Without Qualities*, *The Magic Mountain*, *El árbol de la ciencia*, *La pata de la raposa*, *La tía Tula*, conduct their criticism of society within the confines of their own consciousnesses rather than being unconscious examples of that society as are many of the central characters of a Balzac or a Galdós. In Realism and Naturalism there was an intended parallel (not of course an equivalence) between society and the novel. The Realists, and even more the Naturalists, sought to be interpreters of the social realities of their day. Modernism seeks instead to break the novel's reliance on external referents. What is abandoned is not social reality, but rather social reality as a normative element. Taking the late Naturalist psychological novel as a point of departure, the Modernists spurn the belief that one could thereby arrive at a better understanding of society, and choose instead to emphasize the inwardness and irretrievably subjective nature of the individual's experience. Andrés Hurtado, Alberto Díaz de Guzmán, Augusto Pérez, Gertrudis..., they all seek to satisfy their conflicts within or through their inner lives, even if they fail, and Belarmino goes even further, inventing a non-social, one-man language that has to be not understood but decoded. The inwardness of the characters' moral or psychological problems, the nature of the experience, which is personal, mystical even, as in *Camino de perfección*, bring with it the abandonment of agreed or public values or norms which the reader uses as signposts in deciding what the author's message and criteria are. Instead of using social reality as a beacon or referent, Modernist fiction adopts an oblique approach; characters or narrators become centres of consciousness, events become reactions to events, normal relationships and preoccupations are displaced by unusual states of consciousness and an interest in philosophical questions; time becomes a function of memory; panoramic views become interstitial perspectives. The loosening of the generic form was part and parcel of the move away from nineteenth-century patterns of narrating. The novels of early Modernism appeared formless precisely because they did not con-form.

By World War I the first phase of Modernism could be said to have both run its course and made its mark. The philosophical foundations of the change are perhaps best exemplified in Baroja's 1911 novel *El árbol de la ciencia* in which the nineteenth-century paradigm lies shattered by epistemological collapse: Andrés Hurtado's attempt to salvage a mode of being based on the pursuit of reason and the possibility of objective knowledge ends in catastrophic failure. Early Modernism has been a philosophical quest to replace the old positivistic paradigm; but no very coherent or sustained aesthetic has yet replaced the old. While there is no obvious point, in Spain or elsewhere, at which early Modernism transmutes into high Modernism, the publication of *Niebla* in 1914, with its strong suggestion of fiction as an existential game that an author plays with his characters and his readers, marks the development towards a more precise aesthetic of the novel and a second phase of Modernism. From this second phase will emerge the vanguard novel of the 1920s. High Modernism and the historical Avant-Garde are marked by (i) an attempt to strip the novel of all kinds of ideological intrusion, (ii) a more intense metafictionality than hitherto, (iii) a diffuseness of theme and characterization, (iv) the virtual disappearance of causal plot, (v) an appeal to the reader to fill in the 'missing gaps', (vi) an intensely metaphorical style.

The vanguard movement of the 1920s, at least in the novel, was an extreme manifestation of tendencies already apparent much earlier. Plot and environment were reduced to an absolute minimum. The novel, rather than reporting an action was seen as offering a meditation on potential events; it was, so to speak, at one remove from those events. Despite the attempt to empty the novel of conventional elements, the praxis, inevitably, fell short of the theory, and the impossibility of writing narrative that did not concern itself with any kind of simulated reality soon led to experimental exhaustion. Even Ortega expressed disappointment, although he must share part of the blame for leading a new generation into what came to be perceived as a dead end. Several writers who started their careers as Avant-Gardists eschewing all literary ideologies ended up by adopting extreme political ideologies (e.g., Giménez Caballero, fascism; César Arconada, communism). Thus by the early to mid-1930s the 'novela deshumanizada' was perceived by many literary commentators, and more significantly by some of its own practitioners, as non-viable. The foundations of the return to the 'novela social' that was to dominate the post-war literary scene were laid down well before the Civil War. From Naturalism's 'laboratory' experiment, through early Modernism's revolt against dominant nineteenth-century paradigms, via the Avant-Garde's pursuit of aesthetic integrity, and finally back to the study of social realities, the novel had come full circle in little more than three decades. The joint legacy of the two fundamental attitudes towards the genre – the novel as representation and the novel as artificial construct – was to be observed in the work of Spain's leading post-Civil War novelist, as *La colmena* clearly demonstrates.

Domingo Ródenas de Moya

De la nueva prosa a la novela nueva

El estudio de la narrativa de la generación del 27 sigue padeciendo todavía, a principios del siglo XXI, algunas viejas dolencias que va siendo hora de erradicar. La primera puede decirse que deriva inmediatamente de la escasa dedicación crítica que ha concitado, una escasez que ha llenado de bondad casi cualquier aproximación general al *fenómeno* de la 'novela de vanguardia'. El desinterés de críticos e historiógrafos, con las notorias excepciones de José-Carlos Mainer, Víctor Fuentes, Javier Blasco, Martínez Cachero o Eugenio G. de Nora y otros bien conocidos, parecía asentarse en lo que, de hecho, no era sino una presunción tácita: toda vez que el valor de las obras narrativas del período se consideraba parvo, resultaba preferible estudiar, si acaso, de forma conjunta aquella producción en lugar de dedicarse a analizar las obras concretas. De este modo, las novelas de Valentín Andrés Álvarez, Mario Verdaguer, Antonio de Obregón o Benjamín Jarnés, por ejemplo, se confundían bajo un único marbete, 'novela de vanguardia', que sugería engañosamente una comunidad de presupuestos y realizaciones. Claro está que no hubo tal comunidad, sino una multiplicidad de direcciones en el escape estético, éste sí solidario, de una misma amenaza de inmovilismo, la del realismo reproductivo del siglo anterior.

El estudio de la 'novela vanguardista' como una peripecia en la historia de la novela contemporánea (lo más frecuente) o como un subgénero o forma genérica (lo más insólito) produce ciertos perniciosos efectos en el conocimiento y aquilatamiento (y, por lo tanto, en la perduración) de unas obras y unos autores que, subsumidos en el toletole general, ven empañadas o borradas sus características distintivas. Además, induce a un error no menos dañino que concierne al orden de los códigos artísticos: el mantenimiento de un discurso crítico sobre la 'novela vanguardista', amparando bajo ese designador no menos de un centenar de obras narrativas entre volúmenes de relatos y novelas, presupone una poética de la novela vanguardista, esto es, un conjunto de normas y preponderancias (técnicodiscursivas y temáticas) acatadas por un amplio y abigarrado conjunto de autores, lo cual, obviamente, dista mucho de la verdad. No es posible reducir a un único architexto (por decirlo con el término genettiano) el conjunto de las narraciones *nuevas* publicadas entre 1920 y 1936. En el caso de la 'poesía del 27', cuidadosamente deslindada de la 'poesía vanguardista' (ahí están las antologías, excelentes por otro lado, de Germán Gullón y Díez de Revenga para demostrarlo), parece ya claro que, más allá de algunos rasgos del espíritu de época, cualquier tentativa de establecer una poética común sería una tarea baldía cuando no un dudoso arbitrio pedagógico. No hay más que remitirse a la autoridad de las divergentes poéticas incluidas en la *Antología* de Diego para comprobarlo. ¿Por qué, entonces, la simplificación que persiste en el estudio, creciente ya pero aún moderado, de la narrativa del 27? ¿Tal vez debido al célebre ensayo de Ortega *Ideas sobre la novela*, abiertamente exhortativo, o a la necesidad que los narradores sociales tuvieron de crear frente a ellos una falange homogénea de autores eutrapélicos y ensimismados? Un cotejo de los consejos orteguianos con las ideas y la práctica de algunos escritores, pongamos Antonio Espina o Benjamín Jarnés, hace aflorar diferencias de mucha monta que hubo entre aquellos y éstas. Por otra parte, las *Ideas* de Ortega, al aparecer en el mismo volumen que *La deshumanización del arte*, se ponían a sí mismas en berlina por el procedimiento de entrar en contradicción con alguno de los dictámenes del ensayo citado, como acertó a ver muy perspicazmente Luis Fernández Cifuentes,[1] pues si en un ensayo exigía la inhibición del narrador en su texto, en el otro parecía postular la presencia del autor a través de la ostentación de sus técnicas verbales y constructivas.

Aparte de los problemas que entorpecen el cabal conocimiento de la narrativa del 27 y que no voy a enumerar ahora, ésta invita a plantearse algunas cuestiones cuya mera formulación puede tomarse como un principio de respuesta. Una de ellas, y a mi juicio muy interesante, es por qué suele darse por fracasada la aventura de conquistar una novela nueva. Y no ya por parte de la crítica,[2] sino sobre todo por parte de los propios auto-

---

1   Luis Fernández Cifuentes, *Teoría y mercado de la novela en España*, Madrid, Gredos, 1982, p. 337; y 'Fenomenología de la vanguardia: el caso de la novela', *Anales de Literatura Española de la Universidad de Alicante*, 9, 1993, pp. 45-60.
2   Gustavo Pérez Firmat, por ejemplo, en su importante *Idle Fictions*, Durham and London, Duke University Press, 1993 [1982] aplica su utillaje interpretativo a la recep-

res, en los años treinta y después.[3] Tengo para mí que, en lo que atañe al balance dimisionario de los autores, hubo –amén de desquites personales y cierta *mutatio animi* en los exiliados– un cálculo de logros condicionado por factores socio-políticos que arrojó un balance autopunitivo. Para Jarnés toda su generación, incluyendo a los grandes poetas del 27, había sido estéril, raquítica en su cosecha, asténica, opinión ésta que sería compartida por Espina o Ayala, como recuerda Max Aub en sus *Diarios*.[4] Si bien la obra de los líricos de los veinte fue excepcional, no puede creerse que la de los narradores fuera residual o inane. El problema estriba en los protocolos de enjuiciamiento, en el cómo y en relación con qué se emite un juicio estético-literario dentro del subsistema social del arte y la literatura, es decir en los procesos conducentes a la canonización de unos autores y unas obras. En varias ocasiones Marichalar, Salinas, Diego e incluso Ortega, actuando como críticos, advirtieron que los logros y malogros de una empresa artística debían juzgarse en función de los propósitos del artista y, en cualquier caso, conforme a la poética que hubiera regido la ejecución. Podrían haber apelado a la observación del Monsieur Teste de Valéry de que la incoherencia de su discurso depende tan solo del que lo escucha (o lee). Por otro lado, la elaboración de un canon historiográfico, permeable a la ideología (y gustos e intereses) de quienes intervienen en ella, puede fácilmente distorsionar los hechos y los valores literarios, condenando al ostracismo unos nombres o elevando al Parnaso a otros por simple divergencia o afinidad moral, política o estética. Pero abordar estos problemas con rigor exigiría muchas páginas, por lo que quiero centrarme en un as-

---

ción crítica de la novela vanguardista dentro de un prejuicio incuestionado, el del fracaso de aquella narrativa. Pero no analiza la naturaleza del pretendido fracaso. Aunque en la introducción de su libro declara perseguir el objetivo científico de mostrar la estrecha relación entre creación y crítica (pp. x-xi), en su conclusión revela el criterio que encorseta su estudio: las novelas *nuevas* constituyen una desviación del normal desarrollo de la novela hispánica moderna (p. 139), por lo que no pasan de ser 'vacation pieces, idle fictions for the professor's days off' (p. 140).

3   Baste recordar a Max Aub, *Discurso de la novela española contemporánea*, México, El Colegio de México, 1945, Juan Chabás, *Literatura española contemporánea*, La Habana Cultural, 1952, o Francisco Ayala, 'Proemio' a *La cabeza de cordero*, Madrid, Espasa Calpe, 1978 [1949]. Pero mucho antes, en los primeros años treinta, el propio Ayala, Espina, Díaz Fernández y Jarnés suelen aludir en sus notas críticas a la clausura de un período infructuoso en el cultivo de la novela.
4   Max Aub, Diarios (1939-1972), Manuel Aznar (ed.), Barcelona, Alba Editorial, 1998, p. 259.

pecto fundamental en la conformación del nuevo código novelístico, del que en buena medida derivan rasgos del mismo como la tendencia a fragmentar el discurso en unidades textuales de corta extensión, la naturaleza elusiva y evocativa de su sistema referencial (en el que la realidad se da presupuesta y no descrita) o el *sfumato* en la caracterización de los personajes, que vienen a ser proyecciones distintas de un mismo ego original; me refiero a su liricidad.[5] Sin embargo no deseo evaluar en qué grado de inducción el ingrediente lírico produjo unas determinadas mutaciones en la novela nueva, sino que prefiero centrarme en la relación estrecha que existe entre la absorción de dicho ingrediente por la narrativa y un objetivo generacional muy ambicioso: la conquista de una prosa castellana nueva. Guillermo Díaz Plaja, amigo personal –y en cierto modo correligionario estético– de algunos de los escritores que nos incumben, escribió: 'La prosa literaria española ofrece en general un lamentable, un increíble descuido. Prosa-cauce, atenta a lo sumo al hilo narrativo, está plagada de *clichés*, de frases hechas. Asombra, en efecto, su vulgaridad, su pobreza'.[6] Contra esta prosa embarrancada en el cliché, contra la vulgaridad e indigencia de la prosa decimonónica militaron tres generaciones de escritores españoles y el resultado de esa denodada pugna lo muestra con toda brillantez la tercera de ellas, la de los autores de los años veinte y treinta.

De la prosa lírica a la prosa nueva

En la segunda mitad de los años diez, durante y después de la primera guerra mundial, el esteticismo modernista empezó a considerarse, tanto en la

---

5   Las características que enumero están adecuadamente analizadas por Darío Villanueva en *La novela lírica* Vol. 1, Madrid, Taurus, 1983, pp. 9-23. Véanse también Ralph Freedman, *La novela lírica*, Barcelona, Barral, 1972 [1963], y Ricardo Gullón, *La novela lírica*, Madrid, Cátedra, 1984. La presentación de Freedman resulta demasiado vaga en su noción de ficción lírica.
6   Guillermo Díaz Plaja, *El poema en prosa en España*, Barcelona, Gustavo Gili, 1956, p. 29. Significativamente, cuando en el volumen introduce el conjunto de autores del que forman parte Jarnés, Marichalar o Vela, escribe: 'el cultivo, el pulimento y el decoro de la prosa dejan de ser una excepción para convertirse en una normalidad' (p. 246).

prosa narrativa como en la lírica y el teatro, caducado. En el terreno de la prosa, sin embargo, se registra un extendido cultivo de un tardomodernismo que, sin ser capaz de cambiar por completo de piel, apunta ya hacia un oriente nuevo que será el de los 'ismos'. Algunas páginas de Gabriel Miró manifiestan esta superposición. En la franja temporal que va de 1916 a 1926 se escribieron algunas novelas que reflejaban la hibridación, o tal vez superposición, de dos modos de concebir la prosa novelesca, dubitativa entre el sensualismo y sensorialidad modernistas y la imaginación experimental de la vanguardia. Dos claros exponentes de ese tránsito fueron Mauricio Bacarisse y Mario Verdaguer. El primero con su novela *Las tinieblas floridas* (1927) y el segundo con *La isla de oro* (1926) y, en cierto modo, *Piedras y viento* (1927). Son obras en las que se detecta una suerte de testimonio de una formación literaria esteticista al par que una voluntad no resuelta de acompasar la propia escritura a las demandas de la *literatura nueva*. La producción narrativa entera de Rafael Cansinos-Asséns, por ejemplo, estuvo atrapada en esa tesitura buridánica y, dejando de lado *El movimiento V.P.*, no acertó a romper la ligazón con unos postulados estéticos que, en su obra crítica, daba por periclitados. El modernismo había contribuido decisivamente a aclimatar en la literatura en castellano el género posromántico del poema en prosa, iniciado por Aloysius Bertrand hacia 1827 con las viñetas líricas de *Gaspard de la Nuit* (1948) y consagrado por Baudelaire con los *Pétits poèmes en prose* (1869), en cuyo prefacio confesó su deuda con Bertrand. Tras *Le Spleen de Paris*, las *Illuminations* (1886) de Rimbaud y, sobre todo, la obra de Mallarmé, quien desde su *Album de vers et de prose* (1887) y más ampliamente en *Vers et prose* (1893) decidió emancipar la sustantividad lírica del cauce en que se manifieste, marcaron un camino digno de ser explorado.[7] Por otro lado, la publicación póstuma de *Igitur o la locura de Elbahnon*, anunciada en febrero de 1924, tuvo una estimable repercusión en los medios literarios españoles.

Como en Mallarmé, las prosas incluidas por Juan Ramón en su *Diario de un poeta recién casado* suponían un implícito atestado –o vindicación– de igualdad entre el verso y la prosa ante el tribunal del juicio estético (de hecho, como se recordara, el transcurso de los años no hizo sino

---

[7] Para la evolución del género en las letras francesas pueden consultarse Maurice Chapelan, *Anthologie du poème en prose*, París, René Julliard, 1946, y Suzanne Bernard, *Le poème en prose de Baudelaire jusqu'à nos jours*, París, Nizet, 1959.

confirmar a Juan Ramón en ese criterio hasta llegar a proyectar una prosificación total de su Obra), con las cuales abordaba desde otro ángulo una estetización de la prosa que ya había ensayado en *Platero y yo*. Precisamente con *Platero...* lograba el poeta que un arte 'de copia' como la novela se beneficiara de las cualidades de un arte 'de creación' como la poesía, como observaba Enrique Díez Canedo, quien, interpretando al maestro, afirma: 'La novela no es más que esto, la transformación del poema, la degeneración del poema, según quieren algunos, su exaltación y modernización, según quieren otros'.[8] Juan Ramón, cuyo retrato tenía Jarnés en una pared de su estudio, escribió copiosamente prosa poemática, en sus inicios bajo el unto del decadentismo morboso y sentimental en *Baladas para después* (1908) y también impregnado del modernismo doliente de soledades, jardines sombríos y lejanas sonatinas en *Palabras románticas* (1906-1912). Al parecer, el poeta abrigó el proyecto de editar su obra en prosa en cinco series, la primera de las cuales reuniría, en cuatro ciclos compuestos por varios libros (*Primeras prosas*, *Poemas en prosa*, *Elejías andaluzas* y *Recuerdos*) la prosa poemática,[9] lo que da una idea aproximada de la importancia que ésta tenía en el conjunto de su obra.

Los modernistas del 98, singularmente Azorín y Valle-Inclán, si bien no practicaron *strictu sensu* la composición del poema en prosa sí poematizaron su prosa, y no ya la de sus textos narrativos sino también, invasivamente, la de sus textos argumentativos, como en *El alma castellana* (1900) y *Los pueblos* (1905) del primero o *La lámpara maravillosa* del segundo. En cuanto a sus novelas, qué duda cabe que Azorín representa bien al novelista que lirifica su presentación de la realidad en una prosa afinada con los instrumentos tropológicos (con la expresa salvedad del símil, como expone en *La voluntad*) de la poesía[10] y utilizada desde un prurito filológico-etnográfico. En Azorín se anticipan dos de los rasgos principales de la narrativa de los veinte, ambos de estirpe lírica, la fusión

---

8   Enrique Díez Canedo, *Juan Ramón Jiménez en su obra*, México, El Colegio de México, 1944, p. 81.
9   Véanse los detalles del proyecto y los títulos que lo integraban en Javier Blasco y Teresa Gómez Trueba, *Juan Ramón Jiménez: La prosa de un poeta. (Catálogo y descripción de la prosa lírica juanramoniana)*, Valladolid, Grammlea, 1994, pp. 63-64.
10 Tropológicos y rítmicos, como demostró fehacientemente Mariano Baquero Goyanes en 'Elementos rítmicos en la prosa de Azorín', *Prosistas españoles contemporáneos*, Madrid, Rialp, 1956, pp. 253-84.

epistemológica del sujeto-narrador-protagonista con el objeto-mundo y el fragmentarismo del discurso narrativo, que ni comienza ni termina ni ofrece un *continuum* textual.[11]

También Unamuno se encamina después de la ortodoxa disciplina realista de *Paz en la guerra* hacia una narración cuyos principios constructivos (pero no la superficie verbal) entroncan más con el poema que con el relato naturalista, en la medida en que se basan en símbolos y metáforas y no en el traslado metonímico de la realidad exterior. Pero sin duda, entre los de su generación, fue Valle-Inclán quien desde su debut literario, optó más resueltamente por una prosa poemática en su obra novelesca, y no pienso únicamente en las *Sonatas*, logro capital en la implantación de esta modalidad genérica en España, sino en los libros ulteriores, como *Flor de santidad* (1904) y el ciclo de *La guerra carlista* (1908-1909). Fueron estos autores quienes constituyeron la primera y fundamental ruptura estética luego ampliada y radicalizada por dos rupturas sucesivas, la que encarnan Ramón Pérez de Ayala y Gabriel Miró y la que, más agresivamente, introducen los narradores del 27. Una ruptura que opera en dos frentes, el de la poética de la novela (esto es, el conjunto de sus principios reguladores, sean explícitos o inferibles) y la conformación de la prosa. Como he señalado, tanto la prosa como la novela (o, más ampliamente, la narrativa) toman distancias respecto de la prosa denotativa y la fórmula mimético-naturalista de las últimas décadas del siglo XIX. Pero cada una de esas batallas, la de una novela *nueva* y la de una prosa *nueva* se desarrollan por separado dentro de la misma guerra, o querella, de los nuevos contra los viejos. Los más nuevos de los nuevos, es decir los autores de los años veinte, antipáticos en general a la idea de que participan de un movimiento vanguardista, aprecian y a veces exaltan la obra de los maestros antecitados. Azorín es ensalzado como prosista y audaz novelador (por *Superrealismo* y *Félix Vargas*); a Valle-Inclán se le reserva la excepcionalidad del genio por su escritura omnívora de registros lingüísticos y por la ambición de su proyecto literario desde comienzos de los veinte.[12] A Unamuno se le

---

11   Antonio Espina, en *Revista de Occidente*, 28, 1930, p. 132, daba testimonio (y se congratulaba) del 'hecho de que los escritores españoles dediquen profunda atención a la obra actual del autor de Superrealismo'.
12   Espina aprovecha la publicación de *Tirano Banderas* (1927) para arremeter, en *Revista de Occidente* 15, 1927, pp. 274-75, contra 'la falta en la novela de nuestro tiempo,

respeta (y se le teme intelectualmente) y se le sigue con una frecuencia no siempre confesada. Su *Niebla* y el manifiesto *nivolesco* de sus *Tres novelas ejemplares y un prólogo* (1920) ejercieron una muy considerable, aunque soterrada, influencia entre los nuevos, quienes veían en esos textos sarcásticas embestidas a la noción de realidad en que se sustentaba el realismo superficial del siglo anterior. Pérez de Ayala y Gabriel Miró fueron presencias poderosas, más el segundo que el primero (no obstante lo cual Pérez de Ayala gravita sobre la novela de Jarnés y Bacarisse de una manera evidente). De Pérez de Ayala deben recordarse sus 'novelas poemáticas', *Prometeo, Luz de domingo* y *La caída de los limones* (1916) y, más vastamente, el carácter poético de su obra en los años veinte, desde *Belarmino y Apolonio* (1921) hasta *Tigre Juan y El curandero de su honra* (1926). César Barja, por ejemplo, lo consideraba en 1935, ante todo, poeta en tanto que autor de creaciones, término con el que alude 'a un modo de producción artística, a un tipo de arte cuyo extremo opuesto lo constituye el tipo de arte de carácter predominantemente reproductivo'.[13] Por Miró sintió toda la literatura *nueva* una devoción peculiar, tanta como por Juan Ramón Jiménez, pero exenta de la antipatía que el carácter atrabiliario de éste despertaba. A Miró le dedicaron numerosos panegíricos los jóvenes, entre los que descuellan los de Juan Chabás (con el que le unió una gran amistad), Benjamín Jarnés y Pedro Salinas.

El cultivo de la prosa artística y ceñida atrajo tempranamente a los jóvenes poetas. Así, Jorge Guillén publicaría entre 1920 y 1926 bastantes prosas en la revista *España*, en el suplemento literario de *La Verdad*, en *Revista de Occidente* y en otras plataformas, unas prosas unificadas bajo el título genérico de 'Ventoleras', que alternaba con apuntes líricos en prosa a caballo entre el aforismo, la greguería y el jaikú,[14] con los cuales pueden emparentarse los aforismos de *El cohete y la estrella* de Bergamín y otras notas y chispazos sobre estética que proliferan en revistas como *Ronsel, Verso y Prosa* o *La Gaceta Literaria*, firmados por Guillermo de Torre o Miguel Pérez Ferrero, dentro de los que merecen una atención especial las

---

    de la novela grande –grande en integración de todas sus dimensiones genéricas–' y denunciar el 'inmenso surtido de retales' novelísticos.

13   César Barja, *Libros y autores contemporáneos*, Madrid, Librería General de Victoriano Suárez, 1935, p. 441.

14   Ya lo señaló con acierto Pedro Aullón de Haro en *La poesía en el siglo XX (Hasta 1939)*, Madrid, Taurus, 1989, p. 252.

De la nueva prosa a la novela nueva

'Concéntricas' de Antonio Espina. A los dos conjuntos guillenianos citados deben añadirse tres más: 'Airecillos', 'Frivolidades' y 'Circunloquios'.[15] Guillén, no obstante y como es sabido, no incluyó, a diferencia de Juan Ramón, ningún texto en prosa en *Cántico* (1928).

A lo largo de la década, algunos poetas combinaron la prosa y el verso trasfundiendo en ambos cauces idéntico impulso poético, y el fenómeno resultó especialmente acusado en la obra de los poetas de la órbita surrealista. Vicente Aleixandre publicaba en las revistas literarias prosa o verso indistintamente y algunas de las prosas pertenecían por su tema y tono al ciclo de *Ámbito*, aunque en la edición de 1928 no se incorporaran al mismo.[16] Recuérdese que el segundo libro aleixandrino, *Pasión de la Tierra*, publicado en México en 1935, fue un volumen de poemas en prosa. También Cernuda mezcló verso y prosa en *Los placeres prohibidos* (1931), y, antes de *Ocnos* ya había publicado algunas prosas poética,[17] como 'El indolente', en el *Suplemento literario de La Verdad*, órgano éste que desde marzo de 1924 tenía una sección específica de 'Poemas en prosa', inaugurada por José Oliver Belmás. Otro tanto había hecho Juan Larrea en *Oscuro dominio*, publicado también en México en 1933 y que constituía una cuarta parte del libro entonces inédito *Versión celeste*. José María Hinojosa, por su parte, prefirió separar lo escrito en verso de la prosa y reunió esta última, de un beligerante surrealismo, en *La flor de California* (1928), libro que irónicamente apareció en la serie 'Nuevos Novelistas Españoles'.

---

15   En *Hacia Cántico*, Barcelona, Ariel, 1980, se recogen los cuatro primeros, pero no los 'Circunloquios'. Bajo el título plural de 'Circunloquios' apareció 'El gorro, la pipa y la pluma de Flaubert', *Índice*, 3, 1921, lo que hace suponer que pudo haber otras prosas bajo este rótulo.

16   De hecho no lo hacen –y de forma muy incompleta– hasta la edición de las *Obras completas*, Madrid, Aguilar, 1960, al cuidado de Carlos Bousoño, donde aparecen en el apéndice 'Primeras prosas poéticas'. Una compilación más completa de la producción en prosa la realizó Alejandro Duque Amusco en *Prosas recobradas*, Barcelona, Plaza & Janés, 1987.

17   El estudio de James Valender, *Cernuda y el poema en prosa*, Londres, Tamesis Books, 1984, se centra en la producción cernudiana posterior a 1940 (*Ocnos y Variaciones sobre tema mexicano*) y sólo en la conclusión menciona las prosas anteriores a la guerra, por lo que no se establece la relación entre éstas y la fortuna del género en la década de 1920.

De los textos de Hinojosa a *Crimen* (1934) de Agustín Espinosa apenas hay el gradiente de la virulenta radicalidad del segundo.[18]

Qué duda cabe que Salinas acertó plenamente en su diagnosticó de 1940 sobre el 'signo' –siendo éste 'la actitud profunda que los espíritus creadores de un momento histórico determinado adoptan ante el tema literario, en general'– de la literatura española del siglo XX, al menos del tramo que entonces se había recorrido: 'para mí el signo del siglo XX es el signo lírico'.[19] Observaba el escritor que un lirismo esencial se vertía sobre la novela, el ensayo y el teatro y que se hacía perceptible 'en la mayoría de las obras importantes de nuestros días'. Exceptuando a Baroja, considera que todos los grandes autores testimonian ese hecho y cita expresamente a Pérez de Ayala, Azorín, Miró y, entre los nuevos, a Jarnés, como prosistas de frecuente expresión poética (de Unamuno y Valle-Inclán menciona sus libros de versos). Hacia el final de su artículo, Salinas encuentra una prueba en favor de su tesis en la progresiva atomización del discurso literario que se ha producido durante las cuatro primeras décadas del siglo. Fragmentación, disgregación de las que son muestra las glosas de D'Ors, las greguerías de Ramón y los aforismos de Bergamín. Salinas lo tuvo fácil para emitir su dictamen, pues basta recorrer a uña de caballo los periódicos y revistas de la época para constatar que la proclamación de liricidad o poeticidad fue una muletilla de reseñistas de novedades y críticos del momento. Andrenio, por ejemplo, empieza su comentario del *Cántico* de Guillén (a quien él llama insistentemente 'Guillem') con este diagnóstico: 'Así como la revolución romántica tuvo por principal palestra el teatro, y el naturalismo la novela, el modernismo literario se desarrolla principalmente en la lírica'.[20] Enseguida aclara que la lírica puede verterse en verso o en prosa y la describe como 'el campo más propicio para los ensayos de renovación literaria, porque en ella pueden prevalecer o pasar más fácilmente el fragmentarismo, la vaguedad, el anhelo de adelgazar y sutilizar la expresión y la ebullición desordenada de las nuevas formas', características todas ellas de la narrativa *nueva*. En el mismo libro se contiene un artículo titulado 'La lírica en prosa' en el que deja constancia de

---

18 Véase la introducción de Manuel Almeida a *Crimen y otros textos*, Islas Canarias, Gobierno de Canarias, 1990, pp. 11-22.
19 Pedro Salinas, *Literatura española siglo XX* , Madrid, Alianza, 1985, p. 34.
20 *Andrenio*, Eduardo Gómez de Baquero, *Pen Club. Los poetas*, Madrid, Renacimiento, 1929, p. 109.

la infiltración de la materia lírica en otros géneros, 'señaladamente en la novela'[21] así como también en la 'literatura gnómica, de pensamientos y reflexiones breves'. En 1929 concedía una entrevista a Jarnés en la que declaraba: 'La novela tiene un gran porvenir. Vive en un periodo de honda renovación. Se apartó del tipo meramente narrativo, y por el hueco abierto a tanta anécdota extirpada, van entrando otros muchos y buenos contenidos. Hoy son novelas muchas cosas que antes no lo fueron',[22] y están escritas en una prosa que es 'una sabrosa mezcla de lirismo y de ingenio'.[23]

Los ejemplos son inagotables, sobre todo si se recolectan en periódicos y revistas. En 1927, Guillermo de Torre titulaba un artículo sobre dos libros de Eduardo Mallea y Pierre Girard 'Dos novelas poemáticas', en el que enumeraba dentro del 'nuevo acervo de la novela poemática' los siguientes factores: 'Gracia emotiva. Atomización psicológica. Arte de intraobjetivar la realidad, rebasando el dintorno conocido de las cosas. Un donaire especial para cazar analogías remotas con el cepo de las imágenes fragantes'[24] y melancolía y humor a partes iguales. En su artículo llama la atención un reproche que hemos visto elevado a verdad axiomática por Pérez Firmat (y antes que él por críticos como Gonzalo Torrente Ballester o Segundo Serrano Poncela): la 'oriundez extranjera de esta alacre fórmula novelesca', esto es, la desviación de la genuina tradición literaria española y la alienación de la contextura psicológica, poco dada a sutilezas y claroscuros, del lector español.

Francisco Ayala, que había saludado *El profesor inútil* de Jarnés como un manantial de 'futuridades' (lo que es tanto como reputarla una promesa y no un logro) para la novela desembarazada del lastre realista, reseña un año después *Margarita de niebla*, de Jaime Torres Bodet, que sitúa en la estela de la obra jarnesiana. En su nota, Ayala expresa sus dudas ante la posibilidad de hacer una novela con los materiales lingüísticos y referenciales del género lírico; a su entender, sigue siendo un problema 'planteado y aún no resuelto'. Y añade: 'Cuando se ha querido producir la novela en la misma atmósfera enrarecida del poema puro, creado, se ha obtenido la novela poemática, híbrida e insatisfactoria'.[25] Muestra el es-

---

21 *Ibid.*, p. 354.
22 Benjamín Jarnés, *Cartas al Ebro*, México, La Casa de España, 1940, p. 65.
23 *Ibid.*, p. 61.
24 Francisco Ayala, 'Dos novelas poemáticas', *Revista de Occidente*, 17, 1927, p. 118.
25 Francisco Ayala, 'Margarita de niebla', *Revista de Occidente*, 18, 1927, p. 136.

critor la consciencia de estar ante un 'ciclo' (así lo denomina) de novelas protagonizado por 'unos jóvenes tímidos, ingeniosos', dotados de 'un lirismo indicador de aguda sensibilidad, y un espíritu burlón indicador de aguda inteligencia', talante que se corresponde con el de la voz narrativa, siempre fluctuante 'entre lo sentimental y lo irónico, en un sesgo original y divertido'.[26] Es la voz que resuena en la mayor parte de la lírica nueva de los veinte. Cuando, en 1926, Antonio Marichalar se ve en la tesitura de presentar a los lectores de *The New Criterion* un prieto estado de cosas en las letras jóvenes españolas, señala que 'in this generation [la de, según cita, Salinas, Guillén, Alonso, Chabás, Diego, Lorca y Alberti], as in all others, it happens that the poets are likewise masters of prose style'.[27] Lo que no sabemos es si Marichalar llamaba *poets* sólo a los autores de lírica en verso o también a quienes practicaban la prosa lírica que dio cuerpo a muchas de las novelas nuevas.

Que la prosa –en particular la prosa lírica– estuvo en el corazón mismo de la inquietud estética de aquellos años, lo testimonia de nuevo Bergamín en su artículo 'Notas para unos prolegómenos..'., donde preconiza la existencia de una *razón poética* frente a la razón teórica de los matemáticos y la razón práctica de los santos, una razón poética autosuficiente, que 'existe, fuera de toda otra realidad, por sí misma –y para sí misma–, por sí sola', que se manifiesta indistintamente en verso o en prosa, pero que tiene en el poema en prosa su fundamento: 'ha nacido del 'poema en prosa' el concepto estético actual de la obra poética; criterio que define toda manifestación artística verbal como específicamente poemática: incluso el arte dramático y la novela'.[28] El poema en prosa desempeña un papel fundante análogo al del cubismo en la pintura: 'Como para la pintura el "cubismo" [...], para el arte poético se ha iniciado con el "poema en prosa" una nueva era de perspectivas ilimitadas'. Algo semejante debieron considerar muchos de los escritores jóvenes que se lanzaron a ejercitarse en la invención poética de la prosa. En agosto del año siguiente, en 1928, Gerardo Diego, autor de una larga *prosa* o, como él lo calificó, 'noveloi-

---

26 *Ibid.*, p. 137.
27 Antonio Marichalar, 'Madrid Chronicle', *The New Criterion*, 2, 1926, p. 359.
28 José Bergamín, 'Notas para unos prolegómenos a toda poética del porvenir que se presente como arte', *Verso y Prosa*, 8, 1927, s.p. pero 4.

de',[29] estimaba en su segunda conferencia en la Facultad de Letras de la Universidad de Buenos Aires que la conquista de una prosa nueva por parte de los poetas jóvenes 'es un problema triunfalmente resuelto' por la vía de la imitación: Dámaso Alonso tenía su débito con Joyce, Salinas con Proust y Juan Ramón, Guillén con Valéry, Bergamín con Unamuno y Juan Larrea con Vicente Huidobro. Pero más interesante es su observación subsiguiente:

> La creencia en la prosa por la prosa, poema en prosa, prosa poemática –una prosa, se dice ahora, como antes 'un verso' o una poesía– está tan extendida entre los jóvenes escritores y poetas españoles como es poco compartida por mí, que me parece afirmarse en un principio equívoco y peligroso.[30]

Cuál fuera ese principio equívoco y peligroso quedó sin decir, aunque no cuesta imaginarlo. Recuérdese la provocativa discriminación de Diego entre poesía y literatura que dio ocasión a una réplica por parte de Ricardo Gullón e Ildefonso-Manuel Gil con la creación de la revista *Literatura* y la colección anexa 'P.E.N.', acrónimo de 'Poesía, Ensayo, Novela'.

Jaime Gil de Biedma, en su espléndida recensión del conocido artículo de Cernuda sobre Bécquer y el poema en prosa, afirma que 'el uso de la prosa como un instrumento de virtualidades poéticas se convierte en la literatura española, a partir del fin de siglo, en algo así como un fenómeno pandémico'.[31] Y me atrevo a decir que no alcanzaba a imaginar el poeta en qué grado de inficción se extendió entre los literatos jóvenes esa pandemia. Lo que la narrativa de vanguardia tuvo de lírico, en la actitud creativa de la que surgió, en los temas y motivos que primó, en la ejecución discursiva y aun en la selección léxica y manipulaciones tropológicas que manifiesta, no proceden de las prescripciones de las diversas escuelas vanguardistas, sino que se explican cabalmente en el momento histórico en que surgieron, derivadas del ensayo y experimentación de una prosa nueva, menos grávida y protocolaria, menos oratoria y ministerial, menos siglo XIX, pero también alejada del parnasianismo y decadentismo que

---

29 Me refiero a 'Cuadrante. Noveloide', *Revista de Occidente* 13, 1926, pp. 1-24, que recogí en mi antología *Proceder a sabiendas. Antología de la narrativa de vanguardia española*, Barcelona, Alba, 1997, pp. 245-62.
30 Gerardo Diego, 'La nueva arte poética española', *Síntesis*, 20, enero 1929, p. 192.
31 Jaime Gil de Biedma, 'Luis Cernuda y la expresión poética en prosa', *El pie de la letra*, Barcelona, Crítica, 1994, p. 331.

había lastrado la prosa esteticista del modernismo español. La depuración defendida insistentemente lo era tanto de la prosa realista, que para los jóvenes tenía los achaques del casticismo y el provincianismo, cuanto de la prosa recargada de sensaciones y sonoridades del modernismo.

El primer objetivo de los prosistas *nuevos* fue el de crear una prosa *nueva* y no tanto una novela *nueva*; éste fue un objetivo algo posterior. El vehículo de búsqueda de esa prosa no fue, además, exclusivamente el texto narrativo sino el texto argumentativo, articulado en ensayos breves y en artículos y reseñas. Ortega y Gasset sedujo tanto en su calidad de pensador pedagógico cuanto en su condición de esmerado prosista y las arremetidas juveniles contra los novelistas eximios del realismo se dirigieron hacia dos puntos flacos: su base epistemológica reproductiva y su prosa. Sobre el combate a ultranza contra la reproductividad no es preciso detenerse otra vez:[32] el arte nuevo rompe las amarras que subordinan la obra artística a su correspondencia con los hechos y objetos de la realidad empírica, y acentúa su autonomía como artefacto estético, capaz de inducir en el consumidor (lector o espectador) una experiencia estética. La disociación de la experiencia estética respecto de la experiencia cotidiana de confrontación con la realidad histórica (que le permitía al lector interpretar bien la novela naturalista), obliga al lector a probar modos interpretativos nuevos a través de los que dotar de sentido las obras *nuevas*, es decir, le fuerza a inferir tentativamente las reglas de acuerdo con las cuales ha sido elaborada la obra, en un ejercicio de desgaste intelectual al que no estaba acostumbrado. Con razón y sorna comenta el profesor inútil de Jarnés: 'Es muy difícil ahora ser espectador. Algunas veces dije que ya se necesita mucho más talento para ver un cuadro que para pintarlo'.[33] Me interesa más ahora centrarme en la búsqueda y definición de una prosa nueva que fue, ineluctablemente, la búsqueda de una prosa ordenada por la inteligencia y dirigida hacia la inteligencia. Como clamaba Diego en la conferen-

---

[32] La incardinación de esta actitud en un vasto movimiento epistemológico que determina el pensamiento novecentista es absoluta. Véase la observación de Christian Delacampagne en su reciente *Histoire de la philosophie au XXe siècle*, París, Seuil, 1995, p. 17: 'Pour les savants, l'avènement de la modernité ne se traduit pas seulement par une mutation radicale de leur image du monde, mais aussi par une interrogation nouvelle sur le fondement des sciences, ainsi que par la constitution de disciplines axées sur l'analyse de la représentation'.

[33] Benjamín Jarnés, *El profesor inútil*, Madrid, Espasa Calpe, 1934 [1926], p. 89.

cia citada: 'Y ya va siendo hora de hablar de inteligencia, que es también humana'.[34]

En su primer volumen de ensayos, *Ejercicios* (1927), Benjamín Jarnés revelaba desde el principio su preocupación reflexiva por renovar la prosa. Diferenciaba primero dos tendencias prosísticas generales: una 'dócil, maleable', de fácil moldeado, que amenaza inminente ruina, y otra 'dura, huidiza' cuyo trabajo es penoso; a aquélla la llama 'prosa instrumento', a ésta 'prosa forma. Medio y fin. Estilo común y estilo singular'.[35] En arte sólo es considerable la singularidad, no 'el engrudo aglutinante de la masa', la 'turba espeso del estilo común'. Lo fácil, sin relieve, el estado llano complace a la masa lectora que anhela la identificación empática, la resignación de su individualidad a la pertenencia al grupo. Jarnés vuelve a calificar estas dos tendencias como 'prosa industrial' y 'prosa de lujo' (p. 23) y reconoce la existencia de 'otras prosas' (decorativa, ornamental, protocolario, castiza, científica...) como formas opuestas a la prosa artística: 'Sólo el artista la desnuda, y, amorosamente, la posee'. (No es preciso llamar la atención sobre la resonancia juanramoniana de la frase.) Una vez asentadas estas dos categorías antagónicas, Jarnés intenta delimitar las características de la prosa artística, fin en sí misma. Empieza por exonerarla de dos cargas, la del simbolismo ('el cofre de los símbolos –¡ya hay abiertos al gran público bazares enormes!–') y la del acervo metafórico que sirve para recamar la realidad. Este último lastre sorprende a cualquiera que conozca la alta densidad metafórica de la prosa jarnesiana (de la que son muestra perfecta estos mismos *Ejercicios*), pero la paradoja se resuelve a renglón seguido, cuando el escritor reclama para la prosa nueva una labor *textil* 'con hilos de la propia entraña', esto es, una prosa que no se conforme a exornar el discurso imitativo de la realidad sino que sea 'creativa', aun cuando esté impregnada 'de imágenes'. El 'arcón metafórico' del que hay que deshacerse es, por lo tanto, el que se había llenado con el Romanticismo y su red fluvial parnasiana, simbolista, decadentista y, en nuestros pagos, modernista. En su lugar, la imagen nueva, capaz de suscitar una emoción pura. 'La buena prosa', escribe Jarnés, 'no ordena ya sus huestes a la luz de ajenos reflectores: bruñe cada vocablo' (p. 29). Cada palabra, como en el poema lírico, adquiere, pues, su calidad selecta, su valor de situación irreemplazable, y la prosa construida con

---

34 Gerardo Diego, *art. cit.*, p. 188.
35 Benjamín Jarnés, *Ejercicios*, Madrid, Cuadernos Literarios, 1927, p. 21.

semejante técnica depurativa no debe obedecer sino a sus propios principios, no debe ser iluminada por luces ajenas. 'La prosa, entre las manos del artista, se convierte de instrumento en creación' (p. 33). A nada supeditada, autosostenida. Estas reflexiones pueden invitar a pensar en una vindicación casi incondicional de la prosa formalista o, aún peor, de un esteticismo vacío o despectivo hacia los contenidos semánticos del discurso. Sin embargo, Jarnés se apresura a desmentir esa impresión: 'El pensamiento es la maroma tensa, vibrátil [...] que mantiene enhiesta la arquitectura de la frase', de modo que la prosa debe ir 'empujada por el aliento de la idea'. Sólo que el pensamiento, la intención, no empiezan a vivir sino en el momento en que cuajan en forma lingüística y es a través de ésta como el lector alcanza aquellos. La frase, nutrida de palabras escogidas pero no rebuscadas ('No necesita el idioma sacerdotes ni orfebres'), ha de constituir un cuerpo vivo y flexible, dotado de 'su singular contorno y organismo'. El estilo consistirá en mover con gracia las frases dentro del período, procurando su ágil engarce. Esto puede evocar la idea de un texto retórico y de un prosista 'virtuoso', pero nada dista más de la intención jarnesiana. 'La retórica –la musical como la literaria– solía venir cubierta con una bella máscara: el virtuosismo', afirma Jarnés, para quien el '"virtuoso" literario pretende hacer de la prosa una cadena de fáciles primores' (p. 60). Frente al virtuosismo retórico, al que asocia sintagmas tales como 'puñados de bengalas', 'sembrador de luciérnagas', 'carrusel de primores' para la multitud, Jarnés opone la sinceridad creadora del escritor que 'se desgarra silenciosamente la carne para hundir la mirada en sus entrañas y hallar dentro el reflejo del mundo circundante'. Nótese bien esta defensa de un realismo subjetivo, que desplaza la reflexión sobre la dimensión significante del discurso en prosa hacia el significado de la prosa narrativa, amarrado, a través de la subjetividad del artista, a la realidad circundante, esto es, hodierna. De la definición de una prosa nueva Jarnés se va desplazando hacia la definición de una novela nueva cuyo manantial es, sigue siendo, la realidad, pero no tomada a granel o notarialmente, no devaluada a cifra sociológica o documento testimonial, sino refundida y refundada por la imaginación del artista, tamizada por su cosmovisión: 'Una realidad novelesca es tal cuando ha sido cernida por la realidad del novelista' (p. 70), una realidad, en fin, construida por 'el timbre y el tono peculiares con que la voz de cada suceso habla al lector. Timbre y tono que son, en definitiva, los mismos del novelista'. La novela, de este modo, queda definida como un acercamiento al mundo a través de una voz singular cristalizada en un estilo concienzudo y riguroso como el que se exige a un poema. Al fin y al cabo, 'la novela es un poema en marcha'. El final de *Ejercicios* es sumamente significativo, pues en él, de manera explícita, declara Jarnés la necesaria ancilaridad de la prosa (y, por lo tanto, del estilo) al pensamiento, sin el cual aquella, por muchos caracoleos retóricos que exhiba, se queda en un vacuo ejercicio de yerta orfebrería: 'El peor enemigo del pensamiento, es la prosa; como el peor enemigo del poema es el verso. Toda la ambición de uno y otro debe cifrarse en vencer a su enemigo, en encadenarlo, en convertirlo en escabel' (p. 95).

Quiero allegar, para concluir, un breve artículo de José Bergamín, fechado en diciembre de 1924, 'D. Juan Valera y su prosa', aparecido en el *Suplemento literario de La Verdad*. En él, replicando a la cohorte de apologistas que por aquellas fechas le salieron a Valera, define lo que, a su juicio, deben ser la prosa y el prosista. Sintomáticamente, Bergamín no habla de Valera como *novelista*, sino como *prosista*. Como quiera que los tales apologistas basaban su defensa en las perfecciones del castellano del autor y no en otras virtudes, como la inventiva novelesca o el tino crítico, Bergamín acomete por ese costado. Concede que en la escritura de Valera hay 'una construcción o sintaxis impecable' y que su lenguaje es 'ceñido, preciso, justo', acepta que la palabra moldea armoniosamente el pensamiento pero sólo como ardid para mejor hundir la pulla: 'Pero esta forma – que no es forma sino formalismo– es el pensamiento –o no pensamiento– de su autor; su modo o manera de pensar –o de no pensar–, que no su estilo'.[36] Se percibe aquí una implícita condena, en consonancia con el criterio de Jarnés, del formalismo y de la trivialidad (o inanidad) del pensamiento de Valera. Éste era académico no 'por *cómo escribía*, sino por lo que pensaba –por cómo no pensaba– que cómo pensaba –o hacía como que pensaba, para no pensar–, escribía'. Puesto que no había pensamiento, mal podía haber estilo en el sentido en que lo entendían los jóvenes renovadores: 'no hay tal estilo, sino manera o maneras de escribir; excelentes maneras diplomáticas. Manera o maneras las tuvo siempre, no estilo'. Para Bergamín la excelencia del estilo de Valera se ha confundido con el amaneramiento, que es la adopción de unas formas y fórmulas despersonalizadas y acentuadas en su artificiosidad, esto es, en su falta de sinceridad. Sin la figura de un hombre al fondo, el estilo en la prosa se vuelve

---

36 José Bergamín, 'D. Juan Valera y su prosa', *Suplemento literario de La Verdad*, 47, 11 de enero de 1925.

protocolo, sin emoción y pensamiento expresados en la pugna del escritor con el lenguaje en pos de su individuación lingüística no hay sino academicismo. Como Jarnés unos años después, Bergamín, ya en 1924, estima que la prosa que debe conquistarse debe huir del formalismo (labor de alquitaramiento verbal sin pensamiento detrás) y tiene que perseguir la expresión de la subjetividad única del escritor. Renunciar al estilo –escribe– es renunciar a ser hombre, a ser personalidad. El de Valera, como el de los diplomáticos, es un 'lenguaje ficticio y formalístico. Lenguaje no, sino carencia de lenguaje [...]. Manera y maneras de no pensar, de no existir – de no ser–, sino de representar solamente, y de representar lo que no se es'. Digámoslo a la bajtiniana manera de Jarnés: el de Valera es un lenguaje sin voz.[37]

En síntesis, el empeño de conquistar una prosa nueva fue, acaso paradójicamente, el principal obstáculo en el camino de definir una novela nueva. La liricización de la prosa, realizada no por medio de la impregnación emocional sino a través de la intelectualización de la experiencia subjetiva del mundo, hizo que la escritura en prosa asumiera características formales, retóricas y temáticas propias de la escritura en verso, a saber, la atomización del discurso en segmentos textuales breves, que abarcan desde el aforismo, el jaikú o la greguería glosada hasta el poema en prosa o la viñeta, la incorporación de numerosas metáforas e imágenes que tachonan el texto y enlentecen su ritmo narrativo a la vez que dificultan su lectura, y el desarrollo de temas y asuntos tradicionalmente abordados por el género lírico, asociados a la percepción que un yo singular tiene del mundo envolvente, que es considerado como dato inmediato en su conciencia y que, en consecuencia, no demanda descripción (describir el mundo dado, como en el texto realista, es una operación tautológica) sino alusión. Atomización discursiva, sobrecarga tropológica y subjetivismo evocativo o alusivo constituyeron características de la novela de vanguardia heredadas, en gran medida, de la aventura de alcanzar una prosa nueva.

---

37 También es Valera el autor elegido por Melchor Fernández Almagro para escarnecer en él el 'parrafón desalentador, sucio de gerundios', en 'La prosa de los antepenúltimos', *Revista de Occidente*, 53, 1927, p. 257.

ALAN HOYLE

Ramón Gómez de la Serna: Avant-Garde Novelist *Par Excellence*

Ramón Gómez de la Serna (or RAMON as he liked to be known) was if not by common consensus the best, certainly the biggest player in the Spanish Avant-Garde, not simply by virtue of his productivity but also the length of his dedication to iconoclastic innovation, starting with his socio-literary magazine *Prometeo* (1908-12), followed by the creation of his own new genre of the *greguería,* the development of his own 'ism' (*ramonismo*), the founding of his celebrated *tertulia* in the Café Pombo from where he issued manifestos and organised events typical of the 'banquet years', up to his own idiosyncratic survey of Avant-Garde movements in his book *Ismos* (1931), and much beyond when many other participants had abandoned the struggle for originality and novelty under the pressures of socio-political commitment.[1]

But what is or was the Avant-Garde? Was the radical experimentation with form and content and art's relation to the public something that began with the modern tradition of the new round about December 1910 when according to Virginia Woolf 'human nature changed'?[2] Was it part of modernism's inheritance from romanticism (Poggioli)? Was it an attack on bourgeois society at a specific historical period, the 1920s (Bürger)? Or was it pioneering something for the future (Benjamin, Schulte-Sasse)?[3] In the case of Spain Soria Olmedo sees the Avant-Garde in the context of

---

1 I allude to Roger Shattuck, *The Banquet Years. The Origins of the Avant-Garde in France: 1885 to World War I*, rev. ed., London, Cape, 1969. Guillermo de Torre in his *Literaturas europeas de vanguardia*, Madrid, Caro Raggio, 1925, recognises Ramón's 'indiscutible prioridad vanguardista', p. 43.
2 Cited in Malcolm Bradbury and James McFarlane (eds.), *Modernism 1890-1930*, Harmondsworth, Penguin, 1976, p. 33.
3 J. Schulte-Sasse, 'Foreword: Theory of Modernism versus Theory of the Avant-Garde', in Peter Bürger, *Theory of the Avant-Garde*, translated by M. Shaw, Manchester, 1984.

Ortega's Europeanisation project. So does Harris whose definition of the Avant-Garde, however, leans more towards Ortega's diagnosis of a rejection of transcendence in favour of play.[4] Bradbury and McFarlane quote Ortega but suggest the possibility of greater social importance: 'the arts are *Avant-Garde* because they are revolutionary probes into future human consciousness'.[5]

Whatever definition we adopt, the problem then is its application to the novel. Is there such a thing as a good Avant-Garde novel? Might the Avant-Garde's subversion of bourgeois society be incompatible with the novel as the genre most associated with the bourgeoisie? For a long time – most of the second decade of the century – Ramón rejected the novel form as too conventional, too insincere, too stupid to contemplate: 'La novela es una tontería'.[6] Yet, by 1920 he had yielded to temptation and started writing novels at a rate which produced at least six published novels by 1923. But were they flawed by the author's Avant-Garde poetics as Umbral has argued?[7] This question of compatibility between novel and Avant-Garde is highlighted if we reflect on the interesting juxtaposition of Ortega's two essays in *La deshumanización del arte e Ideas sobre la novela* (1925). Though the first is a study of both modernism and the new Avant-Garde, Ortega's literary preference – obvious in the second essay – is for the great tradition of the well-crafted nineteenth-century novel whose seamless closed structure permits the reader to be totally immersed in the world of the characters, which is densely developed by detailed description and a slow-moving plot, without the distracting presence of the author. Proust is the only example of a great novelist who is also mentioned in *La deshumanización*, presumably because his modernist self-consciousness does not inhibit Ortega's desired immersion effect. Ramón was the only Spanish writer singled out by Ortega in *La deshumanización* – alongside Proust

---

4 Andrés Soria Olmedo, *Vanguardismo y crítica literaria en España (1910-1930)*, Madrid, Istmo, 1988, pp. 21-2. Derek Harris (ed.), *The Spanish Avant-Garde*, Manchester, Manchester University Press, 1995, p. 3.

5 Bradbury and McFarlane, *op. cit.*, p. 28

6 Ramón Gómez de la Serna, *Obras completas* (abbreviated subsequently as *OC*), edited by Ioana Zlotescu, Barcelona, 1996-, V (1999), pp. 229, 132, and IX (1997), p. 27.

7 Francisco Umbral, *Ramón y las vanguardias*, Madrid, Espasa-Calpe, 1978, pp. 80-4. For a spirited defence of Ramón's fiction see C. Nicolás, 'Ramón Gómez de la Serna y la novela española de vanguardia', *Ínsula*, 502 (October 1988), pp. 11-13.

and Joyce. But his absence from *Ideas* implies that he failed to satisfy Ortega's criteria for a good novel, and contributed to the crisis of the novel that Ortega was emphasising.

In fact, in the very same year (1925) Ramón published his most self-consciously experimental novel, *El novelista,* which could be described as his own Avant-Garde manifesto on the theory and practice of novel-writing. Half of it had already appeared in 1922 serialised in *La Pluma*.[8] Some of the additions in 1925 may have been written with one eye on Ortega's *Ideas* (in their article form of December 1924 to January 1925), and perhaps even on Baroja's response (partly published in March).[9] Baroja of course defended a more roughly and loosely composed novel open to the flux of reality and the opinions of the author, with the emphasis on action and plain prose. Though at odds with the high-brow Ortega, he like Ortega stood for mainstream realism against experimentalism. In the context of their polemic, Ramón puts several pointed remarks into the mouth of his fictional novelist (Andrés Castilla) in a general attempt to justify himself against the most frequent charge that his novels were not real novels, only accumulations of *greguerías*.[10]

Chapter 13 (which did appear in 1922) begins the polemic with the assertion that the novelist avoids the clichés of common-sense reality by writing his new novels at night, thus placing himself in the tradition of visionary Bohemian romanticism. Chapter 16, 'El enemigo de las novelas', stresses again the importance of the novelist's imagination – rather than technique and structure – to express the spontaneous truth of life in opposition to the advances of science and technology which the 'enemy' sees as a cultural panacea. In chapter 25 Castilla, stung by the criticism from the 'false novelist' that in his last novel the plot is undermined by the detail, retorts that the false novelist does not have what he does: faith in literature and the passionate artistic vision that gives unity to his works no matter how diffuse the contents. Furthermore Castilla claims

---

[8] Chapters 1-4, 7-14, 27-31 and 43-7 appeared in *La Pluma* from December 1921 to October 1922.

[9] Luis Fernández Cifuentes, *Teoría y mercado de la novela en España: del 98 a la República*, Madrid, Gredos, 1982, p. 312, note 58, and p. 320.

[10] For example, in *La Pluma*, 3, no. 30 (November 1922), the anonymous reviewer describes *El Gran Hotel* and *La viuda blanca y negra* as 'greguerías en torno a dos temas novelescos', although *El Incongruente* 'señala un paso decisivo hacia la novelación de la greguería', pp. 395-6.

the superiority of his own concept of freedom (that is, for a few) because it suppresses insoluble problems (i.e., socio-political) and concentrates on promoting the sensory enjoyment of life (the 'sensuality' missing in the false novelist). Baroja it was who would later deride Ramón's dual role of cubist and conservative.[11] But Ramón was serious about a Romantic Avant-Garde reaction against political radicalism in favour of an individualistic freedom based on the aristocratic literary anarchism he imbibed as a youth. That he wished to see this shared by some of society's victims is also clear from the sympathetic treatment given to the abused maid in one of Castilla's stories ('La criada'). Another even more extraordinary story highlights the typical Avant-Garde tension between artistic and political radicalism. Chapter 11, 'La exaltación del farol', turns gas-lamps into human beings, 'los últimos románticos' whose stoical rebellion is both reactionary – 'han renunciado al envilecido sufragio' – and a reaction against revolution – 'fueron víctimas de las grandes algaradas y revoluciones' (p. 270). The focus of the text, however, is not on political allegory but on the human powers of perception which, when devoted to the inanimate gaslamps, produce little discoveries like this: 'Están ausentes durante el día' (p. 273).[12]

This inordinate attention to insignificant objects is precisely what Ortega defined in *La deshumanización* as the *infrarrealismo* practised by Ramón, Proust and Joyce. It is one of the techniques, including the *suprarrealismo* of metaphor, that thrust into the foreground the writer's stylistic innovations, what Ortega terms the window, and into the background that conventional human reality that he calls the garden. It is this avoidance or transformation of the conventionally human that Ortega defines as 'estilización' and 'desrealizacion'.[13] That he gave prominence to the more tendentious term *deshumanización* begged the question of whether this experimentation, inverting the normal hierarchy of attention, was truly dehumanising, and has tended to provoke a tendentious answer, not to the

---

11 Pío Baroja, *Obras completas*, VII, Madrid, 1949, p. 755. I have seen an unpublished letter, dated November 1925, from Ramón to his brother Julio answering the latter's criticisms about *El novelista*, including an apparent contradiction between Ramón's anarchism and pro-dictatorship sympathies.

12 *El novelista: (Novela grande)*, Valencia, copyright 1923 [1925?]. Page numbers in brackets refer to *OC*, X, 1997.

13 José Ortega y Gasset, *Obras completas*, III, Madrid, 1983, p. 368.

detriment of Proust or Joyce, but certainly to that of Ramón. Aside from pressures of political commitment, what separated Ramón from the other two writers was, first, his Avant-Garde egomania and, second, his disregard for their modernist attention to structure and the craft of composition. Ramón and his fictional novelist know they are vulnerable to criticism on this account, but they try to justify it on both artistic and humanistic grounds, as at the beginning of Chapter 20:

> Cada vez desconfiaban más de que fuese un novelista. Su visión sin pesadez, arbitraria como la vida y aferrada en vez de a una realidad simbólica y resabiada, a todas las realidades que pululan alrededor de un suceso, no satisfacía a los críticos que necesitaban la coordinación cortés, la fórmula urbana (p. 330).

Rejecting as tedious the carefully detailed composition and symbolic social representation of conventional realism that make for the heavyweight novel advocated in Ortega's *Ideas,* this novelist's trademark is the jagged proliferation around an event ('suceso') of *greguería*-type image generalisations which break up the smooth flow of conventional narrative into a succession of self-contained fragments. The next chapter provides a good example from Castilla's novel *Pueblo de adobes* in a scene in which adolescent boys are fascinated by the typical dovecotes of rural Castile:

> Las visitas a los palomares dejan al joven trémulo, anhelante, gozoso de la luz paradisíaca que luce allí dentro.
> ¡Qué tipo de adolescentes enamorados y que no tienen que pensar en el [I]nstituto ni en la [U]niversidad tienen los pichones!
> Falansterios de arrullos y cariños, los palomares dan optimismo a todo el paisaje y en la sequedad de amores y conveniencias de los pueblos adustos de Castilla se les mira como a conventos ideales, como si en ellos anidase realizado lo que no acaba de consagrarse en la vida. ¡Dulce existencia la de los palomares como grandes pozos de amor escondidos y cubiertos! (p. 344)

The human emotion of sexual desire in a repressive society is expressed in a sensory discovery and witty enjoyment of a detail of the setting (the life inside the dovecotes) that normally remains unnoticed and insignificant. Adjacent details are organised here around the obvious subject of erotic frustration. Less obviously they are like most of the descriptive details in the rest of the novel in that their disconnection from a more conventional development of action based on individual characters is compensated by their connection to the overall project of creating 'sensuality', a sensory enjoyment and recreation of everyday detail that is intended to be redemptive, a paradise of the senses in the here and now. This particular eroticised landscape neatly illustrates Ramón's importance in the development of Spanish prose. He combined *modernismo*'s cult of sensation with the '98's attention to traditional *castizo* Spain, removing from the former its exoticism and from the latter its socio-political concerns; and then introduced a hard-edged imagism as a new way of looking that profoundly influenced the '27 Generation.[14] But the younger writers also had the countervailing influence of Jiménez's formal purity and Ortega's rationality, both of which made them resist the bad example of Ramón's scorn for intellectualism and preference for the fragmentary.

A similar strategy of diverting emotion into a sensory enhancement of adjoining objects, combining both metonymic and metaphorical transfer, can be seen in another episode whose poignancy ought to counteract the post-Ortegan tendency to associate stylisation with dehumanisation. It is found in Chapter 43 in an autobiographical extract by the fictional novelist entitled *El biombo*, and dealing as it does with the death of his father, comes straight out of the author's own life: [15]

> Poco duró mi padre [...] ¿Quién le iba a decir que su biombo, el biombo que cubrió su sueño, iba a cubrir su muerte [...] Ya el biombo estaba de luto riguroso, y su segunda hoja estaba escrita definitivamente con todo el historial de mi pobre padre [...] no podía olvidar que por aquellas rendijas miré con miedo los temblores amarillos de la muerte y la cara de ahogado que tiene el muerto [...] Le ornamentamos sus últimas horas de huésped en la caja, con la visión optimista y reconcentrada del biombo [...] Cuando hubo que entornarle para que saliese la caja, se plegó con tristeza y se inclinó hacia la pared como sin fuerza para mantenerse en pie. (pp. 468-69)

The oriental screen is almost emblematic of the novelist's approach. Instead of the whole life-story being recounted in conventional detail, it is synthesised in a significant moment such as this when the emotion of its end is made bearable and alleviated by the whimsical transfer of life to the inanimate object, which functions as an objective correlative (to use

---

14 See, for example, Luis Cernuda, *Estudios sobre poesía española contemporánea*, Madrid, Guadarrama, 1957, pp. 167-77.
15 The episode's first appearance in the August 1922 number of *La Pluma* came a few months after the death of Ramón's father at, according to Gaspar Gómez de la Serna, *Ramón (Obra y vida)*, Madrid, Taurus, 1963, p. 144, the end of February.

Eliot's term). Ramón's narrative screens out direct conventional representation, and substitutes a creatively stylised perspective. It is precisely this viewpoint, combining the suffering person with the creating artist, that is missing from Ortega's illustration of 'dehumanised' perspective in his famous example of the death-bed scene. In the *biombo* scene the writer is both the bereaved and the painter who turns his personal feeling to artistic effect.

The above episode helps also to see the inadequacy of Ortega's final conclusion about the intranscendence of the new art's *deshumanización* for a proper understanding of Ramón's Avant-Garde practice. The novelist's own conclusion is that he will continue to write novels as a creative response to what he calls the hypocrisy of the world and the insignificance of man, 'la intrascendencia del hombre' (p. 496). It is the fact of death without the consoling belief in a divinely ordered cosmos that robs humanity of transcendence. Ramón's novel, however, is a combative assertion of faith in the transcendence of art, because art, modern art, can attach significance to the apparently trivial details of our immediate everyday reality. Art, even when it poses as a game, is meaningful not as a key to a transcendent universe but because it shocks us out of force of habit and makes us '"see" for the first time what we have looked at a hundred times but never really noticed'.[16] Ramón does this through the perspective of metaphor, not as an evasion of human reality (as Ortega sees it) but as an evasion of conventional human reality in order to enhance the fragments of human experience that go unnoticed and unexpressed.

Ramón's strategy, then, for producing this shock of the new is fragmentation of structure and the stylisation of the fragments through surprising metaphors. This of course was his declared purpose in the *greguerías* – 'trabajar para que todo resulte muy deshecho, un poco bien deshecho'.[17] When he applied the same strategy of disorder and decomposition to the novel it was bound to be a shock to the system of sophisticated formal composition that we find enshrined in Ortega's *Ideas*. *El novelista* carries the process of fragmentation to an extreme, so that the novel becomes an

---

16 G.D. Josopovici, 'The Birth of the Modern: 1885-1914', in John Cruickshank (ed.), *French Literature and its Background,* vol. 6, *The Twentieth Century,* London, Oxford, 1970, p. 11.
17 Ramón Gómez de la Serna, *Greguerías selectas,* Madrid, Saturnino Calleja, 1919, p. 5.

arbitrary collection of extracts from a variety of narratives, loosely held together as illustrations of the working life of the novelist-hero. The novel's proliferation of fragments – fragmented stories and fragmented prose – coheres around the central figure of the novelist, who is a blatant self-projection of the author. In other words the work contravenes Ortega's criterion not only of structure but also of authorial impersonality. For Bürger fragmentation is the quintessential device of the Avant-Garde for destroying the structures of bourgeois society. Yet the massive introjection of Ramón's personality into his novel of the novelist constitutes an Avant-Garde variation of Romantic individualism, the liberation of the individual artist in order to roam freely over any area of society and impose his unique vision, but not a wholesale collective demolition of bourgeois structures. The whole novel is an embattled confrontation with reality predominantly in its more negative aspects in a tone that is often hostile and pessimistic as well as defensive and lyrical. It displays for the reader's consumption a variety of novels, samples of which are condensed and abbreviated, thus undermining the tradition of sustained development, and producing a whole that paradoxically combines multiplicity with brevity and intensity. The novelist calls himself a realist, but his main intention is to attack the conventions of realism, especially those of character, structure and style. The style grabs hold of familiar reality, breaks it into fragments which are intensified and rendered in a novel unfamiliar way. The concept of defamiliarisation (or making strange) developed by Russian formalism in the 1920s might have been a more appropriate term for Ramón's practice than dehumanisation. Even more appropriate might be the concept of incongruity which he launched in the second work we shall look at. The main point to emerge from *El novelista* is that it projects the private experiments of the Avant-Garde writer into the public realm of the realist novel. Unlike Proust or Joyce, Ramón's ivory tower puts itself on display, challenging the public to sample its wares, before ultimately in the final chapter retreating embittered into creative seclusion abroad.[18]

---

18 Robert C. Spires, *Transparent Simulacra: Spanish Fiction, 1902-1926*, Columbia, University of Missouri Press, 1988, pp. 108-18, which, it seems to me, forces *El novelista* into Ortega's mould of dehumanised, frivolous intranscendence, and by dint of narratology obscures from view the creative excitement of the narrative. Gustavo Pérez Firmat, *Idle Fictions: The Hispanic Vanguard Novel, 1926-34*, Durham, Duke University Press, 1982, touches on the Ortegan dichotomy between *La deshumani-*

Several of Ramón's other novels that adhere more to the conventional unity of character, setting and plot, withdraw to a reduced fragment of reality, which is then intensified usually through the unusual fusion of character and setting.[19] This is not the case with *El Incongruente* (1922), which subjects those conventions to a form of fragmentation that produces an effect of abstraction and estrangement from familiar reality, and is also a playfully provocative self-projection of the author's personality (not as novelist but as self-caricature) into the public's face. Because it was the most radically experimental of his first novels, and especially because of its experiment with humour, it apparently became Ramón's early favourite, 'como primer grito de evasión en la literatura novelesca al uso'.[20] Its basic premise is incongruity, illogicality. The young protagonist Gustavo *El Incongruente* rebels against the common-sense reasoning taught at school that enables us to make category distinctions and see the logic of causality, with the result that everything seems to go haywire: 'se le había descompuesto el destino y, en relación con él, todo desvariaba'(p. 606).[21] So in the first chapter the narrator warns us not to expect orderly plot development, but an arbitrary succession of chapters: 'Tiene que ser una incongruencia la misma historia de su vida y la de la elección de capítulos' (p. 610). This seems a licence to flaunt all the conventions that make a novel intelligible or even possible. Paradoxically though, a loose coherence is

---

zación and *Ideas* (e.g. pp. 72-4), but not in relation to Ramón who is left disappointingly on the periphery of the Avant-Garde. M.D. Rugg, 'The figure of the author in Gómez de la Serna's *El novelista*', *Anales de Literatura Espanola Contemporánea*, 14, 1989, pp. 143-59, by applying Foucault and Barthes, makes Ramón disappear unrecognisably from his text. D. Ródenas de Moya, '*El novelista* de Ramón Gómez de la Serna en la impugnación del modelo narrativo realista', *Revista Hispánica Moderna*, 52, 1999, pp. 77-95, unconvincingly attempts to dissociate a realist novelist-protagonist from a non-realist author, ignoring the evidence of the text, as well as, for example, the fact that one of the intercalated stories, 'El inencontrable', was separately published under Ramón's name in the 3 April 1925 number of the collection *El Cuento Literario* (Barcelona, Pegaso).

19 See for example my 'Towards an Understanding of *El secreto del Acueducto*', in Nigel Dennis (ed), *Studies on Ramón Gómez de la Serna*, Ottawa, Dovehouse, 1988, pp. 173-98.
20 Ramón Gómez de la Serna, *Automoribundia*, Buenos Aires, Editorial Sudamericana, 1948, p. 722; and *La Sagrada Cripta de Pombo (Tomo II)*, Madrid, Imprenta G Hernández y Galo Sáez, 1924, p. 539.
21 Pagination in brackets refers to *OC*, IX.

provided by the concept of incoherence contained in the protagonist's incongruent nickname, which right from the title signals the author's intention to introduce to novel-writing the cult of radical absurdity he had formulated at the beginning of his Avant-Garde career.

In 1910 he advocated the following: an 'exploración del absurdo' (p. 286); 'ser sólo una mirada' (p. 707); 'absurdidad', 'contingencia', 'analogía' (p. 895); the 'maxima libertad de quien ha muerto civilmente' (p. 900), and in 1912 a 'perdición completa [...] y después la palabra y algo así como una especie de lógica...'.[22] All but the last phrase are taken from the serialisation in *Prometeo* of *El libro mudo,* an apt title for the difficulty of expressing the state of mind resulting from a willed loss of normal social identity and producing what Shattuck, referring to Apollinaire, has called a 'reversal of consciousness'.[23] But what Ramón did from 1912 on was also a reversal of his early hermetic introverted phase by cultivating an eccentric extrovert personality and finding, through the *greguería* technique of generalising subjective impressions, a means of communicating to the general public in books – such as *Senos* (1917) – which he intended to be so new as to be unclassifiable – 'el libro inclasificable [...] el libro libre en que se libertase el libro del libro' – but which he also feared were not publishable, not *'cosas editoriales'*.[24] After having rejected the novel form as 'repugnante', by 1920 (or a bit before) he was pronouncing in favour of 'las novelas del escepticismo, un tipo de novela escéptica bien hecha de cada tipo de novela' in order to kill the novel off.[25] But by the publication in 1922 of *El Incongruente,* it was clear that what he was no longer sceptical about was his ability and desire to create new kinds of novels, truly Avant-Garde novels not just parodies.

In *El Incongruente* we have a title whose strange complexity indicates the author's awareness that his own unorthodox approach is not congruent with a conventional novel, and that this produces a main character (the only character) who is an odd-man-out, a non-conformist, sceptical about everything including himself and who nevertheless enjoys the free-

---

22 Pagination in brackets refers to *Prometeo,* 3 (1910), nos. 17, 21, 23 and again 23 respectively. The last phrase is from the epigraph to 'Tristán (propaganda al libro "Tapices")', *Prometeo,* 5 (1912), no. 38, n. pag..
23 Shattuck, *op. cit.,* p. 315.
24 From '(Proclama)' in *Pombo,* Madrid, Ed. Trieste, 1986 [1918], p. 219.
25 *OC,* V, pp. 972 and 101.

dom to act on impulse and find some of his wishes answered in reality, but equally often they are frustrated, though always in a pleasurably funny way. For example, Chapter 11 ('La impaciencia') describes Gustavo waiting impatiently for a tram to take him home to the unknown girl who wants to meet him. The action is arrested to expand expressively the fleeting moment of eye-contact between him at the stop and those in a tram going by:

> Indudablemente era una injuriosa mirada de lucidez que le lanzaban, adivinando toda su vida, como si estuviese en el sitio estratégico en que se traslucía. [...] todas aquellas gentes [...] le apuntaban con sus ojos como con una escopeta de aire comprimido, y ¡zas! le disparaban el plumerillo de su mirada, clavándoselo en el ombligo. Ninguna mirada más despectiva que la que lanzan los que van en un tranvía al que no es ese tranvía el que espera (p. 646).

The momentary difference in status and the feeling of exposure to the condescension of those in a superior situation are comically exaggerated to paranoia and hostility. The analogies with inspection and a shooting gallery seem incongruous but are justified by the force of the final aphoristic assertion. We recognise here the typical effects of the *greguería*: an incongruous analogy that produces both comic incredulity and poetic insight into a trivial phenomenon whose triviality is belied by the confidence of its generalisation. And the idea is wittily elaborated when Gustavo retaliates by waving at subsequent trams leaving their passengers nonplussed:

> veía cómo todos los tranvías llevaban, detrás, después de sus saludos, una larga cola de cometas de la duda y de la incertidumbre, pues todos los pasajeros se iban pensando en quién sería aquel hombre absurdo que les había saludado. (p. 647)

The incongruity of the analogy (comet tails of uncertainty?) forces us to reread and recreate for ourselves the trail of doubt left behind like cosmic dust as the tram speeds away. The character's absurd impulse produces both poetry and comedy. The rest of the chapter pushes the comic to farce and slapstick, as our impatient hero breaks his walking cane, smashes his watch, and finally arrives home to find the female stranger already in bed and threatening him with a lifetime of love, though thankfully she claims to be as emancipated from parental pressures as he is. So, end of episode, no erotic longueurs, and on to something completely different in the next chapter.

Except that the discontinuity of the plot, destabilising conventional narrative expectations, begins to reveal a repeated pattern in which we come to expect the unexpected and enjoy the new and surprising ways it comes about. The narrative plays a game in which the normal linear logic of action is side-tracked into sometimes pure fantasy (e.g., a motorbike ride to a village of living wax-dolls) or more often the totally improbable, such as the above, when the hero's desires and fancies encounter suitable objects, both inanimate and female. In other words the action jumps from logic to analogy, involving a poetic correspondence whose implausibility and brevity is comical. The resulting humour is not just playful frivolity; it has an ironic edge, for Gustavo is as much a passive hapless victim of coincidence as an active fully conscious cultivator of chance. The novel makes it clear that the possibility of negative absurdity is real but is deliberately evaded by the erection of a principle of pleasure, making the narrative into a constant diversion in both senses of the word. The humour comes from the ambiguous relationship – both poetic and comic – between two incongruous things, fantasy and reality, the experimental and the conventional, or a variety of dualities which gives the idea of incongruity a shifting conceptual richness. For example, the conventional basis for Gustavo's character is that of a typical rebellious adolescent playboy *señorito*. But his open-minded presence is such a catalyst for the extraordinary that he is elevated to the poetic category of proto-surrealist subject discovering the marvellous in everyday life. At the same time he is a comic object of contingent events, repeatedly being catapulted out into the improbable and brought back like a puppet on a string to the mundane. Nowhere is this structure more inventively displayed and wittily explained than the climax to Gustavo's adventures in the final chapter when he meets his ideal partner in a cinema.

There on the screen, the new provider of fantasy in modern life, Gustavo finds himself starring in the film alongside the girl who happens, through the poetry of fate or the comedy of chance, to be sitting in the seat next to him, twirling her leg round his. This perfect four-part analogy blesses their union and enacts a perfect concord between desire and reality, but the text stresses not just the irony of the analogy – the subsequent marriage will end Gustavo's freedom as well as isolation – but also the comic incongruity of the surreal with ordinary reality, and this is done through the most interestingly Avant-Garde analogy of all, between novel and cinema, Gustavo and Chaplin:

él, que tenía tipo y alma de personaje de *cine* en un *film* lleno de peripecias [...] de incongruencias, había sido escogido para representar ese papel [...] ¿Qué fue Charlot sino un fenómeno del siglo, el caso de cien Charlots más auténticos que el que era [...] el Charlot mecánico, el representante de los Charlots perdidos por el mundo en existencias mediocres [...]? (pp. 757-58).

Gustavo is a representative type like Chaplin, but he represents something different, more elevated, in his role as 'el redentor de los pequeños incongruentes' (p. 757). So whilst there is analogy, there is also clear incongruity established between the surreal *señorito*'s transcendence of the absurd and the commercialised vulgarity of the Chaplin figure. The analogy reinforces the humorous combination of poetic surrealism and comic farce in Gustavo's story, and the role of humour in reaching a compromise, a point of contact, between both the poetic and comic in the novel and between the experimental Avant-Garde artist and the wider public, who would have been drawn towards the novel's first edition in Calpe's collection 'Los Humoristas'. Ramón was clearly interested in Chaplin as the new icon of popular mass culture, and had written four articles on him for *La Tribuna* in October 1921. Whilst recognising Chaplin's comic genius, he puts him down for reflecting too closely the ordinary man in the street: 'representa al común de los hombres', 'representa al héroe de las plataformas de los tranvías'.[26] As part of the educated elite (Ortega's select minority), Ramón felt superior but it was not beneath him to project himself into a fictional character comparable to Chaplin, in an attempt to narrow the cultural divide, to laugh at himself and human pretensions, but not, as Ortega might have thought, to ridicule his art.[27]

At the same time the analogy raises the question of the relationship of literature with the cinema. The ending of the novel is ambivalent. Gustavo escapes into what is described as the cinema's passive empty illusion: 'en la atmósfera muerta del cine [...] el sitio vano, vago, engañoso, en que

---

[26] 'IV: Charlot', *La Tribuna,* 6 October 1921. Interestingly Carmen de Burgos had already attributed *charlotismo* to her companion's work, a view Ramón thought worth reproducing in *Libro nuevo, OC,* V, p. 361.

[27] J.C. Mainer's informative introduction to *El Incongruente*, Barcelona, Picazo, 1972, stresses the analogy with comic silent film (pp. 29-31), but not its incongruity. Nor does Paul Ilie see the incongruous relation of the surreal and the comic, only a 'lack of human interest and vitality', *The Surrealist Mode in Spanish Literature*, Ann Arbor, University of Michigan Press, 1968, p. 153.

no hay acción ninguna, sino una especie de contemplación absurda' (p. 756). Yet, Gustavo voices a preference for illumination by the rapid effortless medium of film rather than time-consuming books – 'por medio de la escritura en una lectura interminable' (p. 761). Gustavo of course is not identical to the author, who probably felt that novels, particularly shorter ones, were superior to films. Certainly that is the impression he gives in his equally precocious novel on Hollywood, *Cinelandia*, written shortly after.[28] And that is what he had clearly stated already in a 1920 newspaper article on Max Linder, which argues that Stendhal's definition of the novel as a mirror along a road was more applicable to film, 'esta cosa fría y brillante de livideces, que es el cinematógrafo', than to the novel ('la novela calurosa, apasionada') with its human warmth and appeal to the imagination.[29] Even though the cinema offered the new means of communicating to a mass audience, it could not do what Ramón was attempting with the novel: reach out to the majority and challenge it, through innovative language, to share the experience of a minority. This approach, of course, conformed with that of Ortega, whose cultural leadership was lauded by Ramón with a Pombo banquet in 1921 and the title of 'pedagogo de los artistas rebeldes'.[30]

Walter Benjamin's 1935 essay, 'The Work of Art in the Age of Mechanical Reproduction', takes a dim view of the select minority, especially the isolated consciousness of the decadent bourgeois individual wrapped up in his reading of Rilke. The essay highlights cinema as the new culture of the masses, removing from art and from man the traditional sense of uniqueness he calls *aura*. In fact he says the dadaists and Chaplin did the same. He quotes Duhamel's criticism of cinema's mindless entertainment

---

28 Valencia, [1923 or 1925?], see OC, X, p.977. C.B. Morris takes a dim view of its portrait of Hollywood, '*Cinelandia*: Ramón in Shadowland', in Dennis, *Studies...*, pp. 153-71; but not Gilbert Adair who considers it 'a gloriously funny celebration' with 'more memorable images per page than most modern novels in their entirety', *The Sunday Times*, 30 July 1995 (Culture Supplement), p. 10.
29 'Max Linder ante los espejos del cinematógrafo', *La Tribuna*, 7 December 1920.
30 Cited from the second volume on Pombo by F. Vega Díaz, 'La amistad entre Ortega y Ramón Gómez de la Serna', *Cuadernos Hispanoamericanos*, 135, 1984, p. 322, giving the wrong date for the Ortega banquet which was certainly soon after Ramón wrote an advance version of 'Mi discurso en Pombo' for *La Tribuna*, 19 November 1921.

('Les images mouvants se substituent à mes propres pensées')[31] as reactionary. Bürger, however, criticises Benjamin for ignoring the fact that the mass production of films was created by capitalist consumerism.[32] Ramón's fascination for and scepticism about the cinema as a new form of narrative shows the same ambivalence he has about the relationship of the Avant-Garde to the mass public and the conventional novel: beyond outright attack and total withdrawal he reaches a playful compromise in which good-humour establishes contact between incompatibles – elitist uniqueness and mainstream popular culture. As I have tried to say elsewhere, his celebration of incongruity was an attempt to make the familiar world strange and enjoyable, and his dedication to the aphoristic *greguería,* the novel and journalism was his proclamation of that strangeness, no matter how incongruous with common sense, as a commonplace, available to all.[33] This is especially true of *El Incongruente.* And even with the confrontational self-assertion of *El novelista,* there is still the same commitment to communicate the private experiments and individual humanity of the Avant-Garde writer to the public. The general public, however, probably regarded these counter-cultural products of bourgeois capitalism as luxury items it could not afford the time to understand.[34]

Indeed, Ramón's success in commercial terms and number of readers was very limited, and in terms of critical acclaim, mixed. At the end of the same year that saw him blowing into multiple fragments Ortega's classic novel form with *El novelista* while Ortega's diagnosis of dehumanisation was selling the Avant-Garde short, in an extended survey carried out by the newspaper *Heraldo de Madrid* on the state of the novel Ramón's own contribution was to lament that he had stocks of seven novels, including *El*

---

31 Walter Benjamin, *L'homme, le langage et la culture: Essais,* translated by M. de Gandillac, Paris, 1971, pp. 174-75.
32 Bürger, *op. cit.,* p. 30.
33 A sentence garbled by printing error from my 'Ramón Gómez de la Serna and the Avant-Garde', in Derek Harris (ed.), *Changing Times in Hispanic Culture,* Aberdeen, Aberdeen University Press, 1996, pp. 11-12. For a more developed investigation into the background and purpose of the humour, see my working paper on *El humor ramoniano de vanguardia,* Manchester, University of Manchester, 1996.
34 See Victor Fuentes, 'La narrativa española de vanguardia (1923-1931): un ensayo de interpretación', *Romanic Review,* 63, 1972, pp. 211-18.

Incongruente, lying unsold in publishers' cellars.[35] On 2 March 1926 the paper gave the final results of its opinion poll. The eight best novelists voted by the predominantly educated middle-class readership were Valle-Inclán, Baroja, Pérez de Ayala, Unamuno, Miró, Palacio Valdés, Fernández Flórez, and Blasco Ibáñez, who apparently outsold the others, but not of course the best-sellers of the mass market who didn't even make this list. As Meléndez's bookshop later confirmed, Ramón failed to reach the common reader: 'Gómez de la Serna tampoco logra forzar la curiosidad reacia del lector español de tipo medio'.[36] A select few in Spain did rate him highly – among the younger prose writers, Espina, Jarnés and Chacel.[37] But it was the French who gave him full recognition and allowed him to transcend at least national barriers with translations for example of *Gustave l'Incongru* (1927).[38] In *El novelista* (Chapter 30) the novelist pays homage to a French writer Rémy Valey. There is a deliberate echo here of Rémy de Gourmont who had inspired the young Ramón to follow an Avant-Garde route of stylistic originality.[39] But the real person de-

---

35 *Heraldo de Madrid*, 11 January 1926, p. 2. Interviewed on his plans to put on a new play in Paris, *Los medios seres* (but not performed until 1929), Ramón nevertheless insisted on the superiority of the novel aimed at a minority: 'no me interesan más que las minorías, y casi todos los personajes de las farsas escénicas son gentecilla, que yo desdeño. Bien es verdad que en la novela hago intervenir a esos mismos personajes. Pero aquí van ya castigados. Y esta es, precisamente, la labor justiciera de la novela...', *Heraldo de Madrid*, 16 January 1926, p. 5.

36 CRC [C. Rivas Cherif?], 'El buen libro en el escaparate se vende. Lo que nos dice un librero "nuevo"', *Heraldo de Madrid*, 23 March 1926, p. 4. The survey is also discussed in Fernández Cifuentes, *op. cit.*, p. 272.

37 Espina's top choices for the *Heraldo de Madrid*, 29 December 1925, were *Niebla*, Valle's *Sonatas*, Ramón's *El doctor inverosímil*, *Belarmino y Apolonio*, *Aventuras ... de Silvestre Paradox*, and *Cerezas del cementerio*. Jarnés's rave review, 'La Quinta de Palmyra', *Revista de Occidente*, 10, 1925, pp. 112-17, included the assertion that *El Incongruente* was perhaps 'la novela más congruente de estos tiempos'. In *Diario 16* (Culturas, no. 168), 2 July 1988, Rosa Chacel said that 'las novelas de Ramón no han sido entendidas ni, por tanto, valoradas en su medida justa, tal vez por el maravilloso espíritu de lejanización que las alienta', p. v. For the younger Borges Ramón was 'el mayor de los 3 tres grandes Ramones', *Martín Fierro*, 2, 14-5, 24 January 1925.

38 Cassou, who co-translated the novel, wrote a perceptive eulogy of Ramón in *Nouvelle Revue* Française, 23, 1924, pp. 144-54, concluding that his anarchic vitality both shocked and attracted the French.

39 See my discussion in Harris, *Changing Times...*, p. 9.

scribed is also the one to whom the novel is dedicated, Valery Larbaud, the French translator of *Ulysses*, who was the first to realise the magnitude of Ramón's innovations, seeing him in 1923 not only as 'par excellence l'interprète de l'Espagne contemporaine' but also as a light shining 'comme un feu de navire à l'avant de l'Europe'.[40]

By the thirties, however, even Paris was cooling its enthusiasm. With the growing politicisation of art, Ramón's insistence in *Ismos* (1931) on the freedom of the Avant-Garde to pursue the new led inevitably to his marginalisation. When he defined his novel-writing in 'Novelismo' as taking his readers to 'las afueras más respirables del vivir', to 'el sitio ideal en que unos cuantos sintamos la libertad',[41] he acknowledged he was a minority taste, and prophetically anticipated the direction he would be obliged to take when his world was blown violently apart, that is, going away into self-exile and producing two of the best, least read, but still readable, Avant-Garde novels ever written: *¡Rebeca!* (1936) and *El hombre perdido* (1947). In them Ramón withdrew back into hermetic introverted isolation, much less accessible than the two novels discussed here, which show Ramón performing the Avant-Garde role of taking art to the public, confronting it in *El novelista* with the artist's original vision, and humouring it in *El Incongruente* with playful self-caricature. In both works a radical Avant-Garde fragmentation is offset by the stylistically humanised intensity of the fragments. Ramón's Avant-Garde fiction was driven, therefore, not just by protest but by the bourgeois minority cult of originality and pursuit of excellence. Certainly unique in his profusion, Gómez de la Serna's originality could become repetitive and his excellence marred, but not nearly as much as his detractors or admirers pretend.

---

40   In the conclusion to V. Larbaud, 'Ramón Gómez de la Serna et la littérature espagnole contemporaine', *La Revue Hebdomadaire*, 32, 3, 20 January 1923, pp. 293-301.
41   Ramón Gómez de la Serna, *Ismos*, Madrid, Biblioteca Nueva, 1931, p. 353.

ILDEFONSO-MANUEL GIL

Benjamín Jarnés y la novela vanguardista*

El sintagma 'novela vanguardista' contiene una delimitación cronológica, la época de los 'ismos', que en España abarca entera la década de los veinte, ligeramente ampliable a los últimos de la precedente y a los primeros de la posterior. El espíritu renovador común a todos los 'ismos' condujo la novela hacia nuevos modos expresivos en los que la materia narrativa deja de ser el eje esencial, llegando a fragmentarse y aun a diluirse. El afán de originalidad, indispensable en todas las vanguardias artísticas, llevó a los novelistas a buscar nuevas perspectivas y un lenguaje novelístico que admitiera, pero no como cuerpos extraños, elementos expresivos propios de la poesía, aunque no de su exclusive pertenencia. Imágenes y metáforas se darán en las narraciones con tanta frecuencia y tanta audacia como en la nueva poesía. El afán de trascender la realidad se cambiará en un ágil juego con ella y toda pretensión ideológica quedará excluida o sometida a ese mismo tratamiento de imaginería difuminadora de cualquier tono de solemnidad. La intuición artística desplazará a la razonadora visión crítica y lo mismo hará la sensación con el sentimiento. Se juega con las ideas, con los objetos, con las pasiones y los seres que las sustentan, con la peripecia... pero nunca se les vuelve por completo la espalda, algo que solo se hubiera podido intentar mediante la escritura automática. Y si los poetas españoles de esa misma vanguardia, aun los que en algún momento de su creación fueron surrealistas, la habían rechazado, con más razón lo hicieron también los novelistas.

Nuestra novela vanguardista no tuvo, salvo en esas notas arriba apuntadas, una clara caracterización. La vanguardia era una actitud inicial común, pero sus variaciones, es decir cada uno de sus ismos, eran

---

* Discurso de ingreso en la Academia Norteamericana de Lengua Española. Ha sido publicado anteriormente en Ildefonso-Manuel Gil, *Hojas sueltas*, Zaragoza, Institución Fernando el Católico, 1994, pp. 8-14.

heterogéneas y como tales irreductibles a unidad. Al cabo de más de cincuenta años, 'novela de vanguardia' es término que aunque se siga usando no nos refiere a un tipo definido de novela, con la intemporalidad necesaria a una definición de subgénero literario; nos indica meramente un limitado periodo de tiempo y unas notas que no son exclusivamente confinables al mismo. Quizás por eso se ha querido buscar para los novelistas pertenecientes a ese grupo, es decir para los narradores más o menos correspondientes a los poetas de los años veinte, otras denominaciones que las que se habían aplicado a éstos. La más extendida, irónicamente, pues es la más desafortunada, arrancó de un torcido entendimiento de las ideas orteguianas sobre la deshumanización del arte. La eliminación, incluso progresiva de elementos emotivos, que era evidente en los artistas plásticos y literarios del vanguardismo, tenía unos límites que nunca pueden ser rebasados. 'Homo sum, etcétera' y no olvidemos que el más fecundo de todos los 'ismos', al menos en poesía y novela, el surrealismo, no era elusión de lo humano, sino una inmersión más profunda e individualizada. Paralelamente, son más frecuentes las presencias del psicoanálisis en los jóvenes narradores de aquellos años. Desencantados del arte realista, o simplemente desinteresados de él, fueron más subjetivos, pero el subjetivismo siempre que sea expresable, y por tanto, comunicable, es radicalmente humano, como lo es también eso que suele llamarse antirrealismo: ambos aspiran –o no son nada– a encontrar nuevas vías de acceso a la realidad. Y la realidad es el ámbito en que la vida humana se desarrolla en plenitud.

Cada vez entendemos menos esa clasificación de 'novela deshumanizada' que parece dar como realizado el total proceso de aquella eliminación de elementos humanos que era entonces muy necesaria, como poda inteligente y no como tala. Admitimos que, casuísticamente, se puede hablar de novela inhumana; también, de novela infrahumana y sobrehumana, si alguien alcanza a escribir para los gorilas o para los ángeles; podrá admitirse que se hable de novela humanitaria, con significación intemporal y de novela humanista, pero nada de cuanto el hombre haga podrá ser deshumano y nada de cuanto trate de comunicar a los demás podrá ser deshumanizado.

En el caso de Benjamín Jarnés –de quien vamos a ocuparnos ya exclusivamente– se ha hablado también de 'novela intelectual'; en el sentido más restringido claro, porque ¿de qué novela que pueda considerarse en éste y en otros actos académicos similares puede estar ausente el intelecto? Con ese aceptable sentido restrictivo habló Andrés Amorós de la 'novela intelectual' de Pérez de Ayala y si el adjetivo es buen definidor de la narrativa del autor de *Belarmino y Apolonio,* dejando a salvo el hecho de que en cualquier actividad artística hay aspectos muy importantes que no admiten definiciones, ya no lo es de la novela de Jarnés. Si un punto de vista eminentemente intelectualista es el centro de la visión novelística de Pérez de Ayala (lo cual también se puede decir respecto a su poesía), en el autor de *Escenas junto a la muerte*[1] no hay predominio de una perspectiva determinada. Quizás por eso, mientras la narrativa de Pérez de Ayala es lineal, con una historia dominante, especie de unidad de acción narrativa, y unos espacios y tiempos muy delimitados, en la novela jarnesiana esa línea tiene muchas soluciones de continuidad, como una sucesión de puntos suspensivos, es fragmentaria y los textos ensayísticos y líricos que abundan en ella son separables de la estructura narrativa. La historia, casi siempre muy leve y fragmentada, discurre tenuemente entre textos no narrativos que suelen ser más importantes que ella y lo que pudiera perderse en interés anecdótico se compensa en relumbres primorosos de esa gracia artística tan fundamental en el ideario estético de Jarnés. Incluso la ironía –común a ambos autores y producto siempre de la inteligencia –es en éste más sutil por menos preocupada y analizadora. No sólo por características de época o de grupo –aquel vanguardismo–, sino por temperamento; hay siempre en Jarnés un tono de juego, una elusión de lo solemne y lo trascendente, una hábil prestidigitación de sus experiencias vitales y culturales. A la fuerza de la razón se opone victoriosamente la gracia de lo vital y de lo lúdico.

    Jarnés creyó siempre –y creo que hacía bien– que la literatura es esencialmente el arte de la palabra y que 'el gran artista no tiene por qué renunciar a sus temas predilectos, ni a un bien sabido instrumental. Mucho menos, olvidar sus radicales principios'.[2] Para él, el objetivo final del artista es 'el conocimiento del hombre', lo que implica situarlo fuera de la realidad histórica, que es la misma de la novela realista, para situarlo en la sola realidad que inventa el novelista, tan lejana de la producida por el historiador. Realidad que no la produce el suceso del cronista, sino el timbre y el tono peculiares en que la voz de cada suceso habla

---

1   Benjamín Jarnés, *Escenas junto a la muerte*, Madrid, Espasa-Calpe, 1931.
2   Benjamín Jarnés, *Cartas al Ebro,* Méjico, La Casa de España, 1940, p. 78

al lector.[3] El interés por seguir la intriga, el hecho fabuloso o histórico, espolea al lector y al testigo que se impacientan por apoderarse de lo más externo y obvio. La novela realista cuenta con esa impaciencia del lector y se sirve de ella. Para la nueva novela el procedimiento había de ser distinto: 'El arte va aprendiendo ya a andar con lentitud, a detenerse a subrayar cualquier minuto, cualquier fugitivo escorzo'.[4] Es un esfuerzo por apoderarse del tiempo, inmovilizándolo en el instante, coincidiendo con la intensa contemplación, con el pensamiento o la sensación capaces de lograr esa inmovilidad del tiempo interno, psicológico. Miró lograba esos triunfos sobre el tiempo sumiéndose en el paisaje, mirando la superficie del agua, pero no era tanto detener el tiempo como detener en él la vida.

Ese esfuerzo por aislar el instante, conduce a ver el tiempo discontinuo, el de cada día, cada hora o cada minuto. '¡Qué delicia asestar a cada momento transcurrido un viril tijeretazo! Cada fecha –cada fecha de un amor– con tal relieve que no pudiera confundirse con otra'.[5] Esta fulminante fragmentación del pasado, es decir, del recuerdo, que tan exclamativamente desea el protagonista de *Escenas junto a la muerte* y que es una afirmación del presente, suele darse en las criaturas jarnesianas, determinando la ruptura en sus novelas de un tiempo lineal; en todo caso se trata de líneas con interrupciones, con ocultamientos bajo los textos no narrativos, ya poemáticos, ya ensayísticos. Sólo en muy raros momentos climáticos, ese tiempo lineal se afirma con rigurosa sucesión en un contaje minucioso que aumenta la suspensión. En *Lo rojo y lo azul*, el soldado que interviene en una conspiración está esperando la llamada telefónica con la consigna precisa. Está de guardia y es de noche; entonces el tiempo de reloj crea la tensión máxima:

> Las doce y media, la una, la una y media... Se acercaba el momento. Si Ramírez había logrado hacerse dueño de su cuartel, ya desde el cuarto de banderas del cuartel de San Luis podía comunicar la noticia a Julio. ¿Había pasado la hora fatal? Quizá en aquel momento Ramírez y todos los camaradas yacían en un patio del cuartel, hechos blanco de docenas de balas...
> Avanzaba la noche. Julio comenzó a respirar con menos ansiedad. Cada minuto que pasaba rompía un eslabón de la cadena enrollada a sus sienes, disminuía un

---

3   Benjamín Jarnés, *Ejercicios,* Madrid, Cuadernos de La Lectura, 1928, p. 48.
4   *Ibid.*, p. 47.
5   Benjamín Jarnés, *Escenas junto a la muerte*, p. 140.

eslabón de fiebre... ¡Si alcanzaba las dos, las tres de la madrugada! Pero la rampa descendente no era menos angustiosa. Había brincado el filo de la noche, pero la segunda vertiente le agobiaba. ¿Por qué no resbalar, por qué no atravesarle a la carrera, a una carrera sin freno?
Las dos. Iba a ser relevado. Tal vez en Augusta el sueño, el frío, el pánico, todo lo que entumece a los apóstoles, todo lo que les hace quedar profundamente dormidos, habría estrangulado la aventura ...[6]

El gusto por el tiempo presente, adecuado al vitalismo jarnesiano, parece contradecirse con el hecho de que la mayor parte de sus novelas son autobiográficas, con lo que el autor da en ellas el salto atrás, el flash-back que lo lleva al pasado. Mas es contradictorio sólo en apariencia, puesto que si el novelista evoca su pasado, sus personajes están bien afincados en su presente. Raras veces se complacen en ningún tipo de rememoración. Tienen que hacerse su propia vida y lo que van dejando atrás valía tan poco que no merece ser evocado. Tan es así que la más detenida rememoración de la infancia de uno de esos personajes (Julio, el alter-ego más importante, aunque no el único, de Jarnés), esa evocación de la niñez, digo, no se hará dentro de la novela, que es *El convidado de papel*, sino fuera de ella, en un texto asombrosamente bello que la precede, recreación del mito de Dánae, en la que el niñito Julio, libre de todo pecado que no sea una desconcertada curiosidad, será la lluvia jupiteriana que por puro accidente llevará a la nueva Dánae, una joven y hermosa maestra de pueblo, ya que no la fecundación divina, al menos una delicada sombra de placer. Cuando la novela comienza, Julio es ya un seminarista, como lo fue, y en el mismo Seminario, el autor. La en ocasiones lenta y minuciosa recreación novelesca de la propia personalidad, en el sentido de su destino individual, fue, con más sencillez, la ayuda que Jarnés necesitaba para poner en movimiento su imaginación hacia el logro del tipo de novela que él propugnaba y para el que estaba excepcionalmente dotado.

En el seminarista Julio, la vida rutinaria del Seminario se ensancha en peripecias imaginarias prestadas por la mitología clásica, materia obligada de las clases de latín y de retórica, y por la mitología moderna –héroes de papel como el Julián Sorel de Stendhal y el Adolfo de Benjamín Constant, que Julio y algún otro seminarista ocultan cuidadosa-

---

[6] Benjamín Jarnés, *Lo rojo y lo azul,* Zaragoza, Guara, 1980 [Madrid, Espasa-Calpe, 1932], p. 155.

mente a la vigilancia de sus preceptores–; si estas mitologías hubieran quedado limitadas al momento de su lectura, su valor habría sido sólo formativo, pero en Julio es fundamentalmente inductivo. La vida monótona, al menos para él, del Seminario en la que se siente asfixiado física y mentalmente lo lanza a una doble vida: la que lo contiene en su inmediata realidad y la que simultáneamente va forjándole su imaginación. Aquélla es de temporalidad lineal y continua y se localiza en espacios reales; ésta es atemporal, discontinua, fragmentaria en sus incesantes cambios, y sus espacios son indeterminados, irreales. Aquélla, la vida cotidiana, está mediatizada por el ambiente, por la circunstancia, y por las ineludibles interrelaciones humanas, ya que está poblada por los otros –profesores, compañeros, memorias de las vacaciones veraniegas, muchachas apenas vistas en una ventana, en un claroscuro de la iglesia, en la calle entre las gentes desconocidas que se cruzan con la doble hilera de seminaristas vigiladamente sacados a un paseo por la ciudad–; ésta otra, la imaginada por Julio se nutre inicialmente de seres míticos, tornados ya hechos, o inventados por la mente de Julio sobre sus modelos míticos, que poco a poco se irán concentrando en un solo personaje, el Julio que Julio imagina para si, y en vagas figuras femeninas.

Esa división es básica en la personalidad de Julio –y de casi todos los personajes masculinos jarnesianos, incluso los muy poco numerosos que no son productos inmediatos del autobiografismo. La proporción en que cada uno de esos planos –el real y el imaginado del personaje– se reparten en la novela varía mucho: en *El convidado de panel* aparecen fundidos, siendo éste como un fondo de aquél; en *Escenas junta a la muerte,* lo imaginario es más importante que lo vivido; en *Lo rojo y lo azul* es más lo vivido, casi siempre situado en un tiempo histórico, con referencia a sucesos tales como la Semana trágica de Barcelona y aprovechamiento novelesco directo de otros, tal como la sublevación del cuartel del Carmen de Zaragoza; pero siempre lo que vive el personaje y lo que imagina vivir están entrecruzados de manera que su interacción es constante, como tendremos ocasión de recordar cuando nos concentremos en esas novelas últimamente citadas, en las que los espacios pertenecen casi siempre a la geografía física.

Curiosamente, cuanto más autobiografismo hay, se elude la narración en primera persona. El narrador jarnesiano no necesita apoyar en el YO su omnisciencia, que no se preocupa de disimular ni de justificar; sólo se permite ignorar el futuro, limitándose a muy leves conjeturas. *El convidado de papel* y *Lo rojo y lo azul*, las más vinculadas a la biografía del autor, son contadas por ese omnisciente narrador, sin que en ningún momento se le mencione o aparezca como tal. Pero hay una ocasión en que por encima del personaje y del narrador salta el novelista mismo, con su real personalidad, no en el momento de la escritura, sino en un pasado muy lejano; en uno de los pasajes no narrativos de *Lo rojo y lo azul* hay una brusca irrupción del niño Jarnés. Julio, el seminarista de *El convidado de papel* es ahora un soldado de guarnición en Barcelona; pasea por el Paralelo.

> Se paró frente a un muro donde estaban fijando los carteles de una compañía de zarzuela. Anunciaban para aquella noche *Las musas latinas*. ¿Alguna insensatez con música de fogón? Porque el almirez es muy buen camarada de estos preparados escénicos, competidores de la vainilla, el jengibre y la cantárida.
> ¡*Las musas latinas*! Sonaba a hexámetros cantados por ninfas desnudas, a bocas infantiles que repiten complicadas declinaciones bajo la palmeta del dómine, a himnos a Venus coronada de mirtos... Surgirían las tres: Francia, Italia y España cantando las superficiales excelencias de su cuna. De cada nación, una rolliza soberana escondiendo su exuberante desnudez bajo el pabellón nacional, como las botellas de vino y los cadáveres de los 'muertos gloriosamente en el campo del honor'. Todo con música, primero de broncíneas trompas y, más tarde, en representaciones domésticas, de áureos almireces. *Musa, musae...* Latín, Mediterráneo, cursilería tópico (¡Y siempre, allá lejos, un pobre niño, arrancado del azadón, de carita pálida, ojillos prematuramente tristes, de gesto azorado, repitiendo la monótona declinación!).[7]

La utilización del paréntesis, en ese pasaje que era a su vez un paréntesis en la narración, apunta más al pequeño Benjamín Jarnés, recién ingresado en el seminario, que al Julio Aznar que la protagoniza.

Las novelas que utilizan menos los elementos autobiográficos, o los novelizan más (*El profesor inútil* y *Escenas junto a la muerte*), pueden estar escritas en primera persona, desde la perspectiva de ese narrador que es a la vez protagonista o personaje muy destacado de la acción, o combinar ambas perspectivas, siendo narrador de parte de la novela su protagonista, que en el resto será uno de los actuantes en la acción narrada en tercera persona, si bien recuperará la palabra en una *Nota final*, comentario epilogal sobre lo acaecido en toda la narración, que es *Paula*

---

7 Benjamín Jarnés, *Lo rojo y lo azul*, Zaragoza, Guara, 1980 [Madrid, Espasa-Calpe, 1932], p. 91.

y Paulita.[8] En otro caso, *Teoría del zumbel*, Jarnés es a la vez que autor, uno de sus personajes, casi limitado a observar y explicar identificándose con el narrador, pues al presentarse dentro de la narración, nos dice: 'Aparezco yo, el novelista, que no debo tolerar una impertinente desviación de la novela';[9] explícitamente proclama su condición de narrador omnisciente ('el novelista tiene poderes especiales. Puede asistir a los sueños de sus héroes, lo mismo que a sus vigilias' (p. 143), y bien aprovecha en esta novela tales poderes, pues los elementos oníricos son en ella fundamentales).

Quizás el punto extremo del subjetivismo en la novela jarnesiana sea *Escenas junto a la muerte*. Tiene un narrador-protagonista del que ni llegamos a conocer el nombre: él se da el de 'opositor número 7' y los demás personajes no le dan ninguno. Incluso Isabel, su amante en la mayor parte de la novela, nunca se dirige a él, vocativamente; no dice su nombre ni en los diálogos ni en las cartas. El conocedor de Jarnés podría inclinarse a identificarlo con el Julio Aznar de *El convidado de panel* y muy posiblemente de *El profesor inútil,* pero el que esté opositando a cátedras de literatura y el que, entretanto, sea funcionario de correos, indican que el autor no desea tal identificación, quizás porque cuando Julio aparece se intensifica la presencia de la verdadera autobiografía y la novela que comentamos es, salvo, obviamente, *Viviana y Merlín*,[10] la menos autobiográfica de todas. Quizás, también, por el predominio de las que pudiéramos llamar peripecias abstractas, que arrastra un más libre tratamiento de espacio y tiempo. El espacio está en la imaginación del protagonista, no en estado normal, sino determinada por la fiebre o por el sueno; en el tiempo se entremezclan todas las edades históricas y muy frecuentemente se salta, con la aparición de personajes históricos o literarios, de unas a otras. Cuando predomina el presente de la narración, es siempre combinándose, en la mente del 'opositor número 7', con otros tiempos históricos o míticos.

La novela esta organizada en ocho partes; sin embargo, la primera que se titula 'Preludio en una azotea (Elegía sin fecha)' queda subraya-

---

8 Benjamín Jarnés, *Paula y Paulita*, Madrid, Revista de Occidente, 1929; Barcelona, Península, 1997.
9 Benjamín Jarnés, *Teoría del zumbel*, Madrid, Espasa-Calpe, 1930, pp. 88-89.
10 Benjamín Jarnés, *Viviana y Merlín*, Madrid, Ediciones Ulises, 1930; Madrid, Cátedra, 1993.

damente separada de las otras que van numeradas en romanos del I al VII; el preludio está tipografiado en cursivas, de cuerpo inferior al de las normales de las otras siete partes. En la edición de Espasa-Calpe (Madrid, 1931) ocupa nueve páginas de texto, menos de la mitad de la más breve de las restantes y menos de la tercera parte de las otras. Tipo de letra y extensión nos señalan que se trata de un texto en cierto modo exterior a la narración, pero no del todo marginal a ella. Sin embargo, la unidad de tono es completa, así como la perspectiva desde el yo del personaje. En el preludio se plantea una situación de las que luego se llamaron 'existencialistas': el narrador encuentra su vida vacía de sentido, va a arrojarse desde una azotea y en diálogo con los 'imperativos éticos' establece desde el primer momento el doble plano espacial y temporal de la novela: el plano de los personajes y el plano abstracto de los seres imaginarios que ocupan la mente del protagonista. Otro opositor impide el suicidio; el espacio concreto de la azotea se ensancha hacia la visión nocturna de la ciudad, que trascendiendo la vista de los tejados muestra a la mirada del narrador los interiores de las viviendas. Todavía no sabemos de qué clase de oposiciones se trata, pero como ya nos ha mencionado a Fausto, a Níobe, el *Canticum canticorum* y a Andrómeda y ¿cómo no? a un diablejo capaz de levantar los tejados, para que el protagonista pueda ver la 'miserable vida' que rebulle en las cápsulas de cemento, se nos propone desde ese preludio la entrada en un mundo en el que lo libresco está ocupando cada vez más el plano vital del personaje. Que todo cuanto se ve en los interiores de las casas –en una enumeración muy curiosa y con indudables presencias surrealistas– indique frustración y vacío vital, nos da ya enteramente el estado mental y emocional del personaje, frustración ante la vaciedad de la vida, sintiéndose *solo al borde de la nada.*

Todas esas menciones nos inducen a creer que el opositor lo es a cátedras de literatura. Por lo menos nos aseguran que en la mente del opositor número 7 se entrecruzan y entretejen Literatura, Mitología y Vida. Lo que no es nuevo, puesto que era una constante en las anteriores novelas jarnesianas, pero en ésta se da con mas intensidad y con un tratamiento a la vez más complejo y más convincente. Muchas de las referencias librescas se identifican bajo su nombre adecuado; otras aparecen como textos ajenos embebidos en la prosa y aun en la acción como ya se había hecho por Cervantes y Lope, por Galdós y 'Clarín', entre otros y como se ve en muchas de las narraciones de Francisco Ayala.

Esa utilización de textos ajenos no subrayados y las menciones de obras o de autores van desde la época clásica hasta la temporalidad actual que da el presente de la novela. No son siempre de un mismo tono, pues van desde la solemnidad conceptuosa de Calderón de la Barca hasta el género chico y la revista musical, añadidura de una nueva fábrica de mitos, el cine, que encontró en Jarnés uno de los mis atentos contempladores, comentaristas y trasponedores. En *Escenas junto a la muerte,* la trasposición es una delicia y con pretexto de la asistencia del narrador a una sesión cinematográfica es una especie de paréntesis –ficción dentro de la ficción– que ocupa bajo el titulo 'Charlot en Zalamea' toda la quinta parte de la novela.

En cuanto a los espacios de las seis partes de la narracion (ya que hemos de excluir esa película intercalada con el obligado anacronismo de hacer a Charlot coetáneo de Pedro Crespo, de su hija Isabel, de don Lope y del hijo de Pedro Crespo, ya ascendido a sargento) destaquemos los que son mezcla de dos ciudades reales, Madrid y Zaragoza, fácilmente identificables; otras veces de una sola de ellas, pero también de identificación segura, para ser en otras menos definidos –calles, una farmacia, una casa de socorro, un bar, un restaurante. Hay una ocasional visita a una vieja ciudad, sin nombre en la novela, pero identificable, fuera de ella: la ciudad turolense de Albarracín. En la primera parte, 'Juno. (Edad antigua)', la Biblioteca del Ateneo, frecuentada por estudiantes y opositores, y, por esto, situable en el de Madrid, cede el paso a un merendero típicamente zaragozano y a una Comisaría de Policía tópica. Superpuesto al espacio de la biblioteca, al que volverá finalmente la acción, está un espacio onírico: una playa, metáfora de un diván en el que el narrador queda dormido con una sensación de hundimiento en la arena y donde es visitado por varios de los personajes históricos y literarios antes mencionados.

La parte II, 'La serranilla y el marqués. (Edad media)', se sitúa en espacios urbanos, pero vistos a través de la situación extrema de un amago de angina de pecho, visto todo en la confusión de esa angustia física; podría haber pasado por una pesadilla, a no ser porque la presencia ulterior de una joven y hermosa campesina trasplantada a la ciudad por un tal marqués de Cosuenda, irónicamente enriquecido con el comercio de vinos, nos asegura que gran parte de lo aparentemente soñado fue realidad, situando los borrosos espacios en el de la novela y la larga noche del ataque en su ámbito temporal. La parte III, 'Elvira de Pastrana. (Delirio decimonónico)', se inicia a ambos lados de la ventanilla de la Lista de Correos, donde el narrador presta servicio. Una hermosa mujer acude a recoger cartas dirigidas a ese nombre esproncediano, sugiriendo al lector la posibilidad de que todo ocurra solamente en la imaginación del protagonista; así sin tránsito ni transición nos encontramos en la habitación del narrador, único espacio concreto de toda esa romántica incidencia que no ha existido más que en un verdadero delirio, causado por su alta fiebre. Ese mismo espacio de la pensión es el inicial de la parte IV, 'Mi analfabeta. (Edad contemporánea)', donde se presenta la serranilla real, convertida en la entretenida del Marqués de Cosuenda; debió de ser ella la que en la noche del ataque recogió al enfermo; ha estado yendo y viniendo de la realidad de la mente de éste, a su delirio. Eso confirmaría que las dos partes anteriores han sido en su casi totalidad imaginaciones del enfermo. Pero se mantiene cierta ambigüedad ya que Isabel, que en sus ratos de vela junto al lecho le ha oído pronunciar unos nombres, le dice:

>   —También quiero saber la historia de esa Elvira que siempre estás nombrando en tus delirios... No, no tengo celos. Seguramente esa mujer es de otra papeleta... O quizás se llama así alguna amiga tuya.
>   —No, Isabel; yo te juro.
>   —¿Quién es Elvira? ¡Dime!
>   —La dirección de una carta.
>   —¿Y Susana?
>   —El tedio de una tarde (p. 130)

Sabemos que Susana es un personaje de la novela, la estudiante de la Biblioteca del Ateneo, a quien el opositor número 7 había dado el nombre de Juno, con lo que se atribuye el mismo nivel de realidad a la hermosa desconocida que recibía su clandestina correspondencia amorosa. Ahora bien, la serranilla, es decir, Isabel, sólo pudo hacerse cargo del enfermo en la noche que tuvo lugar el amago de angina de pecho. La visita que hace a la oficina de Correos es poco convincente y debió de ser un nimio incidente en el conjunto del delirio causado por la grave enfermedad; en ese espacio onírico han debido de estar insertos todos los demos de esas dos partes de la novela. El enfermo mismo sólo puede recordar 'un mundo de formas silenciosas que vigilaban mi fiebre al margen de toda cronología' (p. 125).

Dentro de esa parte IV tenemos otros espacios reales: la vivienda de Isabel, donde el opositor número 7 se convertirá en profesor y amante de la serranilla analfabeta. Ese espacio dominante alternará con el interior de un coche, con la visita a una vieja ciudad no nombrada pero que es como ya se dijo Albarracín; con el Museo del Prado y algunos bares y restaurantes y, sobre todo, con la sala cinematográfica en la que ambos enamorados asisten a la proyección de 'Charlot en Zalamea', que sobre el esquema finamente irónico de *El alcalde de Zalamea* es una sutil explicación del amor de Isabel y el narrador. Al regreso de una de las excursiones, Isabel y el narrador se separan. Un nuevo ataque coloca de nuevo a éste en un estado de confusión mental, en que la realidad es sustituida por figuraciones. Durante varias páginas, la historia se interrumpe, oculta bajo menudos incidentes, apariciones de seres imaginarios, consideraciones sobre el tiempo que implica una sucesión de muertes porque

> el tiempo somos nosotros mismos; cada día muerto es un poco de nosotros que muere [...] El sueño es la máscara que encubre las barbas irónicas del tiempo. Y cada mañana es una falsa fiesta que el mundo celebra para disimular sus fracasos de ayer. (p. 204)
> La muerte se encierra dentro de nosotros como la corriente negativa en el cable. (p. 205)

Pero antes de que esta parte acabe y sin que tengamos indicaciones temporales precisas, Isabel se ha convertido en una estrella de variedades y de music-hall. Las lecciones de su profesor no fueron esta vez inútiles. Incluso sabe escribir y decir las cosas en la perfecta prosa habitual de Jarnés.

La séptima, y final parte, 'Archivo de un amor. Edad futura', transcurre en muy pocas horas de un mismo día. Sabemos, por una frase que pudiera pasar inadvertida, que han transcurrido cinco años desde el comienzo de los amores entre el narrador e Isabel. Al cabo de ese tiempo han vuelto a encontrarse, previa cita, en el Museo del Prado. Una lucidez irónica resalta la imposibilidad de resucitar su amor. Toda esa parte es una verdadera delicia y concluirá con la nada sentimental ni sensiblera despedida definitiva, después que el ya catedrático cuente con pormenorizados detalles como contrajo matrimonio. Esos detalles vienen a anular las razones que movieron años atrás al narrador a rechazar las llamadas que Isabel le había hecho en varias de sus cartas. Es un pasaje que muestra el fino sentido del humor jarnesiano.

La angustia vital se ha disuelto en discretos y relumbres intelectuales que nos permiten imaginar que el narrador-protagonista seguirá siendo siempre un espectador de la vida que gira en torno suyo y de la que él hace girar dentro de su mente, por propia voluntad unas veces y al margen de su consciencia otras, en sus evocaciones y pensamientos, en sus sueños y en sus delirios.

Hace muchos años, un trabajo mío sobre la utilización novelesca por Jarnés de espacios reales, concluía con las palabras que ahora quiero repetir exactamente como final de mi intervención de hoy:

> Era –mejor dicho, es– un prosista de nítida perfección, un lento enamorado de la palabra bella en la claridad de expresión, cuidadoso pulidor de aristas verbales. Por tanto, un gran escritor para buenos lectores y no para devoradores de anécdotas. En sus novelas, el argumento era poco más que el hilo sutil que unía el comienzo con el final, revistiéndose de páginas poemáticas, de fragmentarios y brillantes ensayos, de agudos conceptos y de una lujosa ornamentación de imaginería.
>
> 'Es necesario forjar una prosa que sólo pueda ser leída a media voz', escribió en uno de sus libros, dando así la clave de lo que era y quería seguir siendo su obra. De él aprendimos, mucho antes que de Sartre, que se es escritor, no por lo que se dice, sino por como se dice. Mantuvo Jarnés hasta en la última línea escrita por su mano la posición exigente del artista que doma su propia fuerza creadora, para encauzarla, sin desbordamientos posibles, por el río difícil de la gracia artística.[11]

---

11 Ildefonso-Manuel Gil, *Ciudades y paisajes aragoneses en la obra de Benjamín Jarnés*, (Cuadernos Jarnesianos 3), Zaragoza, Institución Fernando el Católico, p. 72.

Francis Lough

Writing out the Hero: Benjamín Jarnés's *Locura y muerte de nadie*

Benjamín Jarnés has long been recognised as the leading exponent of the Spanish Avant-Garde novel of the 1920s and 1930s, and *Locura y muerte de nadie* one of his most successful novels; according to Gustavo Pérez Firmat, in one of the key studies of the novel to date, 'it is [...] probably the best-known piece of vanguard fiction'.[1] Curiously, however, when the novel was first published, its success was often attributed to features which seemed more in tune with the traditional novel than with the experimental fiction associated with Jarnés and his contemporaries. Reviewing the first edition of the novel in 1929, Melchor Fernández Almagro declared it to be

> la más novela de todas las producidas por Benjamín Jarnés; la más orgánica y típica. Tiene héroe, argumento y ambiente; personajes individualizados por la acción –o la pasión–; episodios que ilustran o complementan el conjunto.[2]

In short, it has all those features of the traditional Realist novel that the Avant-Garde project sought to reject. In a similar vein, and contrary to the dehumanisation and levity expected of the typical Avant-Garde novel, J. López Prudencio found in the protagonist 'lo que llamaría Unamuno un agonista'; 'la desolación de *Nadie*, del nadie amenazador de Juan Sánchez se propaga a todo el cuadro e invade al espectador con dolorosa impiedad'.[3] In his more recent study of the novel, Pérez Firmat has highlighted the metafictional aspects of the text but he also makes the case for seeing

---

1   Gustavo Pérez Firmat, *Idle Fictions. The Hispanic Vanguard Novel, 1926-1934*, Durham and London, Duke University Press, 1993 [1982], pp. 122.
2   Melchor Fernández Almagro, 'Jarnés y su *Locura y muerte de nadie*', *La Gaceta Literaria* III, 72, 1929, p. 3.
3   J. López Prudencio, '*Locura y muerte de nadie*, por Benjamín Jarnés', *ABC*, 27 de noviembre, 1929.

its formal structure in a traditional light: 'The biographical mode of the narrative, manifest from the title, the conception of life as a career that one has to forge for oneself, the search for origins – all place the work squarely within the canonic genre'.[4]

Pérez Firmat's extensive analysis of *Locura y muerte de nadie* is an attempt to make sense of its combination of the old and the new, an approach which characterises the work of other critics also. Joaquín de Entrambasaguas saw in the novel a combination of technical innovation and a concern for life ('sea espejo o no') making it a 'verdadero enlace entre la novela novecentista y la actual', while reminding us that for Ildefonso-Manuel Gil the novel was '"un buen ejemplo de deshumanización de la novela", aunque se intensifique en ella el profundo sentir humano del autor'.[5] Pérez Firmat's analysis leads him to the conclusion that there is, in fact, a conflict between the old and the new in this text based on a mutual interference between the discursive metafiction, by means of which 'the novel attempts to impersonate a revolutionary form of fiction without plot or characters' (p. 77), and the symbolic metafiction, which 'draws attention to the conventionality (not to say triteness) of its contents' (p. 77). Pérez Firmat concludes that

> Arturo's theorizing is subverted precisely by the kind of literature that, instead of objectively portraying the masses, caters to their tastes. For the romantic novel *is* mass literature, is one of the kinds of fiction avidly consumed by the 'mass' man and woman. *Locura y muerte* wants to be highbrow stuff, and ends up in the clutches of the commonplace.[6]

In essence, Pérez Firmat argues that *Locura y muerte de nadie* can be seen as a typical piece of Avant-Garde fiction, but suggests that while it presents through Arturo a theoretical justification of the new Avant-Garde novel, this theorising is contradicted in practice by the romantic intrigue, 'a typical story of adultery and deceit, complete with all of the clichés and stereotypes of the genre'.[7]

---

4   Pérez Firmat, *op. cit.*, p. 123.
5   Joaquín de Entrambasaguas, (ed.), *Las mejores novelas contemporáneas, Vol. VII (1925-1929)*, Barcelona, Editorial Planeta, 1965, pp. 1370-71.
6   Pérez Firmat, *op. cit.*, p. 134.
7   *Ibid.*, p. 131.

The readings of the novel which have emerged so far, and in particular the focus on the relationship between the old and the new in the text, raise interesting questions as to the status of *Locura y muerte de nadie* both in the context of the history of the Avant-Garde novel in Spain, which many believe had all but died out by 1934, and in relation to Jarnés, its chief exponent, who consistently rejected attempts to 'humanise' the novel by turning his attention to a more socially or politically committed novel as others did. It would be tempting to conclude from these readings that the success of the novel was a result of Jarnés's attempt to write something more traditional, if it were not for the fact that, as Pérez Firmat points out, the autobiographical tale of Juan Sánchez, whose name according to Roberta Johnson is even more banal than Unamuno's Augusto Pérez,[8] is all too clichéd and trite. *Locura y muerte de nadie* may present touches of the latter-day soap opera or 'fotonovela',[9] but it is still contextualised within Arturo's more 'highbrow' theorising and a network of metafictional imagery which 'instead of making stronger the nexus between the work and reality, only emphasises its non-mimetic, non-referential dimension'.[10] It is also significant in this respect that of the two main characters, Arturo and Juan Sánchez, the latter has the least substantial role to play. As Pérez Firmat indicates,

> the outstanding feature of the plot of the novel [...] is that Juan hardly figures in it. His marginality is repeatedly stressed in the novel, and has been amply commented upon. What has not been stressed is that this marginality is construed within the novel as an inability to participate, not in the course of real events, but in a fictional drama. More than a man in search of a character, Juan is a character in search of a role.[11]

While it may be clear that Juan is a character in search of a role, what is less clear is his function as this kind of character in the novel. Why is he in search of a role? Why does he fail to find one? And why is he finally 'erased' from the text? The answer to such questions are crucial to our

---

8   Roberta Johnson, *Crossfire: Philosophy and the Novel in Spain 1900-1934*, Kentucky, The University Press of Kentucky, 1993, p. 188.
9   Pérez Firmat, *op. cit.*, p. 131.
10 *Ibid.*, p. 126.
11 *Ibid.*, p. 131-32.

understanding of the apparent clash or contradiction between the two aspects of the narrative.

There is a further question to be raised in relation to the 'realism' of the novel. One common feature of the readings by Fernández Almagro, López Prudencio, Entrambasaguas, Gil and, to a much lesser extent, Pérez Firmat is that they appear to give excessive weight to the mimetic function of Juan Sánchez. Johnson on the other hand, suggests a less literal reading, by suggesting that Unamuno's ideas and novels constitute parodic intertexts of several of Jarnés's novels, including *Locura y muerte de nadie*.[12] It is the parodic function which justifies the banality and triteness of Juan Sánchez's tale while deliberately creating a distance between the character on the one hand and the narrator and reader on the other. A distance also exists between Arturo and Juan Sánchez, emphasising further the marginality of the latter. This again raises a question as to the purpose of such a parody.

The answer to the various questions raised are implicit in the first edition of the novel but were developed and made more explicit in the later edition of the novel which was written by Jarnés in 1937 although only published for the first time in 1961.[13] There are substantial additions to the later version of the novel, with some important changes. According to Joaquín de Entrambasaguas, the second version is a new novel entirely,

---

12 'Benjamín Jarnés did not exercise Chacel's restraint when paraphrasing Unamunian ideas; his first novel, *El profesor inútil*, is a self-conscious parody of Unamuno's 1914 classic, *Niebla*, albeit a light-hearted one. Jarnés's mocking of Unamuno's existential concerns was mixed with a sincere appreciation for the philosopher-novelist, who was at the time in exile from Primo de Rivera's dictatorship'. Johnson, *op. cit.*, pp. 180-81; 'Unamuno's ideas and novels constitute parodic intertexts in other novels by Jarnés as well. In *Locura y muerte de nadie*, Juan Sánchez (whose name is even more banal than Augusto Pérez's) struggles to be a unique individual and meditates on being and existing. Arturo of *Teoría del zumbel*, on the other hand arrives at the "feliz momento de perder su personalidad. Placer soberano de ser un hombre u otro, de ver hundirse el individuo en un golfo de vibraciones tumultuosas."' Johnson, *op. cit.*, p. 188.

13 Benjamín Jarnés, *Locura y muerte de nadie*, Madrid, Ediciones Oriente, 1929; revised edition published in Entrambasaguas, *op.cit.*, pp. 1385-1570 and reprinted Madrid, Viamonte, 1996, with an 'Introducción' by Ildefonso-Manuel Gil, pp. 9-25. All references to the text are to this latest edition. For a commentary on other reactions to the two versions of the novel see Jordi Gracia García, *La pasión fría. Lirismo e identidad en la novela de Benjamín Jarnés*, Zaragoza, Institución Fernando el Católico, 1988, pp. 93-107.

'incluso con teorías y problemas diferentes' although these are also seen as 'complementarios de los anteriores'.[14] More recently, Ildefonso-Manuel Gil has suggested that the main differences in the novel have to do with the portrayal of Matilde and a greater degree of sympathy on the part of the narrator. What does not change is the character of Juan Sánchez:

> La gran diferencia entre '1929' y '1937' está en la perspectiva ética de los personajes. La de Juan Sánchez, *Nadie*, no cambia absolutamente nada en '1937'. Al autor no se le ocurre modificar el rotundo juicio de valor emitido sobre su personaje: Juan Sánchez 'es un payaso triste'. En cambio, Arturo, acaba sintiendo respeto y condolencia ante la locura de Juan, en un pasaje nuevo de '1937'.[15]

The later version of the novel, which both Entrambasaguas and Gil accept as the definitive version, offers much more in the way of Arturo's theorising, but what do not change are the principal roles and functions of the two characters Juan Sánchez and Arturo. Arturo's theorising makes more explicit in the text the function of Juan Sánchez as a metafictional construct rather than as a mimetic figure. Pérez Firmat has given ample evidence to justify a metafictional reading of the Juan Sánchez who appears in the first edition of the novel as 'an imaginary construct inscribed on a page' so that his death 'is not the tragedy of an unfulfilled life but that failure of an unfulfilled fiction'.[16] This failure is made all the more obvious in the later edition by the introduction of a new metatext – *Don Quijote de la Mancha*. There is little doubt that the model fiction against which Juan Sánchez's failure is to be judged is that of Cervantes's eponymous hero and that the 'unfulfilled fiction' is his inability to become a heroic protagonist similar to his role model. Juan Sánchez is to be read as a modern, although at the same time a transformed, and ultimately failed, Don Quixote. However, the parodic distance created between the protagonist and the narrator means that there is nothing tragic about Juan Sánchez's failure, which is marked by his death and his erasure from the text. This is portrayed as inevitable and necessary, the only problematic issue being the question of the gap he leaves behind and how it should be filled. My argument in this study is that *Locura y muerte de nadie* is a metafictional commentary on the form of the Spanish Avant-Garde novel; more precisely, it is a social

---

14 Entrambasaguas, *op. cit.*, p. 1374.
15 Gil, *op. cit.*, p. 24.
16 Pérez Firmat, *op. cit.*, pp. 124, 127.

and literary commentary on the death of the traditional hero in the modern novel and his replacement by a newly configured hero with different aims. *Locura y muerte de nadie* presents the final – and in Jarnés's view, negative – stage in the democratisation of society and fictional heroes alongside a self-reflective commentary on the arrival at this stage. In an article 'Tributo a Cervantes' published in 1936, and therefore written shortly before or around the time he was re-working his novel, Jarnés raised a question which in his view had dominated critical study of *Don Quijote*:

> Ha llegado a consumir libros enteros el responder a esta pregunta: '¿Qué fines se proponía Cervantes, al poner en marcha a su grave y enjuto Hidalgo?' Y eso que el mismo autor declara su propósito: 'Deshacer la autoridad y cabida que en el mundo y en el vulgo tienen los libros de caballería'.[17]

The same question and answer can be applied to *Locura y muerte de nadie* if books of chivalry are replaced by traditional Realist novels. I am proposing therefore that *Locura y muerte de nadie* is a conscious parallel to Cervantes's text which has been described as the locus of continuity with, and a break from, the past – 'Don Quixote as paradigm and Don Quixote as rupture'.[18]

The use of Don Quixote as an intertext puts Jarnés in the company of many other European modernist writers who, in their search for new forms of the novel, were led, one is tempted to say inevitably, to Cervantes's seminal text.[19] E.C. Riley, in his study of the link between the role of the hero in Cervantes's novel and the representation of the hero in modern European novels, cites statements in Plato's *Republic* and Kafka's fable 'The Truth about Sancho Panza' to suggest a shift in the representation of the hero over time. From Plato we might conclude that 'in every illustrious hero there is a modest unheroic little man trying to get out'; while from Kafka it could be concluded that 'in every unheroic little man (like Sancho) there is a would be great hero (Don Quixote) trying to get out'.[20]

---

17   Benjamín Jarnés, 'Tributo a Cervantes', *Heraldo de Aragón*, 9 de mayo de 1936.
18   Edwin Williamson, 'Introduction: The Question of Influence', in Edwin Williamson, (ed.) *Cervantes and the Modernists. The Question of Influence*, London, Támesis, 1994, p. 6.
19   See Williamson, *Cervantes and the Modernists, ed. cit.*.
20   E.C. Riley. 'Whatever Happened to Heroes? Don Quixote and Some Major European Novels of the Twentieth Century'. Edwin Williamson *op. cit.*, pp. 73-84. The relevant

For Riley, Don Quixote is an 'ordinary man named Alonso Quijano who tried to be a traditional-type hero of romance of epic', and who fails not only because he lacks the means to achieve his end 'but because his very objective had no basis in the contemporary reality'.[21] The heroes of many modernist novels, according to Riley, like Joyce's Leopold Bloom, are also marked by their ordinariness to such a degree that their heroic status (in Aristotelian terms) must be called into question:

> Before he created his new identity, Don Quixote was plain Alonso Quijano, of the middle rank in socio-economic terms. He was not so much an insignificant figure as unsuited to the young, gallant, dashing role of knight errant he chose for himself. No more than Bloom did he belong to the upper crust from which heroes were conventionally carved. Heroism has been thoroughly democratised.[22]

In effect, beginning with Don Quixote, the Aristotelian notion of the hero is slowly abandoned in favour of a modern idea of the hero as ordinary man facing adverse circumstances who, in many cases, cannot live up to them so that along with the democratisation of the hero comes 'the dilution of the traditional idea of heroism'.[23] In the case of Don Quixote, the main adverse circumstance is the incompatibility between the hero's objective and the epistemological reality in which he lives. Juan Sánchez's

---

passages cited by Riley are: 'And it so happened that it fell to the soul of Odysseus to choose last of all. The memory of his former sufferings had cured him of all ambition and he looked round for a long time to find the uneventful life of an ordinary man; at last he found it lying neglected by the others, and when he saw it he chose it with joy and said that had his lot fallen first he would have made the same choice'. From Plato, *The Republic*, trans. H.D.P. Lee, Harmondsworth, Penguin, 1959, Part XI [Book X], p. 399; and 'Sancho Panza – who has incidentally never boasted of this – succeeded in the course of years, by supplying romances of chivalry and banditry during the evening and night hours, in diverting his devil – to which he later gave the name Don Quixote – so effectively from himself that this devil thereafter, quite out of control, performed the craziest deeds, which however for lack of their predestined object, which should have been precisely Sancho Panza, did nobody any harm. Sancho Panza, a free man, followed this Don Quixote imperturbably, perhaps from a certain sense of responsibility, on his travels, and he found great and profitable entertainment therein to the end of his days'. From Franz Kafka 'The Truth about Sancho Panza', in *Shorter Works*, trans. Malcolm Pasley, London, Secker & Warburg, 1973, p. 105.

21   *Ibid.*, p. 75.
22   *Ibid.*, pp. 76-77.
23   *Ibid.*, p. 84.

context is identical to this: he is presented as an ordinary man who is not only unsuited to being a hero but who is attempting to be the kind of hero that no longer has any place in the society in which he lives.

The intertextual link between Juan Sánchez and Don Quixote is suggested at the very beginning of the novel. When Arturo first comes across Juan Sánchez in the bank, he appears simply as 'un caballero gris', a description which contains both a heroic reference and, at the same time, characterises the protagonist as the mundane, stereotype of the mass man he is – 'un "universal", un hombre-tipo' (p. 48). Later in the novel, however, the references to Don Quixote become much more explicit. A key episode is the visit made by Arturo to Matilde's family when he discusses with them her misfortune in having married Juan Sánchez. Her mother's remarks are full of cervantine references:

> Y quien paga los vidrios rotos es Matilde, esta pobre ilusionada con las ínsulas baratarias que prometen los Juan Sánchez. Porque, si Sánchez equivale a hijo de Sancho, Matilde lo es también. Pero el fracaso ha sido rotundo. No han encontrado más que galeotes y vizcaínos. Matilde –como otras muchas mujeres de España es un dócil escudero de cualquier lamentable Don Quijote. España está llena de estos caballeros apócrifos, y Sancho es el padre común de una prole innumerable. (p. 110)

Juan Sánchez is cast in the role of Don Quixote but is, in fact, and as his name suggests, a descendant of Sancho. As if to reinforce his ordinariness, when he goes in search of his past, Juan discovers that he is in fact Juan Sánchez y Sánchez (p. 152). Like Don Quixote, he sets out on a quest, to make his mark on the world, but lacks the vision and imagination even to attempt to achieve his aim. In his farewell note to Matilde, Juan Sánchez recognises his failure to be Don Quixote:

> Perdóname, pero mi destino era vencer o morir. Puesto que mi fracaso es definitivo, muero. Mucho te hice sufrir Matilde, pero ahora vas a descansar. Me di de bruces con todas las aspas del molino, con todos los rebaños y con todas las indiferencias. No lo puedo resistir y me voy. No encerrado en una jaula, sino reexpedido al país de las sombras de donde salí... (p. 237)

Juan Sánchez's failure to be a modern Don Quixote has to be understood in the metafictional context of his function in the novel as a fictional construct, as outlined by Pérez Firmat. At the same time, however, it is also a commentary on the world Jarnés saw around him. Juan Sánchez's failure is a consequence of the dehumanisation of the modern world which no longer offers a space in which the hero, who depends on his individual qualities, can exist, a world in which everyone has become a Sancho. Arturo comes to this realisation at the end of the novel. As he views the manchegan landscape from the window of a train – a typical Avant-Garde conceit in its own right – he sees in a withered tree, 'un árbol esquelético' the dried up figure of Don Quixote whose place, as reader in the armchair, has been taken by Sancho:

> ¿Cómo no advirtió que el arbolillo andante es el mismo Don Quijote, más enjuto que nunca, montado sobre un manojo de huesos, seguido –como siempre– por el rucio?
> Pero Sancho ha descabalgado, Sancho brincó sin duda por la ventanilla y se acomodó en su butaca. Un Sancho polvoriento, lastimoso, que se pasa las manos por el rostro hasta descubrir, súbitamente, el de Matilde. En Sanchica. Lo afirma Patricio desde su butaca del comedorcito de Los Olmos, y Arturo lo confirma ahora, en medio de La Mancha, mientras hace señas a Don Quijote que no atiende sino al rebaño despavorido. (p. 248)

The protagonist's failure to achieve the individual stature required of a hero is also the reason behind the parody of Unamuno. The parodic element here is not directed against Unamuno, whom Jarnés admired, but at Juan Sánchez's inability to live up to his agonic models. To be a Don Quixote or an Unamunian protagonist demands a level of individualism which has been lost in the dehumanising world of the masses of which Juan Sánchez is presented as a prototype – the image of 'el caballero gris', clearly has an oxymoronic quality.[24]

When Juan Sánchez discovers the mediocrity of his forebears he consigns all evidence of their existence to the flames and the narrator lists their failings, in particular their lack of any individual talent. The first of these is a painter who lacked any originality: 'Un pintor que sólo llegó a copiar la realidad visible, que nunca pudo inventarse otra' (p. 160). This

---

24 Interestingly in this context, Jarnés spoke of Cervantes and Unamuno in exactly the same terms, not to mention the same breath: 'Poco importa leer a Cervantes en otro idioma: "Don Quijote" queda en pie. Poco importa leer en otro idioma "El sentimiento trágico de la vida"; Miguel de Unamuno, personaje esencial del libro, también quedará en pie' Benjamín Jarnés. *Miguel de Unamuno. Antonio Machado. García Lorca*, Cuadernos Jarnesianos 7, Zaragoza, Institución Fernando el Católico, 1988, p. 5.

reminds the reader of Juan Sánchez's painting of Matilde which Arturo sees at the beginning of the novel and which he thinks 'podría ser obra de una Sociedad Anónima de Artes Plásticas' (p. 74). Juan Sánchez's mediocrity, like that of many of his forebears, lies in his inability to create anything original, in his lack of any spark of individuality, a quality highly praised by Jarnés.[25] By consigning his past to the flames, Juan Sánchez, who has consistently failed in the same way, prefigures the moment in the text when he is left no choice but to be eradicated also. As Jarnés commented in one of his notebooks: 'Crece el número de los hombres "receptivos", baja el de los "creadores". (Tiempo de masas, mala época para individuos)'.[26]

The ordinariness of Juan Sánchez is evident throughout the novel and needs no further comment. As a hero he is identical to Leopold Bloom as presented to us by Riley:

> Leopold Bloom, what is heroic about him? Must not a hero be up against something or someone? What or who is Bloom up against? The answer, surely, is nothing other than the frustrations and unfavourable circumstances of daily life – plus his own limitations – much as such circumstances are known to countless thousands of urban citizens.[27]

What distinguishes Juan Sánchez, however, is his awareness of his status and his desire to be something else, or as he puts it his desire *to be*: 'Se trata de 'ser'. Fíjese bien: ¡ni siquiera de existir! ¡De ser! Porque a fuerza de pensar mucho en mí mismo, he deducido que, aún suponiendo que exis-

---

[25] Jarnés clearly saw parallels between the conflicting ideologies of his own age and that of Stendhal whom, like Ortega he greatly admired: 'El secreto de Stendhal –de la perdurabilidad de Stendhal– es quizá haber reclutado individuos, en una época en que los otros solían ir a caza de abstracciones. El siglo estaba forjado para que en él triunfasen las altas ideas generales, ya fuesen embutidas en el generoso pecho de una mujer desnuda subida a la carroza, con la antorcha, o el ramo de olivo en la mano, ya se agazapasen en un grave libro recostado en un atril. Estas novelas –donde triunfan el amor, la libertad, la fe...– me recuerdan siempre a ese hombre infeliz, a ese "hombre desconocido", que inventaron los filósofos del siglo XVIII para maniquí de un lote magnífico de "derechos". Era *El Hombre*. Un hombre sin carne y hueso. Por eso comenzó a desvanecerse en cuanto apareció de nuevo en el mundo "el individuo"'. Benjamín Jarnés, *Rúbricas*, Madrid, Biblioteca Atlántico, 1931, pp. 130-31.

[26] Benjamín Jarnés, *Límites y lecturas*, Cuadernos Jarnesianos 10, Institución Fernando el Católico, 1988, p. 61.

[27] Riley, *op. cit.*, p. 76.

ta, 'no soy" (p. 46). If we examine Juan Sánchez's desire, however, it is evident that for him *being* is, in an existential sense – and here the link with Unamuno – *being-for-others*. Aware that he is no-one because as one of the crowd he has become anonymous, his fervent desire is to rise above the crowd and be noticed and he has attempted to organise his life to help him achieve his end. In the first instance, he has divided life, 'el duro texto de la vida' (p. 79), into two essential categories, the prosaic which he and Matilde seek to avoid and the poetic which they seek to live: 'Quisimos, Matilde y yo, quedarnos con sólo la poesía de la vida y ceder la prosa a Alfredo... La prosa económica, principalmente' (pp. 78-9). In his attempt to overcome the prosaic in life with poetry, we might see an explicit manifestation of what Hegel found to be a defining feature of the novel as a genre:

> Consequently one of the commonest, and, for the novel, most appropriate, collisions is the conflict between the poetry of the heart and the opposing prose of circumstances as well as the accidents of external situations; this is a conflict resolved either comically or tragically, or alternatively it is settled [...] when the characters originally opposed to the usual order of things learn to recognize in it what is substantive and really genuine, when they are reconciled with their circumstances and become active and effective in them.[28]

In *Locura y muerte de nadie* there is no reconciliation because Juan Sánchez is defined by his prosaic circumstances as a representative of the masses and this precludes all possibilities of him achieving any expression of individuality through some form of 'poetic' activity. The conflict here can only be resolved tragically with the elimination of one of the combatants, represented by the total elimination of the character from the text of life by the lorry which knocks him down, 'como una goma de borrar' (p. 241). The significance of this event in relation to Juan Sánchez's character is signalled early in the novel when the narrator dismisses the idea of the absent-minded intellectual as a myth:

> Es preciso destruir esa leyenda del sabio distraído que se deja mutilar por un vehículo. Por un Curie habrá miles de necios aplastados. Los atolondrados son los otros. El distraído es un sujeto que ideológicamente –y en el sector sentimental– pertenece

---

[28] G.W.F. Hegel, *Aesthetics. Lectures on Fine Art*, trans. T.M. Knox, Oxford, Clarendon Press, 1975, p. 1107. Quoted by Dietrich Scheunemann, 'The Problem of the book. Don Quixote in the Age of Mechanical Reproduction' in Riley, *op. cit.*, p. 141.

> a la masa, es masa todo él, desde los conceptos políticos y taurinos hasta el dibujo de sus corbatas. (p. 52)

Juan Sánchez cannot raise himself above the prosaic because, in Ortegan terms, the rebellion of the masses, or the democratisation of society, has finally created a society of anonymous, indistinct, individuals. This is not the place to discuss the merits or demerits of Ortega's case, but there is no doubt that changes in Western society at the beginning of the twentieth century led to great fears of a dehumanising process against which many intellectuals, including Jarnés, felt compelled to take a stand. Juan Sánchez's failure to make himself stand out from the crowd is due to the fact that he represents mass-man; in Jarnés's view he is doomed to fail. In essence, while trying to dedicate himself to the poetry of life, as mass-man he is rooted in the prosaic, so that his targets are always out of his reach. Like Don Quixote, his desires do not accord with his epistemological circumstances. The link between the social and the literary is that, according to Jarnés, with the disappearance of the individual, traditional heroes have no role to play. Heroism, if it is to exist at all, must take on other forms.

The theme of heroism forms an essential part of Arturo's theorising in the novel. At one point he attempts to summarise the change in the role of the hero in society through the ages:

> El mundo va intensificando cada día más su capacidad de olvido. El héroe antiguo persistía en la memoria y en la piedra; el héroe actual –el campeón de boxeo o el bolsista durará– lo que dure la operación de bolsa o el match. Se desvanecen después de una rápida fulguración. Como los grandes criminales, su persistencia en el mundo durará lo que dure su proceso. (pp. 178-79)

This relationship between the role of the hero and society at large changes as the world changes. One of the most significant factors for Arturo has to do with the technological changes which go hand-in-hand with the democratisation of society. The rise of mass communication is seen to put into a new perspective the actions of individuals:

> La razón es porque el mundo, nuestro mundo, comienza a ser toda la tierra. Un grupo de soldados griegos, en una diminuta parcela del orbe, pudo atender recíprocamente a sus idas y venidas, a sus menudos lances de amor. El mundo estaba muy reducido de tamaño, y podía seguirse, grado por grado, segundo a segundo, el gráfico de la cólera de Aquiles o la historia patológica del erotismo de Elena. Hoy estas menudencias no serían ya capaces de atraer las miradas del mundo ni de inaugurar una

> espléndida literatura de viajes. (Porque, penoso es decirlo, pero toda la literatura occidental tiene por base unos menudos trapicheos de coqueta, una deliciosa comadrería de campamento.) (p. 179)

Juan Sánchez's desire to commit suicide emerges when he comes to realise that he lives in a world dominated by the masses in which the kind of hero he wishes to be cannot exist.

While this issue is explored in *Locura y muerte de nadie* as a general issue relating to modern society and the modern novel, there is an attempt to suggest that in some way it relates specifically to Spanish society. In the discussion between Arturo and the doctor, Matilde's brother, the latter declares: 'soy médico, y mi deber es atender las enfermedades de España'.[29] Having established that Juan Sánchez is a modern day Don Quixote reduced to being a Sancho, the two men proceed to a discussion of how newspapers have the power to make 'heroes' out of people, in particular criminals, and to reinforce the general reader's feeling of his own insignificance, thus increasing the frustrations of modern living:

> Es doloroso repetirlo, pero el enorme espacio que dedican al crimen de ayer o de esta mañana puede ser considerada como un ruedo. Como un ruedo al que pueden asomarse miles y miles de espectadores. Desde el centro, nos contempla, y se contempla, el asesino, O el estafador, el truhán, la cortesana, como diciéndonos: 'Somos alguien'. Tú, infeliz lector, que te levantas puntualmente, para ir al despacho o al taller; tú, que eres apenas un número de escalafón, un brazo más en una fábrica; tú, que eres 'Nadie', tienes que tropezar con nosotros, con nosotros que somos 'Alguien'. (p. 111)

This clearly sets the scene for Juan Sánchez's final attempt in the novel at becoming a hero. Having failed in the traditional mode – as poet, painter, etc. – he will try to be a 'modern hero' (in this case a bank robber), one who obtains some degree of satisfaction because, for whatever reason, 'ha salido en los papeles' (p. 112). However, this heroism which does not dis-

---

[29] The doctor's role here in diagnosing the ills of modern society, and in particular Spanish society, is identical to that of the doctor in Jarnés's war novel *Su línea de fuego* which was written between 1937 and 1940, and so not long after the re-writing of *Locura y muerte de nadie*. Like several of Jarnés's novels, this later work also makes explicit reference to Cervantes's text. See my article: 'A Lesson in Tolerance. Benjamín Jarnés's *Su línea de fuego*', *Letras Peninsulares*, 11, 1, 1998, pp. 309-24.

criminate between good and bad is a false heroism; it is no more than a short-lived notoriety:

> –Los lectores impresionables –prosigue el médico– olvidan fácilmente que estos héroes de plana de sucesos, previo algún otro relumbre en la de tribunales, irán cayendo nuevamente en el montón anónimo –esta vez más doloroso–, en el de un penal. (p.112)

Arturo and Matilde's brother also define Juan Sánchez's condition through their reflections on the psychology of those who, like Juan Sánchez, are driven to achieve notoriety when they cannot achieve a well-deserved fame. According to their model crime is the result of a form of 'illness':

> Es que padecen una crisis de personalidad. La personalidad en muchos hombres no se presenta sino en forma de tumores. Tienen muy poca, y ésta, malignamente concentrada. Son los hombres que producen los contagios. De pronto ese tumor da un estallido. Un gran robo, un asesinato, un incendio. 'Nadie' ha pasado a ser 'Alguien'... (p. 113)

The modern world of mass communication makes such contagion all the easier. In an artistic context the same illness leads to the same crime:

> El origen de los crímenes artísticos –continúa Arturo– es asimismo un tumor. Se piensa en codicias de lucro, y en ello se acierta, pero a medias. El delincuente artístico –el que perpetúa uno de esos abominables cuadros o dramas o sainetes– sin duda pensó en una inmediata retribución pecuniaria, pero no menos en dar salida a los humores concentrados en este tumor de la personalidad. No menos pensaba en su fama de urgencia, en ser traído y llevado por las revistas esclavas del llamado 'gran público'. No calumniemos a tal o cual autor de esas mixtificaciones teatrales: también él tiene su corazoncito, y en su corazoncito un lote de ambición de gloria. (pp. 113-114)

Arturo shows some sympathy here towards these 'criminals' – although this is somewhat muted by the diminutive 'corazoncito' – just as he retains some sympathy for Juan Sánchez's plight, but, ultimately, he sees no point in their activities because of their lack of sincerity. Their acts are not governed by a desire to be good artists, to be true to their art – which equates to being true to themselves as artists – but by a desire to use their art for a more selfish purpose. In Juan Sánchez's case, all his activities are merely a means to an end, to make himself stand out from the crowd, and so have no value for him in their own right. They lack authenticity, as Juan

Sánchez notes of another of his forebears, this time a poet: 'construiste poemas a medida, hechos de metáforas tradicionales...' (p. 161); others are also accused in a similar vein: 'escribíais para el público, sin saber que el público acaba por despreciar a los que sólo escriben para él' (p. 162). Jarnés's maxim, on the other hand, was that 'la única posición auténtica es ésta: escribir como no existiera el público, sin propósito de halagarlo, pues, ni de evitarlo'.[30]

Juan Sánchez's existence in the novel as a character in search of a role says as much about him as a character as it does about the world in which the role he seeks no longer exists. From the very beginning of the novel it is made clear not only that he is aware of being what the very title of the novel declares him to be, 'no-one', but also that his tragedy has no place in the society in which he lives. The novel charts his developing awareness of why this is so as he discovers that there is no place in modern society for the kind of hero he wishes to be. This is why his exploits are often described, mockingly, in terms of heroes of old. For example, when, to the amusement of others, he finally bares his chest in the bank to reveal his signature, he does so with a 'gesto patricio de los héroes que imploraban en el ruedo, ante los césares, piedad para un vencido' (p. 45). Juan Sánchez is introduced to the reader as a defeated figure who only succeeds in provoking laughter in others. He never attains the sympathy of a Don Quixote. More importantly, however, his 'tragedy' is to be understood as a metafictional rather than mimetic event. In response to his exclamation 'Yo no soy un individuo. Soy un universal ambulante. Es decir: ¡¡Nadie!!', the narrator comments:

> Esta palabra, flanqueada por cuatro signos de admiración, la pronuncia Juan Sánchez en el tono más alto de la dramática. Hiende los espacios como el cuchillo de Guzmán el Bueno, pero no logra elevarse en ningún pecho enemigo; después de buscarlo inútilmente, vuelve a hundirse en el corazón del mismo Juan Sánchez, que suspira profundamente, resumiendo así su propio dolor incompartido. (p. 53)

Juan Sánchez cries out 'nadie' as an accusation against society which, by refusing to accept him as in any way unique, makes him a nonentity, only to have his challenge fall on deaf ears. But, the declamation of the word 'nadie' is presented as a purely textual event – the exclamation marks used in the novel to indicate the tone of speech become part of the reality of the

---

30 Benjamín Jarnés, *Límites y lecturas*, p. 26.

novel itself. This only serves to illustrate the 'unreality' of Juan Sánchez's situation as a fictional construct attempting to embody the role of some age-old tragic hero.

In essence, Juan Sánchez desires the fame and glory associated with heroes in the past, be they knights in shining armour, poets, painters, or whatever, but such heroism is no longer possible. As Arturo points out, the novel of the day is in tune with the rise of the masses:

> El novelista nuevo rebana el cuello a los altos fantasmones y prefiere manipular con las masas. Ya los principales personajes de la novela actual tienen cien mil cabezas. A casi nadie le interesa un problema individual. El mundo entero está cansado de monólogos. (p. 179)

All that is left to Juan Sánchez is to try to be a modern hero, to seek notoriety through the press. When he fails to do even this – perhaps because even such notoriety would not make him a true hero – he has no role left to play. As López Prudencio noted in relation to the first edition of the novel: 'En libros como el último de Jarnés [...] el héroe deja de ser en absoluto héroe'.[31] More than just a character in search of a role, Juan Sánchez goes in search of the role of hero, and when it finally becomes clear to him that this is now impossible he has no option but to commit suicide. As he himself says: 'mi destino era vencer o morir. Puesto que mi fracaso es definitivo, muero' (p. 237). At this point, Arturo can do little more than encourage him to live on pretending to be something he is not: 'fórjese un antifaz de ente original, ya que no supo destacar su originalidad verdadera;' 'sea usted un falso personaje, puesto que de nada le sirve el verdadero' (p. 239). However, Juan Sánchez himself can by now see the pointlessness of such insincerity. Having experienced a catalogue of failures which have shown him to be incapable of realising his heroic role in any context, the final blow to his status comes at the very end of his life as he is robbed of his last opportunity to become a tragic hero by committing suicide when he is run over accidentally by a lorry. Juan Sánchez is not presented to the reader as a character according to the conventions of a traditional, mimetic mode of writing, as a 'collection of instructions, signs, or themes' so that 'the novel conveys the illusion of subjectivity'.[32] The textuality of the pro-

---

31 López Prudencio, *op. cit.*.
32 Lennard J. Davis, *Resisting Novels: Ideology and Fiction*, New York and London, Methuen, 1987, p. 108.

tagonist is declared openly in the novel as a means of destroying this illusion. Juan Sánchez remains a collection of instructions, signs, and themes. He is merely the idea of a character who could not establish his own (heroic) identity and therefore who has no reason to exist as a character in this mode. Ultimately, having realised that he has no 'razón de ser' – as he says at the very beginning, *'aún suponiendo que exista*, no soy' (my emphasis) – he comes to accept that he can have no 'razón de estar'. His 'tragedy' has only been played out *as if* it were part of some drama and so he is easily eliminated from the text as if by 'una goma de borrar' (p. 241). Juan Sánchez's existence in the novel is all part of a metafictional game in which the reader might see something tragic in the social circumstances which strip him of any sense of identity, but in which his individual 'tragedy' is not to be taken seriously. The reason for this is precisely that he is 'no-one', a nonentity, an impossible character with no mimetic value. His 'reality' in the novel is merely textual, part of an intricate game which declares the death of the traditional hero in modern fiction because there is no place for him. Any mimetic quality he may have is a negative one which – as the title of the novel suggests – is only realised with his disappearance.[33]

The figure of Juan Sánchez is clearly central to the novel in that, as I have attempted to show so far, the text uses him both to theorise and illustrate the disappearance of the traditional hero from the novel in an increasingly democratised society. There is, however, a third dimension to *Locura y muerte de nadie* which involves presenting Arturo as the figure who fills the gap left by Juan Sánchez's disappearance. Entrambasaguas points to the marginalisation of Juan Sánchez in the text when he says that

---

33 Jarnés wrote the following in his notes on the novel: 'Habría que insistir en presentar a Juan Sánchez como tipo de hombre que ya buscó por todos los medios "hacerse presente en el mundo" sin lograrlo. Apuntar una elegía a "la muerte de su ilusión", y bosquejar un discurso de "introducción" a la vida impersonal, al hombre "en servicio", donde nadie sienta la congoja de su propia existencia, se su "destino individual". Juan Sánchez –Nadie– se ve arrollado por la masa, por la técnica –como en el caso del Banco–, por cuanto hoy "tiene en sus manos el dominio del mundo". Él dio la idea del robo, pero los otros la realizaron. Él no existe: sólo existe el "manipulador", no el pensador. Ni siquiera la idea del suicidio llega a realizarla: la realiza un camión, un producto "técnico"'. In *Proyectos de novela. Fragmentos y recreaciones*, Cuadernos Jarnesianos 12, Zaragoza, Institución Fernando el Católico, 1988, p. 15.

> la técnica innovadora de Jarnés comprende que la vida –de la que ha de ser siempre reflejo la novela, sea espejo o no– continúa y en ella queda la huella del desaparecido físicamente, pero no moralmente, y, por ello sigue la obra, hasta borrarla.[34]

In one sense, life goes on, but there remains a question: what are we left with? In literary terms, if we are to throw out the traditional Realist novel, what takes its place?

In spite of the title, *Locura y muerte de nadie*, which hints at a novel in biographical form, the reader is not presented with the biography of a marginal character, but with a work about his remaining an 'unfulfilled fiction', in the words of Pérez Firmat. *Locura y muerte de nadie* does not take the form of a traditional novel in which 'character provides form through the biographical predisposition of the novel'.[35] As Pérez Firmat has also indicated, Juan Sánchez is notably absent from the 'plot', in as much as there is one. Lennard J. Davis, in his study of the development of the traditional Realist novel, associates the concept of character with the emergence of new social ideas and perceptions:

> The feeling we have that 'living, changing' people are what novelists create is a mass cultural assumption – not a universal given – and requires a major perceptual and defensive change of the kind that the novel as a discourse encourages and requires.[36]

The concomitant of this is that changes in the form of the novel, in particular the attack on character which was one of the aims of the Avant-Garde novelists, requires a change in these mass cultural assumptions and another perceptual shift. This was one of the major challenges facing all Avant-Garde movements at the beginning of the century.

Although the title of the Jarnés's novel seems to suggest that Juan Sánchez plays the central role, we might compare the strategy employed here by Jarnés with that of Unamuno whose novel *Ábel Sánchez* takes as its primary focus the character of Joaquín. There are several references in *Locura y muerte de nadie* to the idea of the novel itself, most of which suggest that the subject of the novel lies beyond Juan Sánchez. Arturo comments to him on one occasion that 'Su pasado es magnífico. Es una

---

34   Entrambasaguas, *op. cit.*, p. 1370.
35   Davis, *op. cit.*, p. 113.
36   *Ibid.*, p. 103.

admirable novela' (p. 154), but this is not the novel the reader finds in *Locura y muerte de nadie* – Juan Sánchez's biography is, in fact, summed up in a few paragraphs by the old butler. As the narrator points out, the text only concerns itself with a 'fragmento de la vida de Juan Sánchez' (p. 174), in effect, that fragment in which he becomes aware of his situation and ceases to exist. So, what constitutes the novel? The narrator suggests at one point that that novel has not been written:

> En este breve relato, en este fragmento de la vida de Juan Sánchez, no se tuvo la fortuna de hallar a todos los personajes en su punto de más alta tensión. Para alguno se adelantó, para otro se retrasó la novela. Aquí aparecen según vivían al ser llamados a figurar en este sencillo relato. (p. 174).

On the other hand we might see in this another aspect of Jarnés's rejection of the form of the traditional novel and what Davis refers to as its 'regularizing and normalizing features':

> These features [...] operate on subliminal levels and in such innocuous notions as the fact that there *is* a character in the novel, that the character has conversations, that action takes place in locations, and that characters' lives fit into plots.[37]

At other points it is suggested that the novel is actually about Arturo. When he is invited to visit Matilde and Patricio at the end of the novel, he determines not to go: '¡No debo ir! Mi novela ha concluido. Que comience Patricio la suya' (p. 256). And the novel itself ends with the promise of another: 'Es el preludio de un canto nuevo. Allá, en Los Olmos, comienza la novela' (p. 257). Arturo's claim that the novel is his makes sense in more ways than one. Throughout the text, he is more in tune with the narrator; he is one of the participants in the conversation with the doctor which is central to our understanding of Juan Sánchez; his theorising explains Juan Sánchez's situation; the reader comes to know Juan Sánchez through Arturo; and, finally, Arturo and his theorising remain the main focus in the concluding chapter after the elimination of Juan Sánchez. The madness and death of the eponymous 'hero' is set within the framework of

---

[37] *Ibid.*, p. 17. Davis goes on to say: 'However, readers in general do not want to resist novels, because novel reading helps people defend themselves against certain negative features of modern society'. Resisting novels in Davis's terms means being a thoughtful, active reader, rather than a passive consumer of texts, in the sense advocated by many Avant-Garde novelists.

Arturo's ideas, which match those of the narrator, so that the novel has three layers: the theorising of Arturo and the narrator, in particular on the form of the novel; the tale of Juan Sánchez's expulsion from the text; and Arturo's adventure with Matilde. The only layer not yet commented upon is Arturo's relationship with Matilde.

Arturo's tale is similar to what we find in many of Jarnés's other novels – a fragmented tale of love and eroticism which focuses on the subjective reactions of the protagonist. All three layers complement each other in that the theorising justifies a new form of novel, which matches the sensibility of Arturo, and rejects the traditional biographical approach based on the individual hero, which demands the elimination of Juan Sánchez. His death is not just his elimination from this novel but, according to the theorising and in line with his role as a purely textual, non-mimetic figure, his elimination from the modern novel as advocated by Jarnés. What is left is the account of Arturo's affair with Matilde, which is narrated in the same form as Jarnés's other novels: it is a highly subjective narrative in which there is a protagonist but no hero, just as there is some form of fragmented story but no plot. The process of democratisation of the hero has led not only to the disappearance of the hero as traditionally configured but also to a complete dissolution of the idea of the hero. The hero is fundamentally a social construct which requires a social context from which to emerge and in which to excel before an approving audience. None of these conditions apply to Juan Sánchez and they are of no interest to Arturo. The former represents the impossibility of the survival of the hero in the modern novel with the breakdown of the Aristotelian notion of the hero. The latter shows the complete dissolution of the hero through the emergence of a second protagonist who has no heroic qualities – not even those of the modern hero as defined by Riley – nor any desire to acquire them. The coherence of the objective social world of the traditional hero presented in biographical form is forced to give way to the subjective and fragmented vision of the inner world of the Avant-Garde protagonist for whom an exploration of the immediacy of one's experience of ideas and sensations is a defence against the dehumanising effects of mass culture. *Locura y muerte de nadie* is a metafictional defence of the Avant-Garde novel which 'dramatises' the demise of the hero in modern fiction while offering an alternative mode of narrative construction, namely the highly subjective approach advocated by Jarnés along with other modern novelists of the time from both Spain and other parts of Europe.

ÓSCAR AYALA

La novela de Antonio Espina. Hombre de fina hoja mental en un paisaje bailable

La propia preparación de un volumen de estudios sobre la novela de vanguardia en España y la inclusión en el mismo de éste sobre la obra de don Antonio Espina, 'príncipe poético de las tinieblas', es sintomático de que estamos asistiendo a una preocupación general de la crítica por romper con el viejo concepto de 'generación del 27' y lo que supone de *grupo de amigos,* de *profesoral*, de *poético* y de *estanco*. En el lado opuesto, la vanguardia española que ahora se reivindica es la que se inscribe en una comunión de sensibilidades artísticas compartidas en todo el mundo occidental y que, amén de sus características propias y sus particularidades cronológicas, inunda buena parte de las manifestaciones artísticas de las tres primeras décadas de siglo y atraviesa los ya tradicionales elementos del arte de vanguardia.

Espina, como prácticamente la totalidad de los escritores que aparecen en este volumen, es fundamentalmente y por encima de todo poeta. Con ello no queremos decir que se entregue sobre todo al arte de la literatura en verso, sino que su creación responde en todo momento al proceso mental que la teoría de la literatura suele reconocer como poesía. Tal obviedad es lugar común en cualquier artista (plástico, músico o lingüístico) de la época, pero no está de más apuntarlo al comienzo de estas líneas. Y lo hacemos sobre todo porque en los veinte estamos asistiendo a una redefinición de los géneros (nos referimos, por supuesto, a una redefinición en el nivel teórico) a la que este grupo de intelectuales, y en concreto Espina, contribuye no sólo con su importante obra crítica,[1] sino por encima de todo con sus juegos literarios.

En esta definición de los géneros que la vanguardia trajo consigo y que fijó de forma casi definitiva (al menos así lo hemos ido aprendiendo las sucesivas generaciones de filólogos a ambos lados del Atlántico), resulta de todo punto evidente que la poesía, más que como género, se

---

1 A este respecto debe citarse la compilación y el excelente estudio de Gloria Rey en A. Espina, *Ensayos sobre literatura*, Valencia, Pre-textos, 1994.

trata como arma creativa, como proceso que atraviesa y justifica el resto de manifestaciones artísticas. Hasta 1925 asistimos a un manoseo del concepto teórico de novela y a constantes titubeos, pero indudablemente no se ha implantado aún el modelo que podríamos llamar 'novela vanguardista' propiamente dicha, el modelo que motiva este volumen. En el momento en que Dostoievski, Faulkner o Joyce están a punto de sentarse en el trono de los escritores geniales de la historia, es indudable que existe un debate universal sobre el tono de la narrativa, ejemplificado en los polos arte o vida, novela social o novela experimental, nuevos clásicos o *nova novorum*. En el caso de España, el debate en el que Espina participa a tumba abierta como protagonista y excelente creador en ambos casos es el de novela *biográfica* frente a novela *lírica* (que luego se radicaliza en los polos de arte puro y comprometido, llegados los aires de la joven república rusa). Dado que la vanguardia es fundamentalmente el resultado de determinada actitud ante la vida y ante el arte de una época, la novela biográfica contemporánea que nace en este momento como tal debería ser considerada también novela vanguardista, qué duda cabe.[2] Por lo que respecta a Espina, no es el resultado *vanguardista* lo importante, no es la vanguardia el objetivo, sino que lo válido de la vanguardia estriba en el aspecto 'subversivo, nihilista'[3] del arte, en el punto de vista con que el artista encara su obra. 'Vida en el arte. Arte en la vida' es su contestación a Rivas Cheriff sobre la fundamental dicotomía que planteara Ortega (*Internacional*, 1920)Como principio, por lo tanto, debe quedar claro que Antonio Espina es uno de esos escritores que pobremente se han llamado 'comprometidos', pero que, en una línea de acción más allá de lo convencional, estima que su compromiso como intelectual con el arte estriba precisamente en hacer arte: 'arte deshumanizado sí –dice–, pero no artista deshumanizado'.

Parece importante hacer estas precisiones justo antes de entrar en la materia de dos de sus obras, patrón de lo que se ha llamado 'novela deshumanizada'. Corremos el riesgo, tras la lectura de un estudio como éste, necesariamente breve y premeditadamente parcial, y, por supuesto, de la lectura de *Pájaro Pinto* y *Luna de copas*, de pensar que estamos ante un artista

---

2 Remitimos sobre el particular a O. Ayala, 'El fin de la vanguardia: de la crisis de la novela al éxito de la biografía en España. El ejemplo de Antonio Espina', Introducción de A. Espina, *Audaces y extravagantes y otros aventureros con fondo ambiental*, Libertarias/Prodhufi, Madrid, 1996.
3 A. Espina, 'El arte nuevo', *España*, 285, 16 de octubre de 1920.

frío, caprichoso, técnico y encerrado en un mundo imaginario, cuando es precisamente lo contrario. El vanguardismo medular de Espina significa que es el prototipo del intelectual de su tiempo, que toma parte en todo el recorrido, tanto crítico como artístico, de la vanguardia, viajando desde el purismo ultraísta hasta la asunción de un cargo público, pero matizando siempre, desde un primer momento, el sentido de la pureza del arte. Tal vez por ello, aunque para la crítica ha sido hasta hoy poco más que un genio que no llegó a cuajar, fue posiblemente uno de los nombres indiscutibles de esta época. Nadie pudo negarle, muy pocos le excluyeron y muchos, casi todos, alabaron por el contrario su vida y su obra.

Afortunadamente, la década de los noventa ha dejado numerosas ediciones y estudios sobre la obra de Antonio Espina que prometen, cuando menos, servir como punto de partida para su total recuperación para las letras españolas del siglo XX: nuestras propias ediciones y estudios, los de Gloria Rey, Jaime Mas Ferrer, Ricardo Gullón, Epícteto Díaz, María del Pilar Palomo, José Manuel del Pino y algunos otros compañeros, que se vienen sucediendo a un ritmo aceptable desde 1994, son síntoma inequívoco de que su pluma ha despertado el interés de una nueva generación de críticos. Por otra parte, su definitiva inclusión en la nómina del 27 merced a antologías como la de García de la Concha,[4] y el hecho de aparecer por derecho en un grupo que va más allá de la poesía y que se identifica con el arte nuevo (siempre se incorporó a los *otros*, *epígonos* o poetas *del entorno*), parece taponar la salida y frustrar el retroceso, al menos durante un tiempo razonable.

Situado, pues, Espina en el contexto que le es propio y del cual sería injusto arrancarlo, podemos decir que sus narraciones típicamente vanguardistas, *Pájaro Pinto* y *Luna de copas*, integrantes de la colección *Nova Novorum* (estandarte del arte deshumanizado de Ortega y Gasset), son, como hemos dicho en otro momento, no-novelas.[5] Al menos, no son novelas en el sentido que esa palabra tenía en la preceptiva literaria y en el vocabulario común de la época. Ahora bien, considerando los géneros literarios 'conjuntos de rasgos o procedimientos constructivos con una existencia concreta e historiable en el decurso de la serie artística'[6] es necesario apresurarse a de-

---

4   V. García de la Concha, Poetas del 27, Madrid, Espasa Calpe, 1998.
5   O. Ayala, 'Apuntes para la caracterización de las no-novelas de Antonio Espina', *Bazar*, 4, 1987, pp. 48-57.
6   F. Abad, *Caracterización de la literatura española y otros estudios*, Madrid, UNED, 1983, p. 9.

cir que en efecto existe una novela vanguardista en España, lo cual resulta evidente a la luz del presente volumen, y que la práctica totalidad de los autores que se estudian aquí hicieron notables esfuerzos por fijar esa nueva preceptiva. Espina no fue desde luego el menos importante de ellos, y si desde sus diferentes tribunas críticas, usando y abusando del prestigio acumulado y de las buenas opiniones que sobre su hacer literario tenía la práctica totalidad de sus colegas, contribuyó a caracterizar todas y cada una de las dimensiones del arte nuevo, su propia obra de creación, y fundamentalmente *Pájaro Pinto* (1927), es en sí misma el trazado sobre plantilla de la nueva narrativa. *Luna de copas* (1929), por su parte, supone la sublimación de tal fórmula narrativa, admitiendo el componente crítico, paródico incluso, y su función de puente hacia lo que, ahora sí, llamamos propiamente 'novela contemporánea'.

El grueso de los *rasgos* o *procedimientos constructivos* de estas obras fue ya tratado en su día,[7] por lo que no hay razón para rehusar rescatar aquellas líneas. El primero a considerar es desde luego lo que Guillermo de Torre llama 'voluntad antinovelesca', lo que Ramón denomina 'la posibilidad de deshacer', lo que Jaime Mas Ferrer refiere como 'puzzle cubista', Eugenio de Nora 'técnica de rompecabezas', nosotros mismos 'fragmentos de un orden' y Gloria Rey describe como 'descomposición de la realidad en planos'.[8] El propio Espina en *Luna de copas* basa su teoría de la novela en el salpicado, al azar, de los ingredientes de la misma (descripción, diálogo, personajes, etc.). Así consigue una novela 'desarticulada y monstruosa' que debe ser construida (reconstruida) mediante la intuición. En la 'Antelación' de *Pájaro Pinto* es igualmente explícito sobre este método de fragmentación que, por otro lado, envuelve buena parte de la creación de la vanguardia.

De una parte, la estética de lo fragmentario podemos encontrarla ya en Mallarmé (o en Cézanne si hablamos de pintura), el referente inmediato del arte nuevo, sobre todo en el Mallarmé de *Divagaciones* (1897). En él la frase estalla en mil fragmentos, la yuxtaposición prima sobre la subordinación, se establece una nueva geometría en la disposición del poema ('poema novelar' llama Espina a su *Pájaro Pinto*). Las 'subdivisiones prismáticas de la

---

7   O. Ayala, 'Apuntes...', *cit.*.
8   J. Mas Ferrer, 'El arte de novelar de Antonio Espina. Teoría y práctica', *Ínsula*, 529, enero de 1991, pp. 27-29; E. de Nora, *La novela española contemporánea II*, Madrid, Gredos, 1968; O. Ayala, 'Fragmentos de un orden', *Culturas-Diario 16*, 23 de abril de 1994, pp. 27-29; G. Rey, *op. cit.*, p. 25.

idea' –así las llama Mallarmé– también se dan en Espina, que precisamente titula *Divagaciones. Desdén* a su primer libro de prosas.

En Mallarmé y sus contemporáneos el fragmentarismo correspondía al orden general de la cultura, al impresionismo científico, a la ley del contraste simultáneo de los colores que deriva en el cubismo y sus planos estáticos. Pero en este momento se asiste, sin embargo, a una fragmentación en planos dinámicos (en Espina, además, se acentúa con la teorización de los círculos contrastantes característicos del orfismo que se despliegan en sus concéntricas), conforme al famoso 'Manifiesto' de Marinetti: 'Siendo todo orden fatalmente un producto de la inteligencia cautelosa, es preciso orquestar las imágenes, disponiéndolas a partir de un máximo de desorden'.

Igual que el complementarismo es una necesidad de la pintura, el verso libre de la poesía y la polifonía de la música, hay en el arte nuevo una inexcusable necesidad de simultaneidad. Como dice J.J. Sweeney, el dinamismo universal debe ser reproducido como sensación dinámica, y su forma de reproducción por excelencia es el cine.[9] Ahí, en la narración no ya sólo cinemática sino cinematográfica, está el punto de partida del poema novelar de Antonio Espina. En una concepción cinematográfica ortodoxa, si como tal consideramos la teoría del montaje de Eisenstein: una sucesión de imágenes fragmentarias ordenadas, de cuya secuencia o colisión emergerá una nueva imagen mayor. Para hacer nacer esa nueva realidad es necesaria la intuición que Buñuel reclama, la 'escisión de una cosa para convertirse en otra'[10] que la nueva forma de expectación permite. Espina lo define como traer a la literatura la lógica del cinema ('Antelación', *Pájaro Pinto*, p. 7).

Las relaciones entre el cine y la literatura en el arte de vanguardia han sido muy estudiadas,[11] por lo que no vamos a detenernos a escudriñar aquí

---

9 'The world was his Oyster', *The Hudson Review*, V, 3, 1952, pp. 404-08.
10 Luis Buñuel, '*Découpage* o segmentación cinematográfica', *La Gaceta Literaria*, 1 de octubre de 1928.
11 Jorge Urrutia, 'La inquietud fílmica', en D. Dougherty y M.F. Vilches (eds.), *El teatro en España entre la tradición y la vanguardia [1918-1939]*, Madrid, CSIC-FFGL, 1992, pp. 45-52, afirma que 'hay que esperar a nombres como Francisco Ayala, César Arconada, Benjamín Jarnés, Díaz-Plaja o Antonio Espina para encontrar escritores que se planteen el cine como problema estético' (p. 50). Para el caso concreto de Espina disponemos del excelente artículo de J.M. del Pino, 'Narrativa cinematográfica o novela cinemática: el montaje como principio constructor en *Pájaro Pinto* de Antonio Espina', *Letras Peninsulares*, 7, 1, 1994, pp. 313-31, en el que se abunda en el concepto de 'montaje intelectual' de Eisenstein apuntado para explicar la estructura fragmentaria de *Pájaro Pinto*.

sus puntos de contacto; en realidad, las conexiones básicas ya fueron establecidas por Guillermo de Torre.[12] Antonio Espina, por cierto, ha sido un agudo estudioso del imaginismo cinematográfico, de la fragmentación, la espacialidad o la nueva forma de expectación del cine aplicado a la literatura. La conversión del ritmo cinematográfico en ritmo narrativo a que asistimos en *Pájaro Pinto* es frecuente en textos de Francisco Ayala, en los guiones de Lorca, o incluso en novelas capitales posteriores como *La Colmena* de Cela. Espina reconoce la deuda, posteriormente, en ciertos comentarios de *El nuevo diantre* (1934). En 'El verbo visual', texto de *El alma garibay* (1964) dedicado a Vighi, oímos la razón de ser de esa inquietud estética, con ecos claramente vanguardistas: 'El cine es al siglo XX lo que la imprenta fue al siglo XV'. Lo que se busca es:

    a) El paisaje de las desintegraciones. Claves del turbio y del desenfoque.
    b) La integración de nuevos protagonismos: el protagonismo del subconsciente, el de la naturaleza inanimada, el del átomo el del absurdo, el de la idea chófer.
    c) La vida
    La vida sorprendida en sus más delicados resortes por medio de la introscopia, la periscopia y la espectroscopia, combinadas.[13]

A partir de esa pequeña cita podemos rastrear los principales rasgos vanguardistas de *Pájaro Pinto* y, por extensión, de toda la obra narrativa de Espina. En la 'Antelación', texto brevísimo pero clave, como estamos viendo, escribe: 'Entre el poema novelar y la cinegrafía, la interferencia resulta mucho más sugestiva [que entre la novela y el poema]' (p. 7). Desde luego, estamos ante la desaparición de los géneros artísticos de Ortega, acercándonos a esa vanguardia europea que llega al poema-objeto y que Duchamp extrema. Un arte basado en el objeto (Espina lo denomina 'naturaleza inanimada'), un *cosismo* que, en oposición al romanticismo heredado (romanticismo en su más amplio sentido), se configura en la clave para entender las vanguardias y el arte posterior de inclinación vanguardista. Hay, si bien a falta de formulación teórica indiscutible, una clara relación de contigüidad entre estas obras y las de la enorme corriente del objetivismo de mediado el siglo (por supuesto a través de las conclusiones de un Breton, de un Robbe-Grillet o un Jean Bloch-Michel). La narración tiende hacia el objeto, y en este sentido sí estamos ante un arte deshumanizado (desrealizado

---

12 'El cinema y la novísima literatura. Sus conexiones', *Cosmópolis*, 33, 1921.
13 Antonio Espina, *El alma garibay*, Madrid, Cruz del Sur, 1964, p. 105.

más bien) y su vibración debe ser captada por los sentidos despiertos del creador. Atendamos a estas palabras hurtadas al Moreno Villa de *El arte de mi tiempo* (1925): 'Se nota un claro desdén por lo personalista y, en cambio, un decidido propósito objetivista [...] ¡Objetos, objetos, cosas, formas; nada de vaguedades, nada de lo que no pertenece al mundo plástico'.

Pero nada podrá resultar tan ilustrativo como un pequeño fragmento de la propia obra de Espina:

> El gabinete era algo glúteo; la alcobita, absolutamente, el Monte de Venus. Una cama amplia, de palosanto, demasiado ancha para lecho virginal y demasiado angosta para tálamo de nupcias. Sobre ella, unos guantes grises, un bolso, y una novela. (*Pájaro Pinto*, p. 66)

Propio de un guión cinematográfico, en él el poeta reclama su independencia respecto del mundo exterior. La poesía ha traspasado, en este momento histórico, todas las manifestaciones del arte, por lo que hablar de novelista lírico[14] en este momento parece redundante. La lírica es producto ineludible de la inocencia constructiva, inocencia consciente, que la nueva sensibilidad propone. Y es precisamente la orientación al objeto la verdadera deshumanización del arte de sesgo poemático. Deshumanización o despersonalización que puede llevar a la perfección técnica casi gongorina tanto como a la expresión limada y precisa, siendo casi siempre ésta el resultado artístico, ya a través de la *pureza* ya a través de la técnica futurista que, recordemos, pretendía 'destruir la sintaxis, adaptar el verbo al sustantivo y no someterlo al yo del escritor, abolir el adjetivo y el adverbio, cada sustantivo debe tener su par, formar grupos cerrados de imágenes o analogías para envolver todo'.

Deshumanización, en definitiva, agria, desgarro de lo humano, como el del último relato, 'Un naufragio' en un espejo y el rescate absurdo por sí mismo, como concreción de las imágenes dobles de Diego, en una solución estética frecuente en estos años (recordemos *Espejos* de Chabás o el magistral final de la novela de un hombre a redescubrir, Manuel del Cabral y *El escupido*). Espejos de Lorca, de Borges, de Guillermo de Torre. Traigamos al recuerdo igualmente el espejo valleinclanesco y la génesis del esperpento, lo que es decir expresionismo (más tarde haremos algunas precisiones sobre este concepto, que creemos clave en la obra de Espina y que abre una anchísima veta de investigación para la vanguardia en lengua española). Harry

---

14 Véase D. Villanueva, *La novela lírica*, Madrid, Taurus, 1983.

Levin, al hablar de la sintaxis telegráfica del monólogo interior de Joyce, nos da una clave preciosa, pues nos habla de simultaneidad de estados de espíritu polarizados por vías analógicas de recuerdos, de pensamientos remotos, de otros lugares y tiempos, como luces de astros errantes *concentradas* en un espejo: el artista es un centro inmóvil del universo moviente.[15] Más bien, y en nuestro caso, el artista es la cámara que proyecta en la pantalla foliada, en el espejo, el universo dinámico. ¡Cuánto hay en Espina, sobre todo en la obra no considerada vanguardista, de aquel Joyce que, como Cervantes, supo que el mejor modo de terminar con la novela de clase media era, precisamente, hacer una novela!

Pájaro Pinto no es sino otra piedra lanzada, con brazo sabio, eso sí, contra la retórica (y la moral, la moda, las ideas que la acompañan) heredada. Aquí, también aquí, la creación metafórica es la esencia poética (no puede ser de otro modo) y a ella sólo asciende el solitario inteligente. En Espina hay unas felices nupcias entre fina sensibilidad y deslumbrante inteligencia, al modo en que Juan Larrea concibe el verdadero poeta. La ironía, uno de los rasgos característicos de la vanguardia,[16] es su forma de humorismo, la piel de su inteligencia. Ironía, que no el retruécano fácil o el chiste más o menos evidente de un Neville o un Poncela. Espina en este aspecto se acerca más a Ramón, roza el absurdo que supuso la solución francesa a este asunto, agudiza mucho más sus sentidos y pone toda su inteligencia al servicio de ese humorismo (recordemos, por ejemplo, el interrogatorio de 'Xelfa enamorado'). Como en Ramón, el humorismo tiene una función de control de la escritura, al tiempo que de desestructuración de un pasaje excesivamente largo. El humor es como una bomba que hace estallar momentos que tienden, por imperativos de la narración, a parecer propios de una novela tradicional o que acumulan tensiones de cualquier tipo, ya trágicas o solemnes en la vía argumental, ya ortodoxas desde un punto de vista estilístico. El humor es un elemento imprescindible para la consecución del juego narrativo, de la novela de corte deshumanizada.

Cada frase, cada pensamiento, enlace o imagen es un elemento desestructurador del texto convencional. Mencionemos en este sentido el entorno

---

15 Harry Levin, *James Joyce*, Norfolk, Connecticut, New Directions, 1941, p. 94.
16 Podemos encontrar abundantes ejemplos en R. Buckley y J. Crispin (eds.), *Los vanguardistas españoles*, Madrid, Alianza, 1973. El reciente estudio de R. M. Martín Casamitjana, *El humor en la poesía española de vanguardia*, Madrid, Gredos, 1996, aporta una definitiva contribución al tema, al que Espina acudió, también en su faceta crítica, con cierta frecuencia.

urbano, escenario cinematográfico por excelencia y vanguardista por extensión, o viceversa, en que se desenvuelven los diferentes relatos y, en especial, 'Bi o el edificio en humo'. Recogemos al respecto unas palabras de C. G. Bellver que pueden resumir perfectamente nuestro parecer al respecto, si bien fueron formuladas al respecto del surrealismo de Aleixandre, Alberti, Cernuda y Lorca:

> ...la relación entre el signo exterior [ciudad] y su significado aludido no es totalmente arbitraria [...] ya que la imagen de la ciudad [...] no funciona exclusivamente dentro del medio poético como mero *objective correlative*, o como parte de un lenguaje privado, sino que puede traspasar confines de elemento estético para cobrar dimensiones éticas. La ciudad es el significante que da forma a un sentimiento vivido a la vez que es el causante de ese sentimiento.[17]

En realidad, el espacio pasa a ser cómplice de los personajes o, aún más, pasa a ser un personaje más, con su propia psicología y comportamiento y determinante al cabo del desenvolvimiento de la acción.

Lo cierto es que todo tiende a elevar el tono poético, la sugestividad, el lirismo de lo narrado, como aquel hermoso fragmento en que Xelfa y Andrea hacen el recorrido por la complicada orografía de la palabra AMOR para llegar al matrimonio. Por lo pronto, Espina ya había hecho una valoración de lo *cursi* que se anticipaba en siete años a la de Ramón en *Cruz y Raya* (1934).

Por otra parte, toda obra de vanguardia, y en este sentido *Pájaro Pinto* y *Luna de copas* son claros exponentes, viene caracterizada por una búsqueda de nuevas fuentes de inspiración o un cambio de perspectiva en la valoración de las mismas. La ausencia del héroe, la *desolación del héroe* en el mejor de los casos, es sintomática del arte a lo largo de todo el siglo XX. El protagonista del arte deshumanizado es escéptico, solitario y sensible, desmesuradamente en los tres casos. Recordemos a Xelfa. Ni la acción ni el arte. Es aéreo. Es carne de cera. 'Flota en una ingravidez moral que tal vez sea la inmortalidad de nuestro tiempo' (*Pájaro Pinto*, p. 26). E, inmediatamente, un 'No lo creas' del poeta de cabaret (p. 27). Cuánto se acerca ahí a ese antihéroe de postguerra, esta vez de la segunda gran postguerra, de un Matías Pascal o de un Mersault. Fiel al arte deshumanizado, Espina escribe: 'Las manifestaciones de fondo psicológico son las que constituyen el fondo

---

17 'La ciudad en la poesía de vanguardia', *Hispania*, L.A., 66, 4, pp. 542-51.

estético del nuevo arte'.[18] Por ello presenta a un personaje que tiende a la abstracción, un personaje que recrea un mundo nuevo, como el propio poeta, a partir de los elementos sensibles del exterior. Es exactamente lo opuesto a la novela stendhaliana, la de Galdós o Clarín o Balzac. La perspectiva visual naturalista se sustituye por una perspectiva de otra índole, de orden intelectual. La minuciosidad decimonónica de los objetos y las situaciones es sustituida por el detenimiento en el ánimo del personaje, dispuesto a raíz de aquellos objetos y situaciones que, por otra parte, se simplifican.[19] Irremediablemente, si eso ha de ser expresado mediante imágenes, la forma del nuevo arte por excelencia será el cine: 'Lo peor –recuerda Espina– es que el interés argumental se suele perder bajo el desafuero de la fotogenia y la metáfora'. Pero inmediatamente lanza de nuevo tres palabras que vienen a abundar en la confianza de Espina en su obra, al modo en que Cervantes se autoelogia en el prólogo a las *Novelas ejemplares*: 'Se suele perder'.

Y, en cualquier caso, ¿es efectivamente eso 'lo peor'? Precisamente ello es, en opinión del que se ha considerado uno de los mejores teóricos de la vanguardia en toda Europa, Guillermo de Torre, el fundamento de la imagen en la poesía de vanguardia. Para no sembrar estas líneas de divagaciones sobre teoría poética, prestemos atención al fragmento:

> La mayor parte de las metáforas no son de aproximación sino de deformación por exceso y poseen un relieve visual fotogénico. De ahí que también asuman, en ocasiones, una deformación antifotográfica, y en otras un rasgo envolvente caricatural, muy en armonía con el humorismo elíptico y la risa fragmentada que atraviesa gran parte de la nueva poesía. El impulso de la metáfora suprime las fronteras de los conceptos y amplía su facultad de sugerencia a una longitud imprevista, la metáfora no expresa ya –como escribe Jean Epstein– 'las relaciones estables, sino, al contrario, un nexo inestable, momentáneo, un segundo de movimiento intelectual, un choque, una circunstancia, una conflagración'. Lo real se burla de lo inverosímil y jamás se fija para inmovilizar un retrato.[20]

No se puede negar que Espina anda en *Pájaro Pinto* en pos de esa imagen, esencia de la poesía. Entonces, ¿novela lírica o novela intelectual? Particularmente, creemos que simplemente arte, arte de origen poético, como todo

---

18   Antonio Espina, 'Reflexiones sobre cinematografía', *Revista de Occidente*, 15, enero de 1927, pp. 36-46.
19   Véase A. Espina, 'Libros de otro tiempo', *Revista de Occidente*, 1, 1 de julio de 1923, pp. 114-17.
20   Guillermo de Torre, 'Imagen en la poesía de vanguardia', en *Vigencia de Rubén Darío y otras páginas*, Madrid, Guadarrama, 1969.

La novela de Antonio Espina

arte de vanguardia. Desde luego, a la luz de esas palabras, nos parecen injustos juicios como el de que 'en sus novelas falta la creación y la inventiva'.[21] Quizás el verdadero valor haya que buscarlo justo en haber logrado burlar la apariencia. La materia de las obras narrativas de Espina es la 'imagen libre, creada y creadora. Nueva célula del organismo autónomo. Y sin embargo, nada de esqueleto, nada de entrañas. Todo superficie; porque la profundidad está en la superficie cuando la superficie es plástica'.[22] Nada de esqueleto porque el *nexo inestable* que es la imagen se sostiene sobre los dos pilares de las realidades que se ponen en relación, eliminando cualquier frase, palabra medianera, ripio en suma, para aumentar su poder de sugerencia, su capacidad poética, su dinamismo. Espina, como uno de los personajes de *Luna de copas*, es 'hombre de fina hoja mental' (p. 123) que se mueve como pez en el agua en sus 'paisajes bailables' (p. 9).

La poesía más pura, tanto la occidental como la oriental, tiende a soluciones estéticas en que la eliminación del sustantivo y la recuperación del potencial semántico del sustantivo y el verbo son el objetivo básico. Así se formula igualmente, como antes recordábamos, uno de los principios básicos del futurismo... Y el discurso telegráfico se prodiga en los textos surrealistas posteriores. Antonio Espina sigue, simplemente, fiel al método cinematográfico que anuncia. ¿Por qué utilizar recursos propios de la prosa decimonónica, frases introductorias, nexos, nexos y más nexos, matices y modificaciones de la potente esencia, cuando existen recursos plásticos mucho más sugerentes como son el fundido, el cambio de plano, la *découpage*, los primeros y segundos planos, el poder inconmensurable del silencio (el silencio del arte mudo) o de un 'No' como el que pone punto y final a *Pájaro Pinto*?

De ese origen cinematográfico podría igualmente desprenderse un desajuste, un contraste entre la insignificancia del tema y la exquisitez, la elegancia de su presentación. Es ésa la superficialidad de la que hablábamos, superficialidad que no es tal en tanto que es plástica. No obstante, no debe olvidarse el giro que Antonio Espina está experimentando tanto vital como estéticamente en estos años, inclinándose paulatinamente al estereotipado 'compromiso'. Mas en la medida en que esa tendencia al compromiso es sintomática de lo que se ha llamado 'ocaso de la vanguardia', debemos admitirla igualmente como componente de todo derecho del arte de vanguar-

---

21 F.C. Sáinz de Robles, *Ensayo de un Diccionario de Literatura*, II, Madrid, Aguilar, 1953, p. 340.
22 G. Diego, *Imagen*, Málaga, Centro Cultural de la Generación del 27, 1990 [1922], p. 145.

dia. Así, por ejemplo, es entendida la actitud antisocial dadaísta, expresionista o surrealista, fuera de planteamientos estrictamente estéticos. Y de hecho, nosotros somos de los que defendemos que la vanguardia puramente formal, sin acompañamiento de elementos sociales o políticos, sólo es concebible en el ámbito peninsular, pues es un hecho que en las corrientes vanguardistas de toda Europa y América ambos son indisociables. El hecho de que en Espina se reúnan ambos con resultados de tal calidad es lo que le convierte en único dentro de nuestras letras y lo integra en un sentimiento internacional de la vanguardia en el cual, si situáramos a la literatura española del momento, encontraríamos la razón de ser de muchos elementos que se vienen rastreando como nuevos. Tal vez el aislamiento intelectual de los principales hermeneutas de nuestros autores con respecto a Europa es el que ha determinado la pretendida excepcionalidad de nuestra vanguardia, cuando en realidad en aquel momento, años veinte y treinta, los contactos eran mucho más intensos de lo que se ha pretendido *a posteriori*. Igual que el medioevo español debe tratarse en conexión con el mundo árabe, el vanguardismo español no puede ser aislado de su contexto internacional. Tal actitud, por lo tanto, y de una vez por todas, debe ser incorporada como *rasgo* de la vanguardia; tal vez sea la lectura de la obra de Espina la que pueda determinar la eliminación de esas fases de la vanguardia y, desde luego, el tópico tan socorrido de arte o vida, pureza o compromiso, que ha derivado en una clasificación de nuestros escritores y, en función de la misma, una cierta predisposición hacia los *puristas*, evidentemente motivada por los instigadores de esa historia *oficial* de nuestra literatura: los profesores del veintisiete. Una predisposición que deja secuelas incluso en la elección de una línea de vanguardismo para realizar un volumen como el presente. Los tópicos futuristas ('La Bestia negra asciende porque sube en aeroplano') y la más visceral y sentimental denuncia neorromántica ('La más visible cosecha de la gran guerra ha sido ésta de las cruces de madera. Se trata de huertos. Simplemente') logran convivir en Espina con absoluta naturalidad.

Lo que no deja de ser cierto es que existen en Espina una serie de *rasgos* generales del vanguardismo, y que de forma global podríamos definir como un tratamiento experimental del lenguaje y un rechazo del pensamiento lógico. Mas la verdad es que éstos no dejan de ser comunes a cualquier vanguardia, como respuesta filosófica basada en la estética contra la material y la biológica del XIX. Por lo tanto, no resulta excesivamente clarificador incidir en lo común, sino que, por el contrario, lo verdaderamente revelador es centrarnos en lo diferencial, en lo particular de su obra. Particularidades, por cierto, que en ocasiones le han excluido del estudio de nuestra purista y aséptica vanguardia.

Sin embargo, por nuestra parte hemos encontrado el esencial vanguardismo de Espina en el estudio del expresionismo. Y no hablamos de esa gran comunidad de nuevos autores que los teóricos del expresionismo pretendieron caracterizar dentro de su movimiento (hábito común en la teoría en la vanguardia, por cierto, pues lo mismo sucede con el surrealismo o el dadaísmo). Hablamos, por el contrario, de lo más específico del movimiento. Tal vez cuando, de forma casi mimética, se ha hablado de Espina como del 'romántico de la generación del 27', basándose en su aspiración, fácilmente detectable, de transformar la vida, su espíritu revolucionario, su pesimismo, vacío metafísico o sus toques más o menos macabros, se ha obviado que existe un movimiento de vanguardia, el expresionismo, prácticamente desconocido en España (apenas tocado en relación con Valle-Inclán, Solana, los estudios de Borges y algunos poemas inconexos de Lorca, Alberti o Celaya). Sin embargo, la evidencia de que Espina conocía bien a los autores expresionistas se encuentra en sus reseñas de Ivan Goll,[23] por ejemplo, o sobre autores cercanos al movimiento; o en su tratamiento de idénticas influencias, léase Goya, Rimbaud, Mallarmé o Voltaire. La presencia de éste en Alemania, por ejemplo, donde aparecen varias ediciones de *Cándido* en aquellos años (alguna ilustrada por Klee y Kubin), se reconoce desencadenante de la ironía caricaturesca y la tonalidad macabra en la denuncia del optimismo futurista que es propia del expresionismo. Y tal vez no sea casualidad que la más conocida traducción de esta obra al castellano sea precisamente la de Espina.

En un punto intermedio, creemos que es legítimo restringir el expresionismo al alemán, con sus antecedentes prerrománticos de intensidad, exaltación o abstracción que a su vez vienen del Barroco. Pero igualmente legítimo es considerar el expresionismo como elemento constitutivo del arte nuevo en Europa, y desde esa perspectiva Espina es, incuestionablemente, un escritor expresionista. La estereotipación del lenguaje *nuevo* es filtrada irónica o satíricamente, como símbolo de la decadencia de la civilización, y en este sentido la euforia juvenil que reacciona contra el simbolismo-modernismo de forma positiva en la mayoría de los movimientos de vanguardia, es en el expresionismo, y así en Espina, denotante de una percep-

---

23 Antonio Espina, 'Ivan Goll. *Les cinq Continents. Anthologie mondiale de poésie contemporaine*', *Revista de Occidente*, 1, 2, agosto de 1923, pp. 247-51.

ción del mundo muy diferente a la del resto de sus contemporáneos. Mientras que el grito y el paroxismo toman posesión de la obra de arte, oponiéndose a la elocuencia, a la concepción puramente retórica, descubrimos una doble verdad, como las dos caras del arte deshumanizado: la de la dimensión espiritual y la de la dimensión intuitiva del arte (arte deshumanizado sí, pero artista deshumanizado en ningún caso).

El expresionismo artístico supone la forma en que el creador hace conocer su experiencia interior, y en ese sentido está muy cercano al romanticismo (lo que es decir a los Quevedo, los Luis Candelas, los Larra o los Goya a quien, una vez tras otra, Espina acudió a lo largo de los años). Se cultiva la personalidad individual, se accede a la humanidad en una forma espiritual de comunicación. Es decir que, ajeno a la lógica y a la casualidad, al azar, descubre el mundo en una expresión de su interioridad. Y busca la verdadera esencia de las cosas, el 'color de las almas de las cosas', que diría Rimbaud ('azul-disgusto', por ejemplo, es matiz que da Espina al color del cielo). Espina no tiende a las formas del arte, sino a la intuición primera que les da nacimiento, a su raíz, su existencia más directa y primitiva, no falseada por la percepción del mundo. Este cóctel de rasgos expresionistas, son, desde luego, característicos del movimiento, si bien hay que admitir que sólo las diferencias de estilo son capaces por sí mismas de justificar la pertenencia a una estética literaria determinada. Y si estilísticamente, como hemos visto en las anteriores páginas, Espina encaja perfectamente en el vanguardismo más típicamente español, hay que admitir que existen ciertas inclinaciones *románticas*, de las que el vanguardismo español huye incluso por definición, y que Espina cultiva. ¿Cuál es, pues, la diferencia básica entre un artista romántico y nuestro autor? En nuestra opinión, aquélla estriba en que aquí la obra de arte *provoca* sentimientos, no se conforma únicamente con representarlos. De ahí posiblemente que Espina sea más partidario del romanticismo tardío de Joaquín María Bartrina que del de Bécquer.

Estamos en disposición de afirmar que cuando se ha emparentado a Espina con Gutiérrez Solana o cuando se le ha denominado *romántico* o 'príncipe poético de las tinieblas', por ejemplo, o cuando se destaca su particular ironía, sus maneras funambúlicas o su inclinación al compromiso, de lo que se está hablando es de la detección en su obra de elementos que pertenecen por excelencia a la estética expresionista. Meramente como ilustración podemos examinar cuatro de estos elementos, tal vez los que se reconocen como más característicos del movimiento, y contrastarlos en algunos fragmentos de Espina; nos referimos, claro está, a la distorsión, el paroxismo, el grito y el delirio.

Veamos el primero de ellos: la *distorsión*. Según la biblia expresionista, que formularon hombres como Paul Kornfeld, el objetivo del arte es mostrar al hombre que lo real no es sino apariencia que se desvanece ante la auténtica existencia humana: la verdad es la espiritualidad y lo real no es otra cosa que un error. En la tradición puramente hispánica, Quevedo y Goya (ambos biografiados y alabados repetidamente por Espina) son exponentes de esta distorsión artística, mediante la hipérbole o mediante la cruda monstruosidad, distorsión que plásticamente un Kokosca o un Gutiérrez Solana elevan a obra de arte. Y, por supuesto, en la 'naturaleza de pintor' –son palabras del propio Espina– del esperpento valleinclanesco. Para Espina –a raíz de una obra de Valle-Inclán–:

> el espectáculo de la vida interesa [...] en cuanto sea fácil y susceptible [...] a las deformaciones monstruosas del dolor y de la burla. Ambos, el dolor y la burla, en sus proyecciones máximas. El dolor hasta la crueldad. La burla hasta el escarnio sangriento [...] Los hombres y las cosas parecen deshumanizarse para fantasmizar a su antojo y flotar en aquélla con aspaviento dramático de alma en pena o con regocijada pirueta de saltimbanqui.[24]

Efectivamente, ése es el interés de don Francisco de Quevedo, por ejemplo. Rostros como gárgolas, o deformados por un espejo o por la luz de una llama. Repasemos algunos ejemplos en *Pájaro Pinto,* tomados al azar:

> Entre las nubes, al claro de la electricidad, surge en el marco de la guardilla, como gárgola inclinada, el poeta. [...] Ahora, que vemos como una aparición al Figurón, a la luz de los mecheros, reprochémosle su pertinacia. Hay demasiados fantasmas. (pp. 147-48)

O bien 'Una pieza fúnebre, estucada y silenciosa, a la luz de la vela. En cambio, la cómica [...] aparecía risueña' (pp. 157-58).

La deformación se evidencia en los rostros y las estancias. El dolor y la burla son sublimados como elementos estéticos de primer orden:

> Las fórmulas de la depravación demasiado civiles y agotadas.
> Desgraciadamente. [...] ¡Espantoso hallazgo! Comprendió que la tragedia no importa por honda o por complicada, sino por razonable. Que el dolor no mata por intenso, si-

---

24 Antonio Espina, *'Tirano Banderas*. (Novela por don Ramón del Valle-Inclán)', en *Ensayos sobre literatura*, Valencia, Pre-Textos, 1994, p. 185 [Revista *de Occidente*, XV, 44, febrero de 1927].

> no por persuasivo. Liberarse de él –en civilizado, en gentil metafísico– es hacerle narigudo o ponerle en cuclillas. (pp. 25-26)

Y de ahí al tono burlesco que adopta en su poema 'Pompas Fúnebres', uno de los más valleinclanescos, a pesar de ser escrito antes de la publicación de *La pipa de Kif*. El esperpéntico, deformado 'blanco y negro' de la boda de Xelfa en *Pájaro Pinto* podría resumirse en estos ocho versos del propio Espina: 'El del frac verde, / chistera y bastón, / al máscara blanco / le dio un puñalón. / Sangre y harina, / cirio y bombón. ¡Yo la tragedia / la veo en cartón!'. O podemos acudir a la retahíla de suicidios y *naufragios* que circulan por estas páginas, y que merecen comentarios como: 'No hizo menos que aplastar *un poco* el suelo. Rebotar. Salir de estampía, en espíritu...'(p. 163). O el despacho, en cuatro pequeñas frases, del momento más trascendente de la vida de un hombre: el de su muerte:

> –Usted se muere.
> –¿De qué, doctor?
> –De muerte. Adiós.
> –Adiós, doctor. ¡Ahí va la ciencia! (p. 154)

Si la distorsión, la deformación es una característica de nuestro tiempo y la deformación monstruosa lo es del expresionismo, la sistematización de ésta es lo que se denomina grotesco. Frente a la belleza de la armonía y de la sentimentalidad inmediatamente anterior surge la distorsión y la impasibilidad afectiva. Si bien este esperpentismo de Espina es mucho más evidente en su poesía, donde la propia elección de la estrofa o la rima para evocar un crimen o un entierro, por ejemplo, contribuye a acentuar el contraste, en su obra narrativa abundan los personajes que 'naufragan' entre la fatalidad ante la visión cómica que se muestra al lector. 'Carne de cera' de *Pájaro Pinto* (p. 24), 'individuos de goma' con cabezas saltarinas en *Luna de copas* (p. 56). Valle-Inclán, que formuló propiamente el esperpento, dice en *Divinas palabras*: 'el esperpento resulta del choque entre la realidad del dolor y la actitud de parodia de los personajes que lo padecen. El dolor es una gran verdad, pero los héroes son unos farsantes'. Merced a la aparición del ángel cómico de Espina, del *Genio cómico*, como titula uno de sus libros de ensayo, se opera esta transformación estética. Escribe Espina:

> Hablo de la aparición dramática, trascendental. La que consta con garantías de veracidad en los tratados de angelología y angelotecnia. Pero si las substanciaciones y transubstanciaciones del espíritu puro se han verificado siempre en función de dramatismo,

La novela de Antonio Espina 129

¿parecerá absurdo que ahora se verifiquen también en función de comicidad? Es cuestión de acento. En la historia íntima (en las memorias íntimas) del acento, tan rica en anecdotario espiritual (el primor de las historias), el debut del Angel Cómico debe ocupar un lugar de excepción. Silvia no lo comprendió al principio. Después de sonar el tiro, sí. Se dio perfecta cuenta. (*Luna de copas,* p. 125)

Desgraciadamente, no disponemos de las condiciones de espacio precisas para dejar sentado el tema en profundidad, sobre todo si pretendemos, en las pocas páginas que restan, esbozar siquiera algunos comentarios sobre los otros tres rasgos fundamentales del expresionismo. El segundo que planteábamos era el *paroxismo* o, lo que es lo mismo, la exaltación extrema de los afectos y las pasiones. En realidad, todo es extremo en Espina, todo está exacerbado, vocabulario, técnica y sentimientos. Precisamente ese paroxismo es el elemento humanizador de los *personajes farsantes* deshumanizados y sometidos a la distorsión grotesca, es lo que el propio Espina llama en Valle-Inclán 'aspaviento dramático'. Recordemos que lo que el artista pretende es despertar al hombre deshumanizado, víctima de la crisis de la civilización que supone la llegada de la modernidad y que podemos encontrar en cualquiera de los relatos de Espina: Silvia, Hércules, Sheridan, Xelfa, Bi, etc. Para despertarle recorre los elementos que resultan más expresivos, más espectaculares o más violentos. El error del naturalismo había sido hacer de los sentimientos algo anecdótico, convirtiendo en eje de sus novelas los conflictos familiares, los amores imposibles o la necesidad de libertad en sus múltiples dimensiones; pero ahora lo que está en juego es la propia esencia del hombre, la humanidad del hombre deshumanizado.

El paroxismo está presente, por lo tanto, en cada frase, hasta el punto que la impasibilidad afectiva a que hacíamos referencia arriba opera como contrapunto irónico de fuerza admirable. La desmesura y el superlativo tiñen el medio ambiente del poema novelar de Espina:

para librarme de él, de la obsesión tenaz, necesito aniquilarla. Deshacerla. Boxearla en la cara, en los costados, en el pecho, sobre la mandíbula y sobre la sien. Sobre la nariz y sobre el corazón. ¿Comprendes, Mara? (*Luna de copas*, p. 35)
se encontraba tan malhumorado [...] que cuando fue a cogerle el novelista para meterle en un capítulo, le mordió la mano; (p. 45)
No era una noche "secreta", como deben ser las verdaderas noches, sino una noche espectacular, de las que silban una canción de cabaret y no saben andar de puntillas; (p. 49)

Su cabeza gozaba de una autonomía extraordinaria. Deambulaba por los espacios atmosféricos. Corría vertiginosamente o se quedaba inmóvil en medio del espacio. Y con más o menos frecuencia, descendía para colocarse sobre los hombros de su dueño, atornillándose a su cuerpo. (pp. 58-9)
Y la muchacha reaccionando en contacto con el sentido pánfilo de la realidad enrojeció hasta la raíz de su orgullo. La tempestad de cólera, después de tal reacción, no podía hacerse esperar en un carácter como el de Silvia. Una sacudida de indignación. Otra de arrepentimiento. Otra de humillación y otras de venganza, compusieron la menuda electricidad de la onda temblorosa en sus nervios. Pálida. Mordido el labio inferior –como es natural– hasta hacerse sangre. (pp. 74-5)

Todos los anteriores son ejemplos de *Luna de copas*, pero en *Pájaro Pinto* podemos encontrar igualmente multitud de ejemplos de exaltación de los sentimientos y las pasiones: del amor, los remordimientos, la fe, la agresividad, la preocupación, el terror, la indiferencia, la distracción o la euforia: 'Pero a la excitación maligna, abusiva, dominadora del que creía así por un instante libertarse de la ya establecida sumisión, reaccionó ella y, sonriendo audazmente, le clavó las pupilas despacio' (p. 74); en contraste, la naturaleza cerúlea de Xelfa, con sus reflexiones sobre el amor, por ejemplo, o en el fragmento 'Llueve en su corazón', chocan por la frialdad, por la falta de *humanidad* que emanan, igualmente exacerbada.

El paroxismo, en definitiva, es necesario en un arte de conciencia extrema, porque artistas de conciencia extrema son los de la modernidad, que, según Espina, inauguró Rimbaud. Como artista de conciencia extrema, Espina aspira a destruir toda visión del mundo medianamente coherente, y para ello utiliza todos esos rasgos formales que hemos visto, por supuesto. Permítasenos transcribir un fragmento algo extenso de *Luna de copas* que, junto a la 'Antelación' de *Pájaro Pinto*, constituyen la rotunda declaración artística de nuestro autor:

> La novela, para el novelista, debe extraerse de una serie de compartimientos estancos, en los que se ponen con antelación los ingredientes de aquélla.
> En un compartimiento se pone lo descriptivo; en otro, lo dialogal; en otro, los personajes, etc., etc.
> Una vez hecho esto, el novelista debe cerrar los ojos y coger al azar, revolviéndolos, ingredientes de todos los compartimientos, arrojándolos a puñados sobre los capítulos.
> La novela así, resultará desarticulada y monstruosa. Esto no es un defecto.
> En realidad, lo que ocurre es que la articulación, la clave articulada, queda fuera de la novela, como el proyector cinematográfico queda fuera y lejos de la pantalla. (pp. 43-4)

Lo que Espina está describiendo es, a nuestro parecer, un estado de embriaguez al que el escritor accede y que transmite como sacerdote, o incluso como mesías (no tomen esto tal cual, por supuesto: tal afirmación sin un apoyo argumental que requeriría de mayor espacio podría frustrar el verdadero sentido de nuestra afirmación). Según escribe en la reseña a Solana ya citada, el objetivo del arte es 'promover estados de alma, neurosis de arte. Tal es el objetivo más grande del artista'. Sueños de Quevedo, sueños de Goya ('los sueños de la razón producen monstruos', ¿recuerdan?). Nietzsche, quizás el antecedente más claro del expresionismo, escribe en su obra maestra, *El crepúsculo de los ídolos*:

> Para que haya arte, para que haya algún placer y contemplar estéticos, resulta indispensable una condición fisiológica previa: la embriaguez. La embriaguez tiene que haber intensificado primero la excitabilidad de la máquina entera: antes de eso no se da arte ninguno [...]. En ese estado uno enriquece todas las cosas con su propia plenitud: lo que uno ve, lo que uno quiere, lo ve henchido, prieto, sobrecargado de energía. El hombre de ese estado transforma las cosas hasta que ellas reflejan el poder de él (hasta que son reflejo de la perfección de él).

Posiblemente pocos manifiestos serán tan claros con el concepto de arte expresionista como determinados fragmentos de la obra de Nietzsche, incluido el de arte como estímulo para vivir que se opone frontalmente al arte por el arte. En ese pequeño fragmento Nietzsche habla de 'embriaguez' donde nuestros traductores posiblemente deberían haber escrito 'delirio'. *Delirio*, efectivamente, el tercer rasgo expresionista que rastreamos en Espina.

Y en este delirio, como hace el propio Nietzsche, debemos diferenciar el que estimula la visión de los ojos, el apolíneo, y el que despierta todos los sentidos o dionisíano. Evidentemente, al 'hombre dionisíaco', como lo es Espina, 'le resulta imposible no comprender una sugestión cualquiera, él no pasa por alto ningún signo de afecto [...] La música es un mero *residuum* del histrionismo dionisíaco': hombre de fina hoja mental y paisajes bailables, claro está, el paroxismo y la deformación se hacen inevitables, precisamente por esa percepción extrema de los afectos.

La obra de Espina es prolija en delirios, ebriedades y visiones que aluden a este estado. Sin ir más lejos, *Luna de copas* es una clara alusión, con sus dos partes 'Bacante' y 'Baco' (¿lectores y autor?) al tema que nos ocupa. Reparemos en el carácter (cómo decir: ¿alcaloide?) del arte de Espina:

> La estupidez profunda del borracho lleva en su seno último –que es el que hay que descubrir con delicadeza y pasión– una especial serenidad.

> Si se pudiese extraer la droga, el alcaloide del delirium tremens, podríamos adelantarnos en vida el nirvana hindú.
> Pero el nirvana disfrutado en estado de conciencia, que es el que vale. (p. 72)

Mucho podría comentarse sobre el particular. Desde el *spleen* de Baudelaire a la poesía órfica, por supuesto. Mas de momento reparemos simplemente en el 'pero disfrutado en estado de conciencia', que es el que nos permite quedarnos en el umbral de lo surreal, sin llegar al automatismo a que da origen la evolución surrealista. *Luna de copas*, que es mucho más que una novela, es no sólo un experimento formal de primera magnitud, sino una reflexión sobre el arte y el artista mismo en un momento en que la vanguardia ha llegado a su madurez. En 'La consagración', un fragmento de la primera parte, leemos: 'hay naturalezas, seres elegidos de sangre vinosa, y cuando surge cualquier estímulo en la epidermis o en el corazón, esa persona se trastorna y queda en un estado igual que si estuviese ebria' (p. 95). También el final de la obra termina con la reproducción de este fragmento y una serie de preguntas: '¿existe una embriaguez infusa? ¿Que desencadena poderes mágicos? Y ¿de dónde procede esta embriaguez?' (p. 156). No resulta necesaria explicación alguna para el lector que disponga de *sangre vinosa*. Y de esta forma, la *luna de copas*, el santo grial, es el astro que ilumina los momentos más importantes de la narración, los de los afectos exacerbados, los de recuperación de la humanidad. Bajo ese filtro se verifica el amor (embriaguez de amor), el sueño espiritual o la sabiduría visionaria; hay en esta *novela* o como quiera que la llamemos anunciaciones, la ascensión de la sacerdotisa de Baco, apariciones de las brujas de Macbeth, bailes desnudos y frenéticos bajo la luna, etc.

Si es cierto que todo en *Luna de copas* resulta delirante y embriagador, también en *Pájaro Pinto* existen visiones diversas y rasgos de esa conciencia especial, extrema, necesaria para y acrecentada por la obra de arte. Aquí se habla de neurosis, la neurosis de la modernidad, y de ensoñaciones, o se escenifica el delirio vital de Bi, de Xelfa, del poeta de 'Bi', del propio pájaro pinto o del náufrago (naufragio y suicidio, la oración y penitencia de los concupiscentes, 'la forma más eficaz de convencer al prójimo por vía cordial') del último relato: 'Empezó el brote de las palabras y la psiconeurosis. Ésta, sobre todo. Sin ella se es siempre Relópez. (No es tan fácil.) Aquella mañana, mi primera de covachuelo, me transfiguré' (p. 168). Efectivamente, el delirio, o la neurosis, lejos de funcionar como problema patológico, tiene una validez filosófica y conjetural. No es metamorfosis, sino alegoría, transfiguración...

Y, por último, el *grito*:

> ...Cerré los ojos. Luego los abrí y di un grito de terror.
> ¡Aquel estanque me zambullía, me tragaba! Me absorbía horizontalmente con tiraje de cordón umbilical, por el vientre.
> Grité.
> ¡Oh! ¡Oh! ¡Oh!
> –¡Todo ha concluido! –concluí. (p. 169)

¿Qué significa el grito expresionista? Creemos que es el signo externo y extremo de este arte. Si bien se piensa, hay poemas-grito, novelas-grito, cuadros-grito y formulaciones políticas-grito a lo largo de toda la historia. Un grito no es más que una voz muy esforzada y levantada que cobra vida ante una situación límite. Y ésta se produce cada vez que un artista como Espina se enfrenta a una obra de arte. Las situaciones delirantes y las descripciones paroxísticas van o suelen ir, por lo tanto, acompañadas de gritos que evidencian el estado de conciencia del personaje o del propio autor. Y en cuanto a la distorsión, podríamos decir que no es otra cosa que la manifestación plástica del grito. Si el expresionismo es una explosión de la interioridad del artista, que se refleja en las cosas que filtra, el grito viene a ser el signo externo de dicha explosión.

En términos generales, no sólo la obra de Espina, sino la de cualquier escritor contemporáneo es puro grito. Pero cuando hablamos de grito expresionista en Espina estamos hablando de algo más, de una estética fundamentada sobre él. Puesto que en realidad estamos ante una concepción mística del arte, ese grito es el que expulsa de un golpe, simultáneamente, toda la interioridad del hombre, y no para mostrar el sentimiento particular del hombre como hacía el romanticismo, sino para ofrecer una visión global de todo el universo. Y es que, como decíamos anteriormente, Espina ha sido siempre sospechoso de *romántico*, precisamente por esta actitud de protesta, de compromiso. Ya Guillermo de Torre y Salazar Chapela, en sendas reseñas a su obra narrativa, apreciaron la existencia en su obra de ese grito romántico, grito que 'no se traduce en pistoletazo romántico, sino en la fuga liberadora, de sesgo irónico'.[25]

---

25 G. de Torre, 'Perfil de Antonio Espina', *La Gaceta Literaria*, 4, 15 de febrero de 1927, p. 1; E. Salazar Chapela, 'Literatura plana y literatura del espacio', *Revista de Occidente*, XV, enero de 1927, pp. 280-86.

Mechthild Albert

Vicios y virtudes: un diálogo literario franco-español

En el mes de diciembre de 1929, la *Revista de Occidente* publica una reseña de *Los siete pecados capitales*. Se trata de una obra colectiva de varios autores franceses recientemente traducida al español por Julio Gómez de la Serna.[1] El crítico Benjamín Jarnés comenta al respecto:

> Siete viejos temas en manos de siete escritores inteligentes pueden dar por resultado un libro curioso, divertido. Quizá un libro de éxito. Un libro cuya concepción se debe... al editor, puede muy bien ofrecer interés cuando para realizarlo se apela a un grupo de excelentes obreros: Jean Giraudoux, Paul Morand, Pierre Mac Orlan, André Salmon, Max Jacob, Jacques de Lacretelle y Jospeh Kessel. El editor es Kra. Temas: *Les sept péchés capitaux*. Al fin estos siete pecados universales han sido sometidos a otras tantas virtudes literarias personales.[2]

En efecto, se trata de un 'libro de éxito', ya que la edición original de 1926, con quince aguafuertes de Marc Chagall (reeditada en 1929), fue seguida en 1927 por otra edición sin ilustraciones,[3] mientras que la casa Gallimard presentaba una tercera en 1930.[4] El volumen francés alcanza, además, mayor fama al provocar en España una respuesta literaria que va a publicarse en 1931, prologada por el mismo Benjamín Jarnés. El volumen colectivo de *Las siete virtudes* es firmado por la flor y nata de los jóvenes prosistas españoles: Valentín Andrés Álvarez, César M. Arconada, Antonio Botín Polanco, José Díaz Fernández, Antonio Espina, Ramón Gómez de la Serna y, por úl-

---

1 *Los siete pecados capitales*, Madrid, Editorial Biblioteca Nueva, 1930.
2 Benjamín Jarnés, '*Los siete pecados capitales*', *Revista de Occidente*, VII/LXXVIII, p. 428.
3 Véanse las indicaciones bibliográficas en Georges G. Place, *Paul Morand*, Paris, Éditions de la Chronique des Lettres Françaises, 1977, p. 54; Stéphane Sarkany, *Paul Morand et le cosmopolitisme littéraire*, Paris, Éditions Klincksieck, 1968, p. 242.
4 A esta edición se refieren las indicaciones de página entre paréntesis.

timo, el mismo Jarnés. Merced a tal nómina y tal temática, esta publicación constituye, en la España del año 1931, un hito importante en el proceso de transición de la vanguardia a la avanzada.[5]

En lo que sigue vamos a presentar brevemente los *Vicios* franceses para pasar luego a un análisis más detenido de las *Virtudes* españolas. Serán tomados en consideración los autores, su argumento y su estilo para poder inscribirlos posteriormente en el marco de desarrollo de la narrativa española en su paso del juego deshumanizado a la preocupación por lo social.

Los autores de la antología francesa, nacidos en su mayoría en los años ochenta del siglo XIX, se pueden dividir en dos grupos: por una parte, los vanguardistas amigos de Apollinaire y Picasso, innovadores del lenguaje poético; por otra parte, los narradores moralistas y psicologizantes que se mueven en la órbita de Proust. Los autores españoles, por término medio diez años más jóvenes, se sitúan en las postrimerías de la vanguardia o en las primeras filas de la ya incipiente avanzada.

La temática moral se presta a diferentes géneros y discursos literarios que tienen en común su carácter híbrido y, en cierta medida, fragmentario. Domina el ensayo con tendencia a la narración alegórica o a la reflexión moralista, aunque también hallamos aforismos y textos rapsódico-impresionistas. La extensión de los capítulos oscila entre unas veinte y cuarenta páginas. Mientras que algunos de los textos franceses adolecen de una hechura algo descuidada e incluso inacabada, los relatos españoles presentan una composición más cuidada y se distinguen por una marcada intención parabólico-didáctica.

Una particularidad de ambos volúmenes consiste en que su concepción se remonta a sus respectivos editores, Simon Kra y Espasa-Calpe. Para los autores, trabajar por encargo sobre un tema tan convencional como ajeno, supone, en parte, un inconveniente que no deja de reflejarse en los mismos textos.[6] Algunos ensayos comienzan recogiendo datos e inspiraciones de

---

5 Sobre el contexto histórico y literario véanse José Manuel López de Abiada, 'De la literatura de vanguardia a la de avanzada. Los escritores del 27 entre la "deshumanización" y el compromiso', *Journal of Interdisciplinary Literary Studies/ Cuadernos Inter-disciplinarios de Estudios Literarios*, 1, 1, 1990, pp. 19-62; José-Carlos Mainer, *La edad de plata (1902-1931). Ensayo de interpretación de un proceso cultural*, Madrid, Cátedra, 1983.

6 Alusiones al encargo se encuentran en las páginas 96, 104-05, 122, 149, 154, 197.

muy diversas fuentes, continúan sin argumentación lógica para diluirse finalmente en la vaguedad de lo inconcluso.

En *Les sept péchés capitaux*, 'revue littéraire dédiée aux goûts du temps' (p. 59), el desfile de los vicios va encabezado por el orgullo.[7] El autor, Jean Giraudoux,[8] subraya que, frente a los demás pecados que también se encuentran en el mundo animal y, por lo tanto, no son pecados, el orgullo es el único vicio exclusivamente humano:

> Si l'on examine, en effet, ce programme parfait de soirée familiale ou provinciale qu'est en général le répertoire des péchés capitaux, on peut constater que six se retrouvent chez les animaux. Ce ne sont donc pas des péchés. (pp. 12-13)

El orgullo constituye un hecho metafísico inherente a la creación del hombre: 'Etudier l'Orgueil, c'est étudier l'homme dans la lutte contre Dieu' (p. 14) Según Giraudoux, esta rebeldía contra Dios, que parte de una consciencia del orgullo (p. 15), se articula en dos niveles: primero el hombre busca la victoria sobre Dios para desear luego su propia derrota. En su lucha contra Dios, el único arma del orgulloso es el desprecio irónico. Este desdén hacia lo divino ya anuncia el particular humanismo de Giraudoux que se manifestará plenamente en *Combat avec l'Ange* (1934).[9] También un personaje como Alcmène, en *Amphitryon 38* (1929) expresa esta superioridad de lo humano frente a Dios:[10]

> Il puise son mépris dans le sentiment même de sa vie. Cet alibi perpétuel qu'est l'existence et la présence de Dieu, ce ronronnement des systèmes solaires ou autres, qu'est-ce bien en effet auprès d'une vie humaine, alimentée en sang, en feu et en vo-

---

[7] Mientras que el libro francés sigue aproximadamente la jerarquía de los pecados, el volumen español procede por orden alfabético de los autores. Respecto a la significación teológica de los pecados capitales véase Siegfried Wenzel, 'The seven deadly sins', *Speculum*, 43, 1968, pp. 1-22.

[8] Giraudoux escribió su ensayo en condiciones más bien humildes, como lo atestigua su carta a Morand (27-8-1925): 'Vie assez morne. [...] Occupations informes. Vie rabaissée par rapports avec cabinet ministre. Ambition diminuée. Un bouton au cou. Dans ces conditions je rédige l'Orgueil pour Kra. – Kra! Kra! C'est le vieux cri de Harvard'. Jean Giraudoux, 'Lettres à Paul Morand', *Cahiers Jean Giraudoux*, 23, 1995, pp. 204-05.

[9] Cf. Guy Teissier, 'Jean Giraudoux et les péchés originels', *La Licorne*, 20, 1991, pp. 241-50.

[10] Cf. René Marill Albérès, *Esthétique et morale chez Jean Giraudoux*, Paris, Nizet, 1957, p. 99.

lupté? Il n'est pas une occupation de Dieu qui ne soit méprisable si on la compare à l'occupation humaine correspondante. (pp. 22-3)

Tanto se enorgullece el hombre de sí mismo que hasta siente orgullo de su esqueleto; a través de esta 'danse macabre' (p. 24) accede al supremo grado del vicio, donde el orgullo ya no es más que 'une modestie infernale, l'amour du néant, et un suicide de chaque seconde' (p. 25). Respecto a su concepción del hombre, Giraudoux se sitúa, pues, entre los albores de la modernidad decimonónica (Baudelaire) y el existencialismo. Su apología del orgullo en cuanto vicio humano por excelencia culmina en una blasfemia inaudita: 'Prométhée averti, il vole à Dieu le froid de la mort. Il comprend que c'est par Orgueil, et non par humilité, que Dieu a voulu goûter une fois à la mort des hommes' (p. 26).

De paso, cabe mencionar una breve digresión sobre los senos, 'ventosas del orgullo femenino' (p. 17) que constituye una evidente referencia intertextual al correspondiente libro de Ramón traducido al francés por Juan Cassou bajo el título de *Seins* (París, 1925).

Junto a la de Giraudoux, una de las mejores contribuciones a este volumen se debe a Jacques de Lacretelle. El ensayo se presenta como un relato autobiográfico: el escritor, encargado de disertar sobre la cólera, se pregunta en qué medida él mismo se encuentra sujeto a este vicio.[11] Construido artificiosamente de manera dialéctica, el ensayo opone la sobria reflexión del moralista a la propia experiencia emocional del autor que le obliga a cambiar su imagen de frío intelectual. Asimismo pone en tela de juicio la antropología clásica que confiaba en la posibilidad de emplear bien los instintos bajo el control de la razón. Un ataque de celos (infundados) lo lleva a los límites de lo humano, acto de deshumanización que le reprocha su amada: 'Si tu pouvais te voir, voir ta figure seulement... Elle n'a pas l'air humain, elle n'a pas de nom. Il n'y a jamais eu une figure aussi cruelle sur la terre' (p. 172). Pasado el rapto de 'fuerza dionisíaca', el protagonista reconoce que su amante también había perdido el aspecto humano.

A través de esta irrupción de la cólera, que transforma al animal racional en bestia irracional, la relación amorosa parece haber perdido su inocen-

---

11 Paralelamente, Lacretelle escribe un *Journal de Colère* que añade un nivel metanarrativo al ensayo, de modo parecido al *Journal des Faux-Monnayeurs* de André Gide; véase Douglas Alden, *Jacques de Lacretelle, An Intellectual Itinerary*, New Brunswick, Rutgers University Press, 1958, pp. 114-220.

cia. Y, sin embargo, tal pérdida de humanidad revela precisamente lo esencial del hombre, a saber, sus emociones: para Alina, el frenesí colérico va a significar la más conmovedora declaración de amor. Profundamente turbado por esta experiencia, el protagonista-narrador se serena gracias a una conclusión que plantea la relación entre razón y corazón en términos inspirados en Blaise Pascal: 'En vérité, à ne jamais démordre de la raison dans les choses du cœur, on risque de voir aussi clair qu'une brute dans les choses de la raison' (p. 186).

El espíritu de los moralistas clásicos se encuentra omnipresente en este libro, particularmente en el capítulo de Paul Morand sobre la avaricia,[12] donde cita a Séneca y Santo Tomás, Molière, La Fontaine y Saint-Evremond, La Rochefoucauld y La Bruyère, Boileau y Voltaire. Morand presenta una nutrida colección de sentencias y refranes, anécdotas, aforismos y paradojas – formas breves[13] que a veces alcanzan cierto parecido con la greguería: 'La Banque de France a distribué, ces derniers temps, des millions de prospectus contre l'avarice: ses billets de banque' (p. 41). Sus máximas tratan el fenómeno de la avaricia en relación con el amor y la vejez, con los hombres y las mujeres. Morand pretende proyectar un *Florilège de l'Avarice française* para dar testimonio de lo que considera vicio nacional (pp. 41-2), pues la avaricia es un 'vice logique', hijo de la razón cartesiana propia de los franceses (p. 46). La avaricia y la envidia, vicios de países pobres, 'péchés latins' (p. 46), también responden al gusto de los franceses por el ahorro y la ley del mínimo esfuerzo (p. 45). Tal actitud 'avara' cobra insospechada actualidad, cuando se trata del desarrollo de la construcción automovilística, regido en Francia no por la velocidad sino por la economía, en busca de un menor consumo de carburante (p. 43). Finalmente, Morand se desentiende de la avaricia para proclamar su contrario: el lema 'Vivre au-dessus de ses moyens' que califica de 'très belle devise nietzschéenne' (p. 51). El influjo de Nietzsche también se observa cuando apela a la necesaria 'revisión de valores', propo-

---

12 Respecto a la presencia de la máxima clásica en 'L'Avarice' véase Stéphane Sarkany, *op.cit.*, p. 239. Morand entrega el manuscrito al editor poco antes de entrar en funciones como representante de Francia en *Bangkok*: véase Jean Giraudoux, 'Lettres à Paul Morand', *op.cit.*, p. 205. Con anterioridad al volumen colectivo, Morand publica 'La Avaricia' en *La Revue de Paris*, II, 1926, pp. 855-68.
13 Werner Helmich, *Der moderne französische Aphorismus*, Tübingen, Niemeyer, 1991; Alain Montandon, *Les formes brèves*, Paris, Hachette, 1992.

niendo sustituir la avaricia por otro pecado más moderno: el esnobismo (p. 47).

Al señalar este relativo anacronismo, Morand expresa la actitud escéptica respecto al tema de los vicios también presente en otros autores. Por lo demás, la crítica subraya el talante (auto-)crítico de sus aforismos sobre la avaricia.[14]

La contribución de André Salmon[15] sobre la envidia empieza como un voltairiano 'conte philosophique' situado en un ambiente hispánico. El narrador organiza un experimento humano relacionando entre sí, a través de la envidia, los siguientes personajes: el inquisidor, don Jerónimo Bueno Caracucurador, su querida doña Boca Vermeja (cuya servidora se llama Las Nalgas) y Jenni, joven aristócrata inglés que se enamora de Boca Vermeja. Una multitud de deseos –carnales, sociales, económicos y otros (más que la envidia en sentido estricto)– desencadena una guerra entre España e Inglaterra. Dos padres jesuitas debaten el caso y la culpa de Boca Vermeja, causante del desastre, dando motivo a una sátira sobre la iglesia española y sus hábitos escolásticos. Atiborrado de tópicos, el cuento desemboca en una total incoherencia.

El ensayo de Max Jacob, otro vanguardista de primera hora, tampoco se destaca por una estética novedosa. A través de una mezcla de escenas, retratos y citas, cuyo conjunto moralístico-narrativo recuerda tanto a La Bruyère como a Proust, Max Jacob intenta desarrollar una tipología de la gula. Distingue tres categorías de glotonería: la 'gourmandise comme caractère', que no es más que un arte de vivir atento y refinado; la 'gourmandise dérivé de caractère', que consiste en ser 'gourmand de soi-même'; y, en tercer lugar, menciona a los 'gourmands de nourriture', expertos en gastrosofía que confirman la imagen de Francia como 'Paradis des gourmands' (p. 138). El autor, muy católico y hasta místico, considera la gula no tanto vicio como pecado venial, dada la dificultad de decidir dónde empieza el descomedi-

---

14 'L'Avarice et Le Voyage paraissent comme des succédanés d'œuvres d'imagination, comme des signes d'une tentation de révolte contre sa situation sociale trop bien établie. Le genre de 'notes et maximes' le libère', Stéphane Sarkany, *op. cit.*, p. 85.

15 A falta de una monografía mencionamos las siguientes publicaciones: Carol Jane Bream, *André Salmon et les chemins du cubisme*, Tesis doctoral inédita, University of Toronto, 1973; Michel Décaudin, 'Trois poètes des années vingt: André Salmon, Blaise Cendrars, Max Jacob', *L'Information Littéraire*, 22, 1970, pp. 219-29; Jean Follain, 'André Salmon', *Nouvelle Revue Française*, 17, 1969, pp. 1181-183.

miento ('dérèglement') esencial al vicio. Cada tipo de gula viene representada por un personaje emblemático que reaparecerá más tarde en *Tableau de la bourgeoisie* (1929).[16] Vestigios vanguardistas se perciben sólo en el retrato del emprendedor Monsieur Tabard que encarna el segundo tipo de gula y cuya jornada refleja el dinamismo sin aliento propio de los felices años veinte (pp. 128-29). 'La Gula' se inscribe en la evolución de Jacob de la poesía de vanguardia a la prosa satírica y ocupa, por lo tanto, un lugar equivalente a la transición entre vanguardia y avanzada.

Cuando Pierre Mac Orlan escribe sobre la Lujuria, este tema parece idóneo para el que en su juventud fuera autor de novelas pornográficas.[17] Mac Orlan da muestras de una profunda duplicidad moral: por una parte, celebra la lujuria, vicio de la imaginación, como un exponente de la energía vital, 'force flamboyante et motrice'; por otra parte advierte que: 'elle n'est dangereuse qu'à la condition de crever l'écorce' (p. 64). Es hermano de aquel buen burgués que en la noche de París procede a un 'desdoblamiento de la personalidad' (p. 61) y su argumentación corresponde a la economía burguesa de los vicios: si los libros pornográficos funcionan como válvula de escape, el actual viraje de la literatura hacia la castidad le parece 'très mauvais signe' (p. 71). La ambigüedad moral patente en el ensayo se sitúa en el contexto histórico de los 'locos años veinte', marcados tanto por la experiencia de la Gran Guerra como por la lejana lección de Nietzsche. Así lo explica el autor al evocar el aquelarre de los tiempos modernos dominado por el diablo, aunque ya sin guisa de macho cabrío:

> il dominera la fête, à côté d'un jazz nègre et battra la mesure dans l'uniforme d'un gigolo, vêtu d'un pardessus de cuir et possesseur d'un énorme torpédo à deux places.
> Il recrutera les éléments les plus endiablés dans le décor même de la foire et parmi toutes ces femmes et tous ces hommes dont la guerre a faussé la direction et qui ne prennent la vie 'en prise directe' qu'à la condition d'être soumis à la luxure, de même que les vitesses de leur voiture sont soumises au moteur.
> Car avec la déchéance de la fortune nationale et classique, les vertus cèdent le passage aux vices qui deviennent des moteurs tout-puissants capables de mener les intelligences d'élite vers des buts identiques.

---

16 Excepción hecha de Mme de La Charie que aparece con anterioridad en *Le Terrain Bouchaballe* (1923), la prosa narrativa de Jacob se ha estudiado muy poco; cabe mencionar: Jean de Palacio (ed.), *Max Jacob 2: Romanesques*, Paris, Lettres Modernes, 1976; Krystina Apolonia Bagnato, *Story, Discourse, and Time in four Novels of Max Jacob* Tesis doctoral inédita, The Pennsylvania State University, 1979.

17 Bernard Baritaud, *Pierre Mac Orlan. Sa vie, son temps*, Genève, Droz, 1992.

> Le résultat, pourrait-on dire, n'a pas d'odeur. Le culte de l'action et le besoin d'action que nous éprouvons tous, rendent les hommes de notre temps singulièrement candides et sauvages. (pp. 69-70)

El texto de Mac Orlan está marcado por una escritura vanguardista rica en imágenes sorprendentes. Los mitos modernos se unen a los de la antigüedad, sazonados con una pizca de asepsia benniana[18] y adornados por una estética de lo grotesco con recuerdos de cine mudo.[19] El amoralismo y la transmutación de valores se resumen en un cuadro blasfematorio:

> Quand la luxure s'épanouit dans l'air que l'on respire, la blanche colombe de Marie fait de l'œil comme une fille et le tendre agneau pascal se glisse en tapinois dans le couloir humide des lupanars de province. (p. 77)

La ya mencionada transmutación de valores también se observa en el ensayo de Joseph Kessel sobre la pereza (pp. 189-217). Así, lo que empieza siendo un relato edificante en contra de la pereza termina afirmando lo contrario y refutando a Gontscharow. Quiere acabar con el prejuicio de que la pereza sea madre de todos los vicios para probar que, al contrario, es madre de todas las virtudes: 'de l'abstinence, du désintéressement, de la réflexion, de l'humilité' (p. 195). Con el pretexto de realizar un estudio comparado sobre la pereza, Kessel relata luego, una vez más, su vuelta al mundo en avión al finalizar la I Guerra Mundial. La misma travesía en aeroplano es ya un himno al ocio.[20] Mientras que Nueva York, capital del mundo moderno, le procura un ataque de *delirium tremens* (p. 199), Honolulu le brinda el milagro de una pereza ideal que sabe seducir al 'yanki' más inveterado, tal como lo cuenta Somerset Maugham en su relato *The Fall of Edward Barnard* (pp. 205-06). En Vladivostock, los culíes chinos, que sólo trabajan lo nece-

---

18   Cf.: 'Au cortège charmant des girls mythologiques qui accompagnent le luxurieux dans ses déplacements libidineux, se mêlent les nymphes de la poésie médicale' (p. 4).
19   Cf.: 'Il faut voir, dans toute son horreur, le luxurieux, montant le calvaire, au-devant d'un Christ dégoûté, au milieu de son cortège de golems gambillant comme des petits marlous au sortir d'un bal musette' (pp. 74-5).
20   Cf.: 'Traversées, couleur d'eau de mer et de whisky soda, sentant la brise, les îles et le loisir, parenthèse merveilleuse, image du paradis, à quoi devez-vous votre béatitude sans pareille sinon à cette déesse, enveloppée de voiles et nue pourtant, à cette déesse de langueur et de liberté à laquelle en ces lignes j'élève un monument' (p. 198).

sario para vivir, le dan una lección de pereza. Admira a estos parias por su 'maravillosa y bestial pereza' que les protege y libera (p. 210). Por fin, en Pekín, en un salón de té donde el opio crea una sociabilidad perezosa especial, encuentra a un joven mandarino que se dedica a un erotismo perozoso, acariciando lentamente a una virgen: 'Voici la suprême leçon, celle qui montre comment approfondir par une heureuse paresse le bien sacré entre tous qu'est la volupté' (p. 214).

Kessel aprovecha las diversas imágenes de la pereza para esbozar una crítica cultural. Para ello, se apoya en Paul Valéry, que lamenta la pérdida del ocio interior en la civilización moderna occidental. Jospeh Kessel, el más jóven de los autores franceses reunidos aquí, expresa además cierto desencanto característico de su generación ya posvanguardista al confesar, refiriéndose al error ancestral de considerar la pereza como madre de todos los vicios: 'Et nous portons le poids de cette erreur ancestrale, nous qui, plus que toute autre génération, avons appris la vanité des actes, et qui, pourtant, ne pouvons vivre sans agir' (p. 216).

Al poco tiempo de publicarse la traducción española de *Les Sept péchés capitaux*, se edita, por iniciativa de Espasa-Calpe, la obra correspondiente dedicada a las siete virtudes (1931).[21] En el prólogo, Benjamín Jarnés establece entre los dos libros una relación meramente cronológica: 'No vienen hoy estos otros siete autores a empañar la gloria de sus buenos cofrades franceses. Nada hay entre ambos libros como no sea una mera relación de tiempo: uno vino primero, otro después' (pp. 17-18).

De hecho, no existe ninguna cooperación directa; sin embargo, la reserva de Jarnés en cuanto a un posible nexo causal entre las dos obras no deja de extrañar. Este silencio sorprende tanto más cuanto que no pocos de los autores franceses en cuestión eran hispanófilos y habían viajado por España: El diplomático Paul Morand estuvo de misión en Madrid durante la I Guerra Mundial. Jacques de Lacretelle viajó por España y publicó sus *Lettres espagnoles* en 1926.[22] Este mismo año e invitado por José Bergamín, Max Jacob dictó una conferencia sobre los Evangelios en la Residencia de Estudiantes, seguida por otra, en 1928, sobre 'Anatomía religiosa'.[23] Y por fin, en el álbum de visitantes que Ramón Gómez de la Serna recibió en *Pombo*,

---

21 A esta edición se refieren las indicaciones de página entre paréntesis.
22 Douglas Alden, *op.cit.*, p. 110, p. 115.
23 Pierre Andreu, *Vie et mort de Max Jacob*, Paris, La Table Ronde, 1982, pp. 188-89; Robert Guiette, *La vie de Max Jacob*, Paris, Nizet, 1976, p. 97.

leemos que Pierre Mac Orlan pasó por la famosa tertulia de Ramón, crisol de la vanguardia española.[24] Aparte de estos posibles contactos personales se puede suponer que Jarnés y sus colegas españoles leyeron las obras de sus 'cofrades franceses' lo bastante atentamente como para entablar un verdadero diálogo literario.[25]

Ahora bien, a pesar de estos puntos de contacto intelectual, la relación entre las obras francesa y española, tal como la presenta Jarnés, parece relativamente fortuita. En este contexto es reveladora la insistencia con la que Jarnés remite a los editores en cuanto iniciadores de los dos proyectos literarios.[26] Mientras que los editores parecen entender la problemática moral como un tema de actualidad que les promete un éxito comercial, Jarnés implícitamente denota una buena dosis de escepticismo respecto al tema propuesto. Se vale del prólogo para formular sus reservas ante el mismo concepto de virtud. Partiendo de una máxima de Nietzsche –'La virtud es nuestro mayor equívoco' (p. 19)– Jarnés observa que toda virtud puede convertirse en su contrario. Ante la hipocresía y la pusilanimidad burguesas, Jarnés se sitúa en la tradición nietzscheana de la transmutación de valores. Si la humildad sólo responde a cobardía, la largueza a despilfarro y la castidad a frigidez o impotencia, entonces:

> Una virtud pronto se convierte así en el espectro de sí misma. Una virtud puede ser el último eslabón de una cadena de inhibiciones. O de fracasos; y ¿una serie de estos negativos, qué puede dar como fruto sino otra negación? (p. 19)

Ante el 'capricho celeste' de la gracia divina y el 'capricho fisiológico' del materialismo, negaciones ambos del papel decisivo del libre arbitrio y de la

---

24 Ramón Gómez de La Serna, *Obras completas* II, Barcelona, Editorial AHR, 1957, p. 282; respecto a la función de Pombo para la estética de la vanguardia española véanse Mechthild Albert, 'Para una estética pombiana. La tertulia, laboratorio de la vanguardia española' en Evelyne Martin-Hernandez (ed.), *Actas del coloquio internacional sobre Ramón Gómez de la Serna*, (Clermont-Ferrand 6-8 de febrero de 1997), Clermon-Ferrand, Publications de l'Université de Blaise Pascal, 1999, pp. 103-20; 'Spiele in der Krypta. Zur Kaffeehausästhetik der spanischen Avantgarde im Café Pombo' en Michael Rössner (ed.), *Literarische Kaffeehauser. Kaffeehausliteraten*, Wien, Boehlau, 1999, pp. 406-19.

25 Hay un indicio intertextual en 'La Diligencia', de Benjamín Jarnés, donde cita o parodia a Morand: 'Las ocho y media. Paul Morand hubiese dicho: –Lolita ensancha demasiado la tarde. No le van a caber tantas cosas. Va a estallar' (p. 252).

26 Cf. pp. 7, 11, 17.

conducta humana (p. 23), Jarnés opta a favor de 'una escala de virtudes diferente: la socrática, completada por Séneca' (p. 19). Al reanimar las virtudes estoicas, Jarnés propone una nueva moral laica, más allá de los convencionalismos religiosos. Coronado por la sabiduría, la justicia, la fortaleza y la templanza, tal sistema de valores fundamenta una ética humanista a la altura de una sociedad moderna (pp. 19-20). Sin embargo, esta propuesta, con la que Jarnés se hace eco del impulso moral de la avanzada, no va a ser constitutiva para el volumen colectivo, regido más bien por el clásico canon de las virtudes religiosas. Por eso, el prologuista expresa serios reparos y no augura nada bueno ante el proyecto en el que él mismo participa:

> La virtud, pues, tiene entre nosotros muchas quiebras. Y este libro, que podría ser un tratado de la felicidad a domicilio, en siete graves o divertidos capítulos, puede llegar a ser inútil, porque una súbita semilla de fe es más cotizable en la celeste Bolsa que todos los higos maduros de Epicteto. Inútil y tedioso, como todo libro donde sólo se hable de abstinencias. (p. 21)

A pesar de los mencionados y muy justificados acentos críticos, el volumen posee un notable valor histórico ya que ilustra de manera ejemplar la transición de la vanguardia a la avanzada. La serie de las virtudes se inicia con 'La Templanza' a la que Valentín Andrés Álvarez dedica un ensayo sobrio y sistemático con muy leves rasgos vanguardistas. El único texto completamente vanguardista es 'La Castidad', de Antonio Botín Polanco, mientras que hasta el mismo Gómez de la Serna demuestra una fuerte tendencia hacia el compromiso social. Frente a los modestos residuos de una vanguardia frívola y lúdica, César Muñoz Arconada y José Díaz Fernández representan el espíritu nuevo de la avanzada. Sus 'novelas ejemplares' sobre 'La Largueza' y 'La Humildad' tienen por fondo el antagonismo social. Otro relato alegórico, esta vez de inspiración bíblica, es 'La Paciencia' –mejor dicho, 'La Resignación'–, de Antonio Espina que demuestra la inutilidad de todo intento revolucionario ante la ley del eterno retorno. El volumen concluye con 'La Diligencia' de Benjamín Jarnés, narración simbólico-moralizante que gracias a su complejidad evita el patético didactismo característico de la avanzada. A continuación, vamos a analizar algunos aspectos temáticos, formales y estilísticos para establecer si los textos se inscriben en la tradición vanguardista o en la nueva corriente de la avanzada.

El tratado de Valentín Andrés Álvarez parte de la siguiente definición: 'La templanza es la virtud moderadora de los instintos' (p. 27). Después de haber desarrollado el 'conflicto entre la razón y la animalidad humana', 'idea vertebradora' del ensayo (p. 60), el autor presenta su conclusión, tan triste como ingeniosa: 'Hay que enjaular al animal humano, por lo que tiene de fiera y de ruiseñor' (p. 61). El discurso ensayístico está entretejido de anécdotas y fábulas, refranes y máximas. En ocasiones, los pensamientos del moralista moderno rayan lo paradójico; valgan como ejemplo las siguientes consideraciones:

> Es el vicio quien mide la virtud. Como sólo nos tientan hoy vicios menores, no podemos practicar grandes virtudes. (p. 32)
> Busquemos la tentación para vencerla. (p. 34)
> [...] el asceta es un vicioso de la virtud. (p. 36)

A pesar de la seriedad del asunto, Valentín Andrés Álvarez adorna su texto con rasgos humorísticos, casi greguerías, y hasta ocurrencias macabras:

> El acto de pesarse tiene el valor de un examen de conciencia. Se pesa el cuerpo y el alma. (p. 52)
> Seamos vegetarianos, para acabar con la fiera que llevamos dentro. Matemos de hambre al chacal humano. (p. 56)

Las greguerías, accesorias en el ensayo de Andrés Álvarez, cobran una función esencial en las improvisaciones de Botín Polanco sobre la castidad, de corte claramente vanguardista:

> En el suelo, una flor blanca se había suicidado, desde la barandilla negra del ojal de la solapa de seda. (pp. 121-22)
> Y al quedarse dormido, sintió cómo subía ella hacia el tercer ventrículo del cerebro, haciéndole cosquillas en las vértebras con los tacones altos de unas rojas zapatillas en chancleta. (p. 130)

Si la influencia de Ramón se halla presente, el estilo escueto y elíptico así como las series de impresiones fragmentarias no dejan de recordar al Gecé de *Julepe de menta*. Sin embargo, más allá del juego verbal y de una inconsistente trama erótica, el texto de Botín Polanco celebra la misma transmutación de valores, mencionada ya en el prólogo por Benjamín Jarnés. Con el siguiente lema, tomado del *Crepúsculo de los ídolos*, se sitúa bajo el signo de Nietzsche: 'Es preciso colocarse tan sólo en aquellas situaciones incompatibles con las falsas virtudes, y en las que, como el volatinero sobre la cuerda, hay que caerse o ponerse bien derecho –o bien aun, tirarse' (p. 121).

A través de la libre asociación de ideas –el deseo de la tierra castellana, 'encerrado en el duro cinturón de castidad de la muralla' (p. 141), el deseo del mar o del marinero, 'encerrado por la borda de un navío' (p. 142) y, por último, el 'deseo de vivir' (p. 142), encerrado por el cinturón de la moral– Botín Polanco llega a una conclusión nietzscheana, llamando a romper las cadenas para dar rienda suelta a la 'Vida [...] inocente' (p. 147). Ante el mensaje libertador de Nietzsche que exalta la 'eternidad de la carne', 'gloria del deseo', 'el moralista, con sus cinturones, es un cobarde criminal' (p. 147). Botín Polanco nos lleva, pues, a la negación de la virtud, y se acerca al vicio contrario, la lujuria.[27] Con todo, la carcajada final con la que el autor se mofa de toda seriedad, representa una última pirueta vanguardista, rebeldía de lo irrisorio (p. 151).

Pero la irrisión ya no es admisible, la hora de los graciosos ha pasado. Así lo demuestra el mismo Ramón que se inclina hacia lo social. Con inusitada mordacidad satírica, desmantela la idea tradicional de la Caridad, que junto con la Fe y la Esperanza 'forma el grupo de las tres gracias tristes' (p. 199). Jugando con las alegorías consabidas, la 'matrona opulenta', 'capaz de dar la leche de sus senos al que se acerque a ella famélico', es substituida por una 'mujer flaca que abre despacio su portamonedas' (p. 200). Al igual que los vanguardistas que combinaban de manera iconoclasta los mitos y las religiones con los atributos de la vida moderna, Ramón desmitifica la imagen edificante de una Caridad compasiva y generosa: 'Mas en la realidad aun la Caridad es una entelequia, una sociedad anónima de la que viven los accionistas y el presidente; gran mina social en explotación, cuyos poseedores no pagan ni a los obreros' (p. 201).

Ramón presenta varias facetas de esta Caridad moderna, reducida a la calidad de 'fantasmón' (p. 201). 'Doña Caridad tiene una casa de préstamos en una calle escondida', pero no admite mantones ni colchones, sólo joyas (p. 204). Doña Caridad Pública es 'dueña de una casa de sonrisas' que no le cuestan nada (p. 206). Ávida de publicidad (cf. pp. 202-03), sólo cuida la

---

[27] Al igual que Mac Orlan, Botín Polanco subraya la duplicidad de la vida burguesa: 'Ese deseo de la carne, comprimido por murallas ancestrales, crea las uñas pulidas y afiladas y los dientes blancos, en la eléctrica noche de la ciudad. En las sedas de todo discreto hay descaradas insolencias. En las uñas brillantes, algo de zarpas carniceras. En los dientes blancos de las sonrisas, un mordisco terriblemente serio' (pp. 143-44).

vistosa 'apariencia de altruismo social' (p. 209). Por ello provoca las iras populares:

> El día de la revolución social todos buscarán a Doña Caridad para acabar con ella.
> –Mientras no acabemos con la Caridad –dirán en sus reuniones públicas–, será señal de que no está resuelto el conflicto social […]. (p. 207)

A otro nivel del texto, el escritor se autorretrata en el momento de escribir estas líneas, solitario y hambriento en París, a merced de aquella virtud cardinal, 'que sería divinidad de lo humano', pero que 'apenas existe' (p. 199). Al final, 'el pobre escritor que desde aquí escupe al mundo vacío de Caridad' (p. 212), encuentra lo que fatigosamente iba buscando:

> el único vestigio de la verdadera Doña Caridad que queda en el mundo está en una portera, pues son las únicas que, siendo muy malas, son también muy buenas, y si infernan la vida de algunos, son las que recogen al niño abandonado y adelantan al escritor la miserable cantidad sin la que perecería. (pp. 211-12)

La portera francesa, que, para él, encarna la caridad, desmiente así el parecer de Morand respecto de la avaricia como vicio nacional de los franceses.

Junto a estos antiguos vanguardistas retocados con conciencia social, destacan tres representantes de la avanzada: César Muñoz Arconada, José Díaz Fernández y Antonio Espina, cuyas contribuciones se hallan dedicadas respectivamente a 'La Humildad', 'La Largueza' y 'La Paciencia'. Se trata de novelas breves que conviene calificar de 'ejemplares', pues relatan cada una la historia de un aprendizaje y de una conversión a la causa de los oprimidos mediante la virtud –humildad, largueza, paciencia. A pesar de su final pesimista, estos relatos poseen un valor altamente simbólico, ya que el hecho central de la conversión refleja el viraje ideológico que efectúa la avanzada al superar la vanguardia.[28] Las 'novelas ejemplares' se distinguen por su acción lineal con ambientación realista que tiende, sin embargo, a la abstracción alegórica y al didactismo. Los relatos poseen una sólida armazón narrativa y un estilo poco dado a la profusión de metáforas ingeniosas, pero sí

---

28 Mechthild Albert, 'La prosa narrativa de vanguardia y su viraje político' en Harald Wentzlaff-Eggebert (ed.), *Nuevos caminos en la investigación de los años 20 en España*, Biehefte zur Iberoromania, 14, 1998, pp. 115-26; *Avantgarde und Faschismus. Spanische Erzählprosa 1925-1940*, Tübingen, Niemeyer, 1996.

retóricamente elaborado con vistas a los valores humanitarios y sociales que propugnan.

La trama del relato de César Muñoz Arconada se basa en una estructura antitética que opone la humildad al orgullo. Dios jugando a los dados echa la suerte de los personajes antagonistas: los mellizos Jeromín y Pedrín nacen hijos del rico bolsista Abdón Lulio y de su mujer, antigua criada, que muere en el parto. Desde la más tierna infancia, Pedrín, en el que sobrevive la 'plebeyez' de la madre (p. 79), es predestinado a ser el perdedor moralmente superior a su arrogante hermano. Cuando Fortuna desposee al padre, Pedrín decide ganarse la vida trabajando, cumpliendo así un acto trascendental:

> 'Voy al puerto. Es la hora de trabajar. Cargaremos fardos.' Y despacio, porque amanece, porque sale un sol nuevo, grato, porque empieza la vida a fluir, baja las escaleras silbando, contento y humilde, camino del puerto, alegre de aceptar un nuevo destino. (pp. 78-9)

He aquí el momento crucial, y Pedrín, maldecido por su padre cual hijo 'descastado' (p. 89) se encamina hacia su destino de rebelde por humildad, al igual que Jesucristo (p. 80). El elogio de estos hijos 'desnaturalizado[s]' (p. 80) que, rompiendo con su origen burgués, 'se lanzan a la calle, a vivir, a compartir la humildad de los que no tienen nada' (p. 82), culmina en un ideal de solidaridad obrera cuyo emblema es –ya en 1931– el mono azul:

> Había comprendido la distancia, la diferencia que le separaba de su propio padre. Pedro llevaba un traje azul, de obrero, el hombre sin relieve en la gran masa anónima de los trabajadores. Y echó a rodar el neumático. [...] Pedro rodaba el neumático, como el aro de un niño, alegre de sentirse humilde, pobre, en una vida común, sin afectación, sin denominación. (pp. 92-3)

Humildad y pobreza, bondad, sinceridad e independencia, perfeccionadas por una modesta alegría de vivir, constituyen las virtudes esenciales de una nueva jerarquía moral, fundando asimismo el humanismo de la avanzada.[29] Incluso cuando el padre recobra sus riquezas, Pedro no vuelve a la vida burguesa, sino que prosigue su *imitatio Christi* de 'hombre simple y oscuro' (p. 109, cf. p. 114). Fiel a este espíritu humilde, Pedro muere en el anonimato de un hospital público. Arconada nos cuenta, pues, la vida de un santo laico, hijo pródigo al revés, en cuyo ejemplo toman forma, increíblemente

---

29 Respecto al humanismo del hombre humilde véanse las páginas 83-4, 91, 99.

idealizadas, las virtudes seculares que propugna el nuevo humanismo de la avanzada.

La misma tendencia a la ejemplaridad patética se pone de manifiesto en la narración de José Díaz Fernández. Conforme al epígrafe bíblico,[30] la virtud de la largueza es representada por una muchacha idealista que, al morir su padre, se desprende de su rica herencia –una fábrica de conservas– para regalarla a los obreros. Su conversión al comunismo se produce cuando, en una clase de autopsia, comprende, ante un corazón humano, aquella 'sola verdad, indiscutible y explícita: la materia' (p. 160). Frente al marxismo teórico de sus compañeros, Otilia, que se distingue por su 'rectitud' (p. 158), quiere llevar el comunismo a la práctica. En este contexto cabe subrayar el marcado paralelismo entre el ambiente de izquierdas descrito aquí por un narrador retrospectivo y las posiciones ideológico-literarias que el mismo Díaz Fernández defiende en su manifiesto *El nuevo romanticismo*:[31]

> Ninguno de nosotros tenía la medida de su fervor. No era esnobismo, sin embargo, el que nos hacía simpatizar con los comunistas. Ni siquiera estábamos movidos por el afán de figurar en la línea más avanzada de la política, para presumir de irrespetuosos y atrevidos. En las exaltaciones de entonces descargábamos nuestro romanticismo juvenil, especie de electricidad vital, que carbonizaría a quien la retuviese mucho tiempo. Mi idea es que los héroes y los mártires son seres incapaces de desalojarla a tiempo, y por eso se abrasan en ella. Mueren electrocutados de ideal. Todos los muchachos de aquel grupo participábamos de un comunismo sentimental, que habría de desaparecer tan pronto como nos instalásemos en la vida, contagiados de la inevitable domesticidad española. (*Las siete virtudes*, pp. 157-58)

Movida por un 'anhelo ilimitado de justicia y de perfección moral' (p. 165), Otilia reniega de su origen burgués para participar en la lucha de los obreros, 'reparti[endo] proclamas subversivas' y organizando huelgas (p. 161). La muerte de su padre le da la ocasión de cortar las últimas amarras, situándola entre 'dos crepúsculos: mientras la muerte cortaba las ligaduras que le unían

---

30 '¡Ay de los que juntan casa con casa y allegan heredad a heredad hasta acabar el término! ¿Habitaréis vosotros solos en medio de la tierra?' [Libro de Isaías, 5: 8.] (p. 155).

31 José Díaz Fernández, *El nuevo romanticismo. Polémica de arte, política y literatura*, Madrid, Zeus, 1930; Madrid, José Esteban, editor, 1980; véase también José Manuel López de Abiada, *José Díaz Fernández: narrador, crítico, periodista y político*, Bellinzona, Casagrande, 1980.

a una sociedad agonizante, en su conciencia brillaba la alborada revolucionaria' (p. 165).

Obedeciendo a su afán de pureza, Otilia cede la fábrica paterna, contra la voluntad de sus hermanos, a los obreros. El presidente de la Casa del Pueblo, 'socialista moderado', rechaza, sin embargo, 'esta clase de ensayos' (p. 170) y Otilia, desesperada, vende sus joyas para marcharse a América – 'en tercera, como un emigrante' (p. 170). En este momento interviene el narrador proponiendo un comentario final que condena el 'comunismo romántico' de la protagonista y parece dar la razón a los simpatizantes comunistas de carácter transitorio:

> Recuerdo que le respondí tratando de disuadirla de su arrebato de comunismo romántico. No he vuelto a saber nada de más de su vida. [...] Misionera de un ideal de renunciamiento y de pobreza, se había perdido para siempre en el estruendo del mundo. (pp. 170-71)

La inspiración bíblica presente en los tres documentos de la avanzada es aun más palpable en 'La Paciencia', de Antonio Espina, pues su protagonista es Eliú, hijo de Barachel, quien ante las quejas de Job defiende la justicia divina.[32] Sin embargo, no se percibe apenas parecido directo con el personaje bíblico. Más que nada, el personaje bíblico, cuya biografía ilustra la relación problemática entre el individuo y la sociedad, parece tener un valor meramente funcional dentro de este 'cuento oriental' de regusto simbolista.

Al trasladarse del bosque a la ciudad, el joven Eliú entra en contacto con la jerarquía social y las leyes que la rigen. Aprende que su destino es trabajar para ganarse la vida, pues el dinero manda hasta en las relaciones sentimentales. Al cabo de amargas experiencias y viendo los sufrimientos de sus compañeros, Eliú decide 'redimirlos y redimirse' (p. 186). '[A]póstol de los oprimidos' (p. 187), moviliza el odio del pueblo en nombre de la justicia y de la fraternidad y logra así una 'carrera triunfal de conductor de multitudes' (p. 187). Sin embargo, la insurrección es aplastada y Eliú termina en la cárcel. Al salir de la prisión, su espíritu ha cambiado y adopta el oportunismo, la hipocresía y la desconfianza como nuevas 'normas de conducta' (p. 188). Al precio de esta decadencia moral alcanza el poder económico y político, acumula una fortuna de millonario y, finalmente, 'lleg[a] a ser el árbitro y señor de la ciudad' (p. 191). Sin embargo, su estancia en la cúspide

---

32   Libro de Job, 32-7.

del éxito termina bruscamente cuando llega otro joven revolucionario que derriba al tirano. La historia se repite, impulsada por una interminable sucesión de revoluciones:

> Revolución que tenía por objeto, como todas las revoluciones, derribar a un amo y fabricar otro. Porque mientras haya un esclavo, habrá un amo. Y mientras haya dos hombres habrá un esclavo. El amo lo será el otro hombre. (Cosa verdaderamente triste e insubsanable, que no suelen tener en cuenta los tratadistas de Derecho.) Lo cual es lástima. Pero da la casualidad de que no puede ser de otra manera. (pp. 192-93)

Esta visión pesimista queda subrayada por la estructura cíclica del cuento. Eliú huye de la ciudad y regresa al bosque; en el camino da con su antiguo y joven yo, igual que, al principio, el mancebo había encontrado al anciano. De modo casi borgiano, un camino sin fin lleva a Eliú al encuentro consigo mismo:

> He aquí que todo ello ocurrió porque de súbito 'se encontró a sí y se miró en sí como realmente era y miró su senda' –que daba la vuelta al globo y carecía de fin y de principio– 'y conoció su naturaleza cierta'. (p. 194)[33]

El último texto de Benjamín Jarnés sobre 'La Diligencia' constituye una magistral reflexión sobre la relación entre el hombre y el tiempo. El hecho banal de un breve viaje a Madrid da motivo para un complejo ensayo de crítica cultural de índole moralista. Adolfo va a Madrid en autobús; a su lado se sienta Lola con la que traba conversación durante el trayecto. Diez años antes, en otro viaje a Madrid, aquella vez en diligencia, Adolfo había conocido a la que hoy es su mujer, Matilde. Entre la diligencia de entonces y el autobús de hoy media una enorme distancia antropológica y cultural. La medida de la vida –el tiempo de viajar, de hablarse, conocerse y enamorarse– era otra:

> ¡Oh, viajes patéticos! Erais símbolo del gran viaje de nuestra vida. ¿Cómo podrá ahora este precipitado viaje, de ímpetu nutrido no por jadeos animales, sino por la fría industria, ser símbolo de nada vivo? Le han quebrantado su ritmo, el lento ritmo en que maduran las mujeres, los amores y las manzanas. (pp. 225-26)

---

33 Desgraciadamente no he logrado identificar esta cita que podría encontrarse en la Biblia, en los apócrifos o en Nietzsche.

Mientras que Lolita, soñando con ir en avión,[34] vive a un 'compás acelerado', Adolfo dispone de un 'ritmo conservador' (p. 236). Durante el trayecto, los dos entran en una 'lucha de conceptos' en la que su mismo lenguaje denota ya la radical diferencia de su concepción temporal y existencial:

> Esta jovenzuela, vestida a medias de muchacho, habla del tiempo en un dialecto profesional desconocido, fraguado seguramente con retales de otros idiomas... Pronuncia la palabra ritmo, quizá extraída de la música. La palabra medida, del comercio. La palabra ondulación, de alguna peluquería. La palabra infinito, de algún devocionario. Ecuación y número, del álgebra. Reacción, de la política... ¿Cómo pueden hablar del tiempo en esta jerga laberíntica? (pp. 237-38)

Adolfo y Lolita nunca podrán ser amantes, ya que 'no coinciden [sus] medidas del tiempo': si para él, el tiempo del amor es siempre *lento*, Lola prefiere el *allegro* (p. 241). Sin embargo, Adolfo no sabe resistirse a una aventura, y Lola, entregada a las diversiones de la capital, le hace esperar hasta que él se deja invadir por una pereza (p. 245) y un tedio (p. 246) casi suicidas:

> Estos divanes rebosan de hombres que se dejan roer por unos antiguos bichejos a veces de ilustre nombre: la horaciana paz, el sosiego interior, el éxtasis... Son la fauna incoherente que medra en los huertos de la mística.
> Todas las formas de inhibirse. Es la vida en pasiva. (pp. 246-47)

Cuando por fin vuelve, Lola le 'rapta' en un coche veloz, cuya carrera es interrumpida por un atropello. Gracias a él, la 'vida diligente de Adolfo', a punto de hundirse, 'recupera su compás' (p. 257). Poco antes del accidente salvador, leyendo las páginas 'lentas' del periódico y recordando *Las Moradas*, Adolfo había llegado a la siguiente conclusión:

> El movimiento es vida.
> La velocidad es movimiento. Como la inacción es muerte.
> Luego la velocidad es la gran vida. Luego ir a ciento veinte es la vida máxima...
> No, no. Una carrera de automóviles, ¿puede ser la máxima expresión de la vida? ¡No! Vida es la savia. La lentísima savia. La diligente savia. [...]
> Diligencia es vida. Velocidad es muerte. (pp. 252-53)

---

34 Los respectivos párrafos (229, 231-32) recuerdan al capítulo 'Cuadrangulación de Castilla' de *Julepe de menta*, de Ernesto Giménez Caballero (Madrid, Cuadernos Literarios, 1929).

La Gaceta Literaria acoge *Las siete virtudes* con entusiasmo: 'Gran libro de grupo. Gran virtud la del libro entre siete, repartiéndose la virtualidad única de crear una absoluta perfección literaria'.[35]

En vez de 'libro de grupo' podría hablarse de un libro generacional. Una nueva generación se pone en marcha con referencias ideológicas que se extienden desde la Biblia hasta Nietzsche,[36] pasando por Marx. Caben muchas posiciones filosóficas, pero lo que ya no es posible es la indiferencia, la frivolidad vanguardista. La avanzada, como se pone de manifiesto en *Las siete virtudes*, se une a la causa de los oprimidos. A pesar de ello, cabe destacar la fuerte inspiración cristiana y una aplastante atmósfera de resignación en vez del optimismo que podría esperarse en el primer año de la República.

Los vicios y las virtudes, a pesar de lo problemático de los conceptos, que incluso tienden a confundirse, constituyen una cuestión moral que plantea la relación entre razón y animalidad. A través de la confrontación se define lo humano, por parte de los franceses, en un plano más bien metafísico y abstracto; los españoles, por su lado, lo contemplan desde un plano social y más particular, inscribiéndose así en una etapa más desarrollada de la literatura.

Para encontrar indicios de un verdadero diálogo literario entre los autores franceses y españoles más allá de la recepción aquí descrita, habría que buscar de manera sistemática en la correspondencia, los diarios y apuntes de los escritores así como en los documentos de las respectivas editoriales. Pero incluso así puede afirmarse ya, dentro de un horizonte de literatura comparada, que la cuestión moral de los vicios y virtudes constituye un eje del viraje radical hacia lo humano y lo social. Otra prueba de la actualidad del tema es la ópera *Los siete pecados mortales* que, a petición de los Vizcondes de Noailles (amigos, entre otros intelectuales, de Jean Giraudoux), escribieron Kurt Weill y Bert Brecht en 1933. Pero esto ya es otra historia que requeriría más espacio.

---

35 *La Gaceta Literaria*, 109, 1 de julio de 1931, III, p. 196.
36 También Jarnés escoge como lema para 'La Diligencia' una cita de Nietzsche: 'La pereza es madre de toda psicología. ¿Cómo? Entonces la psicología ¿es un...vicio?' (p. 217).

Jordi Gracia

La conciencia astillada del escritor Mario Verdaguer

> La lectura de [*El Marido, la mujer y la sombra*] no obtiene un éxito inmediato de *fascinación*. Obtiene, a cambio, el otro éxito, más envidiable, el de *meditación*. Y nunca, por fortuna, escuchará el ruidoso, el turbio aplauso. Mario Verdaguer renunció aquí a muchas cosas (Benjamín Jarnés, 1927.)
>
> ¡Ay, cuánto me cuesta mi ironía! (Mario Verdaguer, 1950-55)

La novela de vanguardia sigue proponiendo preguntas muy estimulantes vista desde la historia literaria, y un poco más allá de la evidente voluntad de ruptura estética frágilmente cuajada en los años veinte y los primeros treinta. Mario Verdaguer, en particular, pide una cala reflexiva sobre las condiciones específicas de concepción del vanguardismo literario y seguramente también sobre la conciencia de escritor profesional que late detrás de algunos otros autores contemporáneos, empeñados en una semejante aventura literaria y sujetos a condiciones de trabajo equiparables. La contaminación biografista del planteamiento está confesada desde ahora mismo, y también adelanto la convicción de base de este ensayo: la narrativa de vanguardia de Mario Verdaguer reflexiona sobre los mecanismos de la autopsia literaria y los problemas del oficio, pero es también una disfrazada confesión literaria de escritor extremadamente pudoroso con respecto a sus intenciones literarias o su modo de concebir la literatura. Sus temas centrales nacen de la observación literaria y la exploración íntima en el oficio: la imagen a ratos sarcástica y cínica, y a ratos patética, del escritor como personaje se combina con otra piadosa e indulgente porque en ambas se reconoce la conciencia literariamente exigente y humanamente retraída de Mario Verdaguer: una conciencia astillada.

Las estrategias modernistas del relato –y empleo el adjetivo de acuerdo con Domingo Ródenas y *Los espejos del novelista*–[1] son los me-

---

1   Domingo Ródenas, *Los espejos del novelista. Modernismo y autorreferencialidad en la novela vanguardista española,* Barcelona, Península, 1998.

jores cauces de expresión de la indeterminación del lugar social y cultural, pero también literario y estético del nuevo escritor. Los escritores vanguardistas se plantean así problemas de índole sociológica, de identidad profesional al mismo tiempo que su obra está desquiciando los moldes narrativos clásicos desde su propio lugar secreto: la concepción misma de la fábula en el caso de *El marido, la mujer y la sombra* (1927) y desde la inoperancia estética y la autodestrucción vital del protagonista de *Un intelectual y su carcoma* (1934).

La novela de vanguardia es un privilegiado lugar de comprobación de las tensiones que ha de vivir el escritor en busca de un nuevo público. Se muestra reticente a las formas del mercado pero depende de él, desconfía de su propia búsqueda pero vive empujado hacia ella por motivos estéticos. El caso particular de Mario Verdaguer reúne numerosos factores extraliterarios –culturales, profesionales– que hacen reflexionar sobre el alcance de uno de sus temas esenciales: el conflicto del escritor con su sociedad y consigo mismo como tal escritor en el doble plano de la vida y del arte.

Es verdad que hay un riesgo nada pequeño cuando se navega entre el arte y la vida como me propongo hacer aquí. La reflexión sobre el escritor y la literatura, derivada de la misma obra literaria, no admite una aplicación mecánica a la persona de Verdaguer como escritor, pero sí ha de identificar los asuntos mayores a los que ha de enfrentarse cierto tipo de escritor, muy frecuente en la España de preguerra. Son quienes parten de una resignada conciencia sobre la venalidad de su pluma para empresas mercantiles –literatura sentimental, novela de quiosco, periodismo, articulismo– y la búsqueda más exigente de un nuevo público y una nueva estética. Como escribió Benjamín Jarnés a propósito de *El marido, la mujer y la sombra*: 'El camino nuevo es más duro, pero más fértil: un camino hacia dentro, un camino para descubrir lo que mejor sabemos, es decir, lo que nunca aprendimos'.[2]

La relativa notoriedad de estos escritores –publicistas, periodistas, colaboradores de las numerosas colecciones de novela corta, etc.– deriva tras la guerra hacia la nada o el silencio de la crítica (hasta el fundamental libro de Eugenio de Nora, de 1962, en torno a *La novela española contemporánea*). Les aguarda un lugar de incertidumbre, el de una literatura avanzada

---

2   Benjamín Jarnés, *Revista de Occidente*, XVI, abril de 1927, p. 223.

que no supo cuajar en obras de muy alto valor literario ni atrapó tampoco –o no tuvo el tiempo de cara para atrapar– un público estable y fiel. Son quienes exploraron una novela de vanguardia que alterase los parámetros convencionales, al mismo tiempo que buscaban también un estatuto profesional que permitiese mantener la vigencia de un desafío estético operativo y no meramente endogámico, de circuito cerrado: el que pudiese garantizar un cierto modo de supervivencia sin la sumisión a los intereses empresariales, como pudo significar entre 1928 y 1932 una empresa editorial como la CIAP –que *asalariaba* a los escritores de la casa: esa fue también una de las vías de la profesionalización.

Pero por detrás de todo y como lugar central está la indefensión del hombre para consigo mismo; está el argumento central que llevaría a Verdaguer a abandonar –y a confesar literariamente el abandono de– la literatura de vanguardia como exploración: las pulsiones socialmente destructivas que detecta en la ambición literaria –materia de sus dos mejores novelas– destinan al escritor en última instancia a la resignación. El veneno, la carcoma, la ambición orgullosa del arte pueden ser materiales literarios, pero la invasión de la esfera de la vida, o la contaminación de la vida por esa ley moral del artista convierten al escritor en el ser antisocial y despreciable, perturbador e inestable, agresivo, infeliz o degradado que describe Verdaguer en *El marido, su mujer y la sombra* y en *Un intelectual y su carcoma*. El talante de la literatura de Verdaguer y su sustrato más hondo está en la lealtad moral a la raíz cristiana y la humildad (vagamente rencorosa) como principio y ley irreparable: anular la orgullosa fiebre del arte en favor de una vida apacible.

Los oficios de un novelista

Mario Verdaguer tuvo una muy intensa actividad literaria entre 1927 y 1935, tras estabilizar su posición en *La Vanguardia* como redactor y articulista internacional desde los años de la Gran Guerra. Como ha querido subrayar López Antuñano, las referencias que se dan del editor al que se dirige el novelsita de *El marido, la mujer y la sombra* coinciden con exactitud con quien era el fundador de la Editorial Lux, Joan Balagué, que será el editor de esa misma novela y de los relatos titulados *Tres pipas*. Mario

Verdaguer, por lo que cabe deducir del epistolario, ejerció de director literario desde 1927, a pesar de que el grueso de los libros de Lux fuesen literatura sentimental, novela rosa, o blanca, como la que define a Juan Aguilar Catena, además de libros prácticos sobre cocina, una *Guía de la salud* o *El ABC* del propietario. Su colección 'La novela mensual' se anunciaba como 'muy recomendable por su moral y amena lectura' y la imagen de la persuasión era una joven lectora, sentada con indolencia en una butaca y custodiada por un difuso y modestísimo mueble biblioteca. Ni es azarosa la amplia y precisa reflexión que encaja Verdaguer sobre esta literatura en *El marido, la mujer y la sombra* ni es improvisada tampoco la semblanza que dedica a Juan Aguilar Catena en *Medio siglo de vida íntima barcelonesa*: 'el iniciador del género llamado "novela rosa"', además de secretario del Ministerio de Hacienda durante veinticinco años (pp. 257-58). La difusión popular de la colección animó, incluso, a Gómez de la Serna a ofrecer la reedición de *Gran Hotel*, que fue aceptada.

Al año siguiente, 1928, intentó colaborar en *El Sol* como crítico de literatura catalana,[3] pero será en *La Vanguardia* y bajo la dirección de Agustí Calvet, *Gaziel*, donde ejercerá desde ese mismo año la crítica, aunque antes y después trabajaría también como periodista y articulista de urgencia en las aguas depresivas de un oficio que vive en plena fase de profesionalización, todavía muy precaria.[4] Desestimó la invitación de Benjamín Jarnés y Fernando Vela a escribir en *Revista de Occidente*, pero estuvo en un tris de publicar en 1927 su novela corta *Eva fuera del paraíso*, algo provocativa al decir de García Mercadal, que la aceptó para 'La Novela Mundial', según el epistolario del Archivo Mario Verdaguer.

Pero debió atacar al autor parecida indolencia a la que confiesa en relación con el teatro y no llegó a aumentar el original en unas pocas páginas, como se le pedía. Y tampoco llegó nunca a mandar a Rivas Cherif la obra teatral *El espejo curvo*, pese al interés que despertó el éxito privado

---

3 Carta de Gómez de Baquero, Andrenio, de 26 de diciembre de 1928, en la que le explica que la representación catalana de *El Sol* está cubierta con varios colaboradores, entre ellos, el poeta Josep Carner (Archivo Mario Verdaguer de la Biblioteca de Catalunya).

4 La lentísima profesionalización del periodista contemporáneo la cuenta Josep Maria Huertas Claveria en *Periodisme*, Barcelona, Col.legi de periodistes de Catalunya, 1998.

de *El sonido 13*, representada en el teatro íntimo Fantasio de Madrid.[5] Por las mismas fechas acertó, más que notablemente, como traductor de algunas pocas obras esenciales del tiempo, o muy significativas, como *Tempestades de acero* de Ernest Jünger en 1930, *Gog* de Papini en 1932, *Momentos estelares de la humanidad* de Stefan Zweig en 1933 o, y sobre todo, *La montaña mágica* de Thomas Mann en 1934, en la que puso particular empeño pese a las explicables reticencias comerciales de su editor, nieto del inventor Monturiol y fundador de Editorial Apolo, donde se publicó por primera vez.

La guerra civil lo condena al silencio profesional, tras ser depurado de *La Vanguardia*[6] y sufrir siete meses de cárcel sin haber conocido los cargos. Se instala en Palma de Mallorca desde 1940 y al año siguiente se emplea como abogado en una compañía de seguros de la isla hasta su jubilación en 1958. Pese al parkinsonismo que padece desde 1945, dedica gran parte de su tiempo a la redacción de libros y novelas que están tan lejos de la aventura literaria vanguardista como de los nuevos circuitos literarios del franquismo. La revista *Bitzoc* de Palma de Mallorca editó hace unos años, en 1992, un tomo que reunía una mínima parte de esa obra inédita. En *Maravilloso laberinto* se publican los relatos del autor, algunos espléndidos, como el titulado 'El día trece', más un conjunto de notas personales que son un breve pero valioso dietario, *Mirador*, escrito entre 1950 y 1955.

Es la etapa en que Verdaguer vive un confesado regreso al orden de la memoria personal, la vivencia biográfica como fuente de libros que están entre la crónica periodística, la historia local y el memorialismo: son los episodios que reúne en *La ciudad desvanecida*, de 1953, en torno a la Mallorca de su adolescencia y algunos de sus personajes –Rubén Darío o Joan Sureda- o la Barcelona cultural de su juventud retratada en *Medio siglo de vida íntima barcelonesa*, de 1957. Publica algunos relatos en el semanario *Revista* mientras Destino rechaza su colaboración estable pese a que ahí escriben contertulios de otro tiempo –en el *Ateneíllo* de Barradas,

---

5 Sobre el particular se extiende reveladoramente Mario Verdaguer en la *Síntesis autobiográfica* que reprodujo J. de Entrambasaguas en el tomo que incluye *Un intelectual y su carcoma* en *Las mejores novelas contemporáneas*, Barcelona, Planeta, 1968, VIII, pp. 1258-264.

6 Jaume Fabre, *Periodistas uniformats. Diaris barcelonins dels anys 40: la represa i la repressió*, Barcelona, Col.legi de Periodistes, 1996, p. 80.

por ejemplo– como Sebatián Gasch, que sí será el autor de la necrológica para la revista barcelonesa en 1963.

Los ingredientes de esta biografía profesional piden la revisión del inestable episodio histórico que fue la novela de vanguardia. Un involuntario testimonio de esa situación lo suministra un dato que he reservado para el final. Del hilo de la biografía profesional de Mario Verdaguer se llega a una publicación surgida de la misma editorial Lux: aludo a los diez números de una rara y muy desconocida revista de letras y variedades, que dirigió Verdaguer en 1927, *Mundo ibérico*. El secretario de esta revista quincenal fue Enrique de Leguina, y quiso ser desde el 1 de junio de 1927 una revista ilustrada, con espacio para los reportajes culturales y amplias ilustraciones fotográficas, además de un tratamiento de tono periodístico que combinaba con la colaboración propiamente literaria. Las portadas fueron casi siempre obra de Enrique de Ochoa, de colores muy vivos y líneas convencionales –lejos de portada de aires cubistas como la que el propio Verdaguer preparó para *La Isla de oro*–[7] e incluía una amplia sección de deportes, otra de recetas de cocina y una sección de pasatiempos.

A través del epistolario de Verdaguer pueden seguirse los avatares de la publicación y, en parte, de la misma editorial Lux. Gómez de la Serna mandó varias colaboraciones, ilustradas todas ellas por Almada Negreiros –aunque los dos tuvieron numerosas dificultades para cobrar–; Cansinos-Asséns publica algunos ensayos y Andrenio o López-Picó colaboran en el Extraordinario dedicado al día de la Raza, el 12 de octubre de 1927. Una minuciosa carta de Benjamín Jarnés expone en pormenor sus condiciones económicas –que no debieron conducir más que a una sola colaboración del autor aragonés– y escriben en más de una ocasión críticos y ensayistas como Melchor Fernández Almagro, José María Salaverría o José Francés, aparte de personajes muy próximos al propio Verdaguer como Juan Gutiérrez Gili, Lorenzo Riber, Cristóbal de Castro o María Luz Morales. Otros editores o responsables de colecciones literarias, como García Mercadal, o colaboradores de la prensa madrileña, como Ciges Aparicio de *El Liberal*, Gabriel García Maroto o el fundador de otra revista del 1927 y algo más afortunada, Giménez Caballero, escriben en las páginas de la revista. Gecé había reseñado con muy poca simpatía *El marido, la mujer y la sombra* y quizá por eso su única colaboración no quiso detectar la escasa simpatía

---

[7] Mario Verdaguer, *La isla de oro*, Mallorca/Menorca, Ediciones Cort/ Nura, 1985.

estética de ambas revistas. *Mundo ibérico* daba la bienvenida a *La Gaceta literaria* en un texto firmado por las iniciales del secretario que hoy se antoja premonitorio pero también vagamente patético:

> Ya se ha convertido la flexible Gaceta en símbolo de las cuatro estaciones literarias. En ella caben el vagido y el pelo cano, la pluma estival y la melancolía. Y el recipiente, la caldera, han sido fabricadas por Giménez Caballero. [...] Sin fascismos de ninguna especie: ¡Salve![8]

¿Hay algo en esa aventura fugaz que exprese las condiciones adversas que encuentra el escritor en busca de su profesionalización como novelista, o escritor de exigencia literaria? Los numerosos y felices indicios de recuperación historiográfica de la novela de vanguardia[9] deben orientarse también hacia la explicación histórica y literaria de esa brevedad, de su aparente inconsistencia histórica, o de su volatilidad como corriente literaria e impulso creativo colectivo. El destino literario que esperó a muchos de los nuevos narradores confirmó su misma situación de inestabilidad e inconcreción, de búsqueda fallida o demasiado temprana. A la guerra se sumaron las calamidades de una posguerra muy amarga para quienes habían tenido alguna proyección pública en la búsqueda de una novela de vanguardia. Jarnés enferma temprano y ya nunca volvería a escribir una obra literaria comparable a la anterior; Antonio Espina malvive con libros de encargo o biografías periodísticas y su regreso a España a mediados de los cincuenta no sirve para reanudar la literatura de creación hasta su muerte en 1972; Fernando Vela destina su tiempo a las columnas periodísticas del diario España, de Tánger, y apenas publica algún conjunto de ensayos; Rosa Chacel acentúa sus múltiples amarguras y se sume en una soledad poblada de rencores e insatisfacciones personales, y a algún otro autor, como Antonio Marichalar, se le pierde prácticamente la pista desde el final de *Escorial* y hasta su muerte veintitantos años después, en 1973.

Tiene razón Domingo Ródenas cuando asegura que *Un intelectual y su carcoma* 'funciona como una referencia reflexiva al sistema de la litera-

---

8   *Mundo ibérico*, Extr. n° 8, 12 de octubre de 1927, p. 24.
9   No es poco lo que puede citarse a este propósito, desde los más recientes e importantes trabajos de Domingo Ródenas o José M. del Pino, hasta las relativamente numerosas reediciones de narradores como Jarnés, Pedro Salinas, Antonio Espina, Juan Chabás o Carranque de Ríos, antologías, estudios colectivos o monografías parciales, que no es este el lugar de citar en pormenor.

tura al que pertenece'.[10] Es esa intuición la que obliga a usar una red que capture motivaciones heterogéneas, muy diversas, y de no fácil articulación en una interpretación sintética. Pero me gustaría detenerme en el doble juego de contradicciones que comparecen en la trayectoria del escritor tanto en su dimensión personal como literaria. Según la literatura de Verdaguer, ¿cuál es el nuevo lugar social y cultural del escritor, qué compromete la dedicación a la literatura, en qué condiciones se escribe, qué público busca el escritor, a qué precio o quiénes son los mayores enemigos de esa exploración (sin excluir al propio novelista)?

La condición esencialmente individualista e insolidaria del escritor es uno de los temas de fondo de Mario Verdaguer, pero en *Un intelectual y su carcoma* se alía con otro que es probablemente anterior en el ámbito de sus preocupaciones: el de la identidad misma de la persona, el de la dificultad de establecer el quién es cada cual, el mismo problema que ha de adueñarse en los mismos años de Fernando Pessoa o Miguel de Unamuno, el gran tema del siglo XX: la conciencia astillada, fragmentada, insegura de sí misma, incapaz de reconciliar en una lógica única sus estímulos e impulsos, sus contradicciones y sus *multitudes interiores*, en expresión pessoana.

La alianza de los dos temas en la narrativa de Verdaguer le hace llamativamente actual pero también decididamente marginal con respecto al público y su sociedad: no se trata sólo de la indagación sobre la personalidad misma, sino la personalidad del escritor cuya voluntad literaria es acercarse a esa misma identidad rota.

Cuando Verdaguer reflexiona sobre la específica naturaleza del oficio del novelista utiliza también ese oficio como pretexto de reflexión sobre un estrato más hondo de la condición humana: el lugar en que pugnan la ambición del ideal de la propia vida y la conciencia lúcida y decapitada de los propios límites. El fundamento cristiano de Verdaguer, la moral de la resignación, un acentuado sentido de la prudencia cautelar tanto como del

---

10   Remito al excelente análisis de las estrategias narrativas de Mario Verdaguer en el capítulo inédito que le dedica en su tesis doctoral, *Metaficción y autorreferencialidad en la novela vanguardista española*, Barcelona, Universitat de Barcelona, 1997, p. 934, cuya consulta agradezco al autor, además de la provisión de alguna bibliografía verdagueriana. La mejor monografía sobre el autor es la de José Gabriel López Antuñano, *Mario Verdaguer, un escritor proteico*, Madrid, Pliegos, 1994. Véase también el libro de Rafael Fuentes Molla, *La novela vanguardista de Mario Verdaguer*, Barcelona, Biblioteca de Catalunya, 1985.

ridículo, y el cinismo de fondo aprendido en el periodismo, son ingredientes que –como trataré de mostrar– alimentan una respuesta conservadora y cauta a la aventura literaria: la obstinación indagadora y creativa –la carcoma– es material inflamable cuando invade la vida del escritor. Es tanto su condición necesaria como una fatalidad dañina (e insoluble).

En el fondo, sus dos mejores novelas son la confesión de una deserción o una parálisis, la instalación irónica y displicente –el adjetivo, en seguida se verá, es de Joan Puig i Ferreter– en la decepción, la renuncia o la resignación. La ambición literaria es metabolizada por el escritor burgués y cínico, que asume su recelo o su miedo a seguir el camino que espera a sus propios protagonistas hacia la autodestrucción, la destrucción ajena y la degradación moral: es una lección de vida. Tiendo a leer invariable –y, quizá, empecinadamente– *Un intelectual y su carcoma* como disfrazada y distante confesión de retraimiento, de temor a repetir la figura mítica de Ícaro: Verdaguer repliega las alas antes que la vocación –esa absurda propensión a la filosofía y a la literatura que tantas veces recuerda Verdaguer, su carcoma– las carbonice en su propia vida real. Verdaguer explica con esa novela su decisión de detener la vida de la literatura justo donde el vértigo amenaza la estabilidad y el sosiego; abandonar la brega literaria como oficio en el momento en que se hace enfermedad, allí donde sus personajes novelistas incuban el rencor contra la mediocridad ajena y la suya propia, y aunque eso signifique, o precisamente porque significa, abandonar la pulsión más auténtica, aquella que regresa una y otra vez al ánimo del escritor. Es otra vez la metáfora de la carcoma, del insecto que creemos controlar y sin embargo escapa a nuestra aptitud de control racional porque está más allá de ella, forma parte irreparablemente de ella y es una condena ambivalente. Esa paradoja acuciante la explica Zaleukos en *La isla de oro*, en un 'arranque de filosofía' (p. 59). El personaje tiene poderosa ascendencia moral sobre el muchacho protagonista. El hombre compara los movimientos elípticos y cautos del cangrejo con las pasiones humanas y la dificultad de dominarlas:

> Así pasa siempre con las pasiones humanas. Ellas marchan oblicuamente por las sinuosidades profundas del alma hacia el agujero insondable de nuestro corazón. Ya tendremos tiempo de aniquilarlas, somos los dueños de nosotros mismos. Y la pequeña cosa, ridícula y coja, avanza, avanza. ¡Apresuraos, es preciso matarla! ¡Paf! Pero ella ha desaparecido en el agujero palpitante. ¿Conoces, acaso, un hombre capaz de hundir la mano en su corazón para sacar al cangrejo? Estará siempre allí, la

pequeña bestia espinosa, dueña de nuestra existencia, para siempre! El tiempo ha pasado, tu cangrejo está en el agujero y se ríe de ti! (p. 58)

La carcoma es el cangrejo del futuro y ambos son un lugar recurrente de la conciencia de Verdaguer: la persistencia de la ambición y la consideración victimizada del escritor.

El rencor del periodismo

En *Medio siglo de vida íntima barcelonesa*, Mario Verdaguer relata su llegada a *La Vanguardia* durante la Gran Guerra y volverá sobre el mismo episodio en el texto autobiográfico que le pidió Entrambasaguas para la edición de *Un intelectual y su carcoma* de 1961. Ingresa en el periódico cuando lo dirige Miguel de los Santos Oliver, y es en la sección de Extranjero donde encuentra a dos dramaturgos en activo, don Ramón Pomés y Joan Puig i Ferreter, a quien describe como un

> joven violento, que había estrenado La dama alegre en un teatro, resonante de entusiastas aplausos.
> Ambos traducían telegramas sentados a la misma mesa, con la desgana de dos forzados remando en la galera del periodismo.[11]

Han pasado muchos años y ni siquiera la nostalgia de la juventud ha cedido un adjetivo algo más caluroso sobre quien había de ser uno de los escritores más valiosos e importantes de la literatura catalana del siglo. Puig i Ferreter puede ser muchas cosas visto desde los años cincuenta, pero en absoluto sólo el escritor de una obrita menor de 1904. Puig i Ferreter, además, había hecho de Verdaguer un personaje literario sobre quien recae el peso de la mitad de una novela, *Servitud. Memòries d'un periodista* (1926), y hasta el mismo título. Después del propio autor, el único personaje que sale bien parado es justamente el más culto y leído, el más inteligente y sólido de los colaboradores de *La Vanguardia* del momento, el propio Verdaguer. Pero mientras Puig i Ferreter abandonaría muy tempra-

---

11 Mario Verdaguer, *Medio siglo de vida íntima barcelonesa*, Barcelona, Barna, 1957, p. 233.

no la redacción del periódico, Verdaguer 'navega entre dos aguas' –según expresión de la propia novela en boca del narrador– hasta la depuración de 1939.

Las líneas que Verdaguer le dedica en 1957 carecen de inocencia y tienen más intención de la aparente. Puig i Ferreter no es más violento que el novelista de Verdaguer en *Un intelectual y su carcoma*, y ambos escritores comparten además los mismos odios hacia la literatura popular y comercial y el mismo rencor hacia el periodismo como oficio degradante de subsistencia. Puig i Ferreter fue un escritor dominado por la vocación literaria –en su caso, en marcada clave autobiográfica–, desde *Vida interior d'un escriptor* (1928), pasando por *Camins de França* (1934) y hasta los doce tomos de *Un pelegrí apassionat*, escritos entre 1938 y 1952. El largo paréntesis literario que abre desde 1928 hasta *Camins de França* –sobre su peripecia en Francia, con lo puesto, y muy joven– estuvo ocupado además por una actividad política militante en Esquerra Republicana de Catalunya que hubo de llevarle hasta el Parlamento catalán. Y si uno fue el fundador y director literario de la más comprometida y moderna editorial catalana del momento, Edicions Proa, desde 1928, Mario Verdaguer fue quien anduvo detrás de una editorial de talante bien dispar, especializada, lo he citado ya, en 'literatura moral y amena'.

Los temas de ambos escritores en esos momentos, los años veinte, son los mismos pero las soluciones estéticas difieren sensiblemente tanto en el tratamiento literario como en el destino que espera a los respectivos escritores de ficción, los protagonistas de sus obras. Y al abandono de la novela como género de Verdaguer se opone la continuidad tenaz de Puig i Ferreter. El escritor de talante romántico y vitalista, compulsivo e incansable se halla en el polo opuesto de la aristocratizante e irónica distancia de las cosas que Mario Verdaguer adopta como estrategia de supervivencia, equilibrio interior y sello literario.

Sin entrar en las implicaciones más interesantes de este paralelismo – que son las condiciones de desarrollo de una cultura catalana con dos lenguas literarias, español y catalán–, sí cabe apuntar los intereses que comparten, empezando por la condición social del escritor como tema literario. *Vida interior d'un escriptor* reúne en 1928 los motivos centrales que han de ocupar simultáneamente también a Verdaguer en sus novelas vanguardistas. Puig i Ferreter disecciona conflictos semejantes cuando aborda la precariedad social y profesional del escritor y la misma depresiva lucidez sobre las condiciones de una profesión subsidiaria, que es el periodismo, o la literatura de encargo e industrial. El drama del escritor de Vida interior es la subsistencia como límite de la capacidad de crear una obra bella y la invencible repugnancia al sacrificio familiar –doméstico, privado– que comporta la irrenunciable voluntad de hacer la propia obra. El escritor de Puig i Ferreter vive carcomido también por la ambición de la creación hasta que –provisionalmente– claudica: 'no vull ésser més el cavaller del ideal'.[12]

Verdaguer podría suscribir la misma idea del escritor que protagoniza *Vida interior d'un escritor*: 'Jo sóc matèria de drames i novel.les, sóc un cas, un assumpte que podria temptar un creador'.[13] Y tanto si existe o no relación directa entre un escritor y otro, el asunto central que interesa a Mario Verdaguer es justamente la vida interior y torturada de un escritor sin editor y sin público, pero con muchas urgencias vitales y económicas, y un sentido de la culpa muy correoso. Lo que llama la atención es la coincidencia de situaciones imaginarias, en las respectivas novelas, inspiradas en la experiencia biográfica de los dos escritores. Porque las dos novelas de Verdaguer, por un lado, y *Vida interior d'un escritor*, por el otro, aducen materiales narrativos similares y un mismo conflicto moral: el acecho de la violencia y el desequilibrio mental del escritor, la contradicción como ley y la inseguridad como raíz de la irascibilidad, la rebeldía exasperada ante la tentación de ceder la exigencia literaria a cambio de la paz familiar, o de un sueldo más digno o de una vida más ordenada y menos imprevisible. El papel de evasión que cumple la vida y el erotismo en particular –Katia, Sofía– en los imaginarios vitales de los dos escritores de ficción es muy semejante también. Pero el argumento quizás más poderoso en ambos tiene que ver con la conciencia de la indignidad de la escritura adulterada o envilecida por la prisa y la necesidad.

Significativamente, la personalidad literaria de Verdaguer es muy opaca y reservada. La misma cautela prudente que sus contemporáneos le asignan comparece en sus textos literarios, incluidos los de carácter autobiográfico, donde apenas se ocupa de sí mismo. Sin embargo, me atrevo a presumir que es penetrante y lúcido el retrato que traza Puig i Ferreter de la personalidad de Verdaguer en *Servitud.Memòries d'un periodista*. El resentimiento contra el periodismo, el rencor hacia el propio servilismo, la conciencia dolida por la sumisión y la aceptación del mal menor o el em-

---

12   Joan Puig i Ferreter, *Vida interor d'un escriptor*, Barcelona, Selecta, 1973, p. 193.
13   *Ibid.*, p. 197.

pobrecimiento de la prosa –la adaptación a las circunstancias vivida íntimamente como traición o deslealtad al ideal–, están vistos por Puig i Ferreter como rasgos de Verdaguer que son consustanciales también al protagonista de *Un intelectual y su carcoma* y prefiguran su mismo tema central:

> La nostra *Servitud* és la més revoltant. [...] No puc suportar sense rancúnia, tristesa i amargor, la *Servitud* de l'ànima i la intel.ligència. Per això els intel.lectuals pobres son una gent tan agre, dolenta, miserable i sense alegria.[14]

El conflicto más hondo de la novela de Verdaguer reside en esta lúcida descripción que Puig i Ferreter pone en boca de En Veguer, trasunto de Verdaguer. *Un intelectual y su carcoma* dramatiza el rencor de la humillación, de la impotencia y el pragmatismo rebajante, la decepción dolida y resentida ante uno mismo y lo que fueron sus aspiraciones. La novela habla de la entrega de armas de un escritor a quien le sobró cinismo o le faltó convicción literaria (o en quien las circunstancias históricas y profesionales sepultaron una vocación prematuramente desengañada, o en exceso indecisa y desconfiada: esa perplejidad insoluble fue su tema). Tanto *El marido, la mujer y la sombra* como *Un intelectual y su carcoma* son poderosas metáforas de la impotencia literaria del escritor y paradójicamente, logran trasmitir el desasosiego, la incertidumbre, la ambivalencia del deseo y la angustia ante el precio de la literatura como oficio. El espejo en el que se mira Verdaguer –y mira a muchos de los novelistas contemporáneos– es el de su narrador. Quizá por eso ese acto de lucidez se construye sobre el personaje que José-Carlos Mainer define entre el 'orgullo satánico' y el 'patético histrionismo', en uno de los escasos lugares que atienda a esta excelente novela.[15]

También se parecen mucho el autorretrato de madurez de Verdaguer y el retrato que aduce el mismo Puig i Ferreter poniéndolo en boca de un personaje de *Servitud. Memòries d'un periodista*. En ésta se describe a Verdaguer como displicente e inteligente, con una sólida cultura y un fuerte atractivo intelectual; sus comentarios son siempre venenosos, practica la vena satírica con reserva y habilidad, y constituye el mejor introductor del

---

14 Joan Puig i Ferreter, *Servitud. Memòries d'un periodista*, Barcelona, Nova Terra, 1973, p. 82.
15 José-Carlos Mainer, *La corona hecha trizas (1930-1960)*, Barcelona, PPU, 1989, p. 45.

personaje central de la novela en la sórdida mediocridad del periodismo barcelonés de la época: descreimiento, cinismo y disimulo. El rasgo sobre el que quiero llamar la atención es la falta de ambición y la indolencia que afectan a En Veguer, según palabras de uno de los personajes de *Servitud. Memòries d'un periodista*:

> és la peresa i el tant me'n fum en persona. Aquí està guanyant, fa deu anys, vint-i-cinc duros. Els seus pares li envien diners, perquè amb això sol no podria viure. Ell, per tal que en tingui per a comprar llibres i per a fumar, ja no ambiciona res més.[16]

En las páginas autobiográficas de 1962 Verdaguer esboza su autorretrato en términos similares:

> Se ha dicho de mí que soy un hombre abúlico, despistado, melancólico y pesimista. Seguramente tienen razón. [...] Me basta con la admiración incondicional de mi perro que me contempla con los ojos inmóviles tumbado en la alfombra. Me basta con la admiración de mi mujer y del resto de mi familia.
> Así el mundo me parece el mejor de los mundos, porque mi ambición abarca un mundo muy reducido.[17]

Esta mezcla de ironía cínica y sentimental, inofensiva, y de lucidez autocrítica, es la que exasperaba a Puig i Ferreter, la que sublevaba al escritor de talante vitalista y apasionado, impetuoso y a menudo iracundo. Pero ese diagnóstico es el que explica humanamente la significación literaria de sus dos mejores novelas, tanto en lo que pueden tener de proyecciones autobiográficas como en lo que tienen –y es complementario– de sarcasmo áspero contra el escritor que renuncia y transige (como entiendo que él mismo hizo o acabaría haciendo).

El terreno es muy resbaladizo: ¿cuánto hay ahí de confesión disfrazada de un escritor extremadamente pudoroso? ¿Quieren ser sus novelas nada más que la reflexión perpleja del escritor Verdaguer sobre el destino neurótico y autodestructivo, incontrolado e insocial, del escritor menor? ¿De qué lado hay que poner una confesión tan tardía como la que registra en Mirador, cuando se siente tentado a desobedecer la ley de la ironía y concederse una entrada de diario impúdica, consoladora y visceral, adolescente y verdadera?:

---

16   *Ibid.* p. 44.
17   Mario Verdaguer, 'Síntesis autobiográfica', p. 1253.

¡Ay cuánto me cuesta mi ironía!
Me sentiría feliz si fuese un tímido estudiante de Bachillerato. Entonces me sentaría en mi pupitre, y a hurtadillas, en una hoja arrancada al prosaico cuaderno de matemáticas, escribiría con el corazón palpitante e ingenuo, poseído de deliciosa timidez, esas frases inocentes y vulgares que siempre son las mismas, pero que tienen la transparencia cristalina de la sinceridad y que, dentro de su insignificancia pueril, guardan un humilde perfume de cosa eterna, de descubrimiento maravilloso, de emoción insospechada y de temerosa inquietud ante el nebuloso y delicioso misterio de la vida.[18]

La identidad rota de un escritor indolente

Lo paradójico y brillante del caso es que ese asunto central lo exponen dos buenas novelas de renovación técnica y estética, dos ejemplos paradigmáticos de la vocación por reinventar las estrategias narrativas para contar una identidad rota, una forma de la indecisión: seguir la vía de la literatura exigente pese a la humedad de la víscera que hallará, o renunciar a ella.

Entre los documentos personales del Archivo Mario Verdaguer hay un cuaderno fechado en 1920 y titulado *Meditaciones y arbitrariedades. Un filósofo en una plaza*. Las anotaciones son breves, de carácter narrativo a menudo, y algunas, o algunas de sus imágenes, las retomó Verdaguer para textos muy posteriores de signo autobiográfico. Más de una secuencia anticipa visiblemente los temas de sus dos novelas vanguardistas. El lector del cuaderno poco a poco va advirtiendo que las dos voces que hablan pertenecen a la misma persona. El yo narrativo y el personaje del filósofo, llamado el Indiferente, son la conciencia escindida del autor que dialoga consigo mismo y menosprecia al público y la edición literaria comercial ('El: ¿Cuántos tontos son necesarios para formar un público?// Yo: Con estas ideas no encontrarás editor') o expresa la ansiedad por la indefinición propia. En la página 29 del manuscrito se lee:

> De todos los hombres que he visto aquel que he visto con menos frecuencia soy yo mismo; así es que no tengo la pretensión de conocerme a fondo. A veces he llegado indudablemente a equivocarme y a tomarme por otro. Muchas veces ante una emo-

---

18 Mario Verdaguer, *Obra inédita, Bitzoc*, 14-15, noviembre de 1992, p. 223.

ción que experimento, ante un sentimiento que se me despierta, ante una idea que se me ocurre, me pregunto con extrañeza: Pero ¿este soy yo? Entonces creo más bien que soy el otro y comienzo por hacerme un lío.

En *Un intelectual y su carcoma* el protagonista vive la ansiedad de la disolución de la identidad, la contradicción y la desvergüenza de su misma desfachatez, de su comportamiento abyecto como desafío a la sociabilidad y su discurrir mental como rebeldía a toda norma excepto la de su propia neurosis de lealtad al instinto. El instinto, lo natural e irreprimible, constituye uno de los ejes de la pugna del personaje, ese 'mundo interior lleno de torturas' que es como el propio Verdaguer definió la novela en un documento recogido en su archivo personal. La descomposición interior del personaje se traduce en violencia exasperada e insolidaridad hostil.

El personaje encarna la vivencia mítica de la literatura, pero está tratado desde el cinismo sarcástico de quien mira y sonríe ante un animal incontrolado. Verdaguer sí controla la bestia que alienta en él mismo y por eso no incurre en la patología de su personaje, en esa exasperación moral enfermiza. En su personaje novelista no existe madurez ni verdad moral fuera de la insolidaria búsqueda de un ideal de verdad y una meta artística que hipoteca y anula todo lo demás: el orden moral, el orden familiar.

Ninguno de sus protagonistas es, obviamente, Mario Verdaguer mismo, pero sus dos personajes escritores sí parecen ser el espejo intimidatorio, la amenaza moral, la proyección vital que elabora Verdaguer sobre sí mismo y su condición de escritor. La renuncia a la novela de vanguardia, y el diagnóstico desconfiado y descreído sobre su viabilidad real, están en el sentido de *Un intelectual y su carcoma*. ¿No es así como se explica la repugnancia de Verdaguer a la 'perfecta ciencia del rencor' (p. 1307) que ha conquistado su personaje novelista y que amenaza, o rige ya, en el escritor que firma la novela? Verdaguer satiriza con ferocidad y con comprensión solidaria, en un doble movimiento complejo, a ese personaje que halla 'la confirmación más absoluta y más trágica de mi situación actual de genio incomprendido' (p. 1315), esa patética figura que prolonga una adolescencia capaz de reconocer –por prurito literario– 'el extraño placer que encontramos en la esencia de nuestra abyección y de nuestra tristeza' (p. 1307).

Cansinos Assens leyó *El marido, la mujer y la sombra*, fundamentalmente como un 'drama humano' disfrazado de 'sainete de fantoches'; de hecho, un triángulo amoroso que termina en un pacto estable entre cuatro:

La conciencia astillada del escritor Mario Verdaguer 171

los dos cónyuges y sus respectivos amantes. El escritor renuncia al ideal en favor de la vida porque ha decidido adaptarse y pactar.[19] Katia –como Catalina se llaman tantos otros personajes femeninos de Verdaguer– encarna la Aventura vital como contrapeso necesario de la cotidiana María, su mujer, mientras que la Sombra satisface el ansia de la mujer de vivir una novela blanca, una peripecia sentimental que está por encima del novelista que ha creado a la misma Sombra, y además no lo excluye tampoco. Los cónyuges han encontrado formas de nutrir la vida de la fantasía y la imaginación sin renunciar a la convivencia satisfecha y socialmente heterodoxa. Si la mujer había descubierto en su marido a un 'hombre entregado a su obra, a su vanidad, a su ideal, que no era ella, a un ideal que era todo de sombras',[20] la solución que inventa el novelista es hacerla vivir un episodio sentimental compatible con cualquier novela blanca (de las

---

19 El artículo que dedicó Cansinos a la novela en *La libertad* lo reprodujo en el cuarto tomo de *La nueva literatura*, Madrid, Ed. Páez, 1927, pp. 458-78 –la cita en la página 476– y subrayó entonces la ruptura violenta 'con la tradición que parecía crear su primer libro, *La isla de oro*' (p. 471). Verdaguer había escrito, para Cansinos, 'una de las pocas novelas que marcan la repercusión del arte moderno entre nosotros y rompen los viejos andamiajes de un género literario en crisis' (p. 478) –véase ahora en *Obra crítica*, Sevilla, Diputación de Sevilla, 1998, II, pp. 298-311. A ello aludieron algunos otros críticos o corresponsales de Verdaguer; así, José García Mercadal le escribe el 13 de abril de 1927 que 'no me parece cosa tan estimable como *La isla de oro* aunque sea mucho más moderna, pero yo soy poco afecto a esas novedades'. Ciges Aparicio escribió también al autor el 7 de abril de 1927 para elogiar 'la rapidez de estilo' y la 'agilidad' de la novela porque 'aquí no se practica el *tempo lento* que aconsejó el Sr. Ortega Gasset [sic]' y, en fin, el veterano crítico Gómez de Baquero, *Andrenio*, se sumó en carta de mayo de 1927 al juicio de talante conservador antes transcrito: 'es muy interesante como ejercicio literario, pero me parece que sigue usted en ella una falsa vía. En el pirandellismo hay mucho *bluff*, y quien como V. posee dotes intuitivas de verdadero artista, no debe detenerse en esos juegos'. Quizá las más inesperada de las reseñas detractoras fue la de un moderno integral como Giménez Caballero en las páginas de *La Gaceta literaria* del 1 de mayo de 1927, mientras la de Benjamín Jarnés, en *Revista de Occidente*, mayo de 1927, pp. 220-24, mostraba una evidente sintonía con una novela carente de fascinación pero que 'obtiene, a cambio, el otro éxito, más envidiable, el *de meditación*. Y nunca, por fortuna, escuchará el ruidoso, el turbio aplauso. Mario Verdaguer renunció aquí a muchas cosas. De él puede escribirse –como de otro joven novelista nos decía Díez-Canedo– 'que sabe muy bien todo lo que no debe ya escribirse' (p. 222). Las cartas citadas proceden todas del Archivo Mario Verdaguer de la Biblioteca de Catalunya.
20 Mario Verdaguer, *El marido, la mujer y la sombra*, Barcelona, Ed. Lux, 1927, p. 44.

que se nutre su imaginación erótica y emotiva). En todo caso, y pese a la placidez acomodaticia, la degradación es el resultado en ella, como lo es en él, capaz de renunciar al ideal literario a cambio del consuelo de la realidad sensual de una fuga erótica: '¡Había buscado demasiados personajes por el mundo de lo ideal y de la fantasía, y ahora aparecía de pronto todo aquello que soñara con una forma nueva y real!' (p. 142).

La traición complaciente al alto ideal de la creación literaria se subraya en las líneas finales de la novela, donde se sintetiza la adaptación al éxito popular y comercial del escritor, su confortable bigamia –Katia es la aventura y María la paz–, para terminar glosando así el asunto central de la novela, la creación literaria: 'La Sombra, que había condensado sus ideales más íntimos, ya no estaba allí, ya no le estorbaba con sus inquietudes y con su ir y venir incesante. Él había renunciado al ideal para gustar las realidades de la vida' (p. 197).

La Sombra, en la novela de 1934, se llamará carcoma. Pero esta vez la heterodoxia se manifiesta como aberración moral y psicopatológica. El protagonista de *Un intelectual y su carcoma* no encuentra ya ninguna forma de adaptación a la realidad contingente. Si el novelista de la primera obra ha creado un universo ficticio en el que las cosas funcionan –un matrimonio armonioso gracias a la ficción urdida por el propio escritor: conveniencias mutuas e ideales rebajados–, el novelista de *Un intelectual y su carcoma* no logra rehacer la vida tras el acecho de la carcoma. Por el contrario, la novela relata la lenta destrucción personal y familiar en que vive inmerso el intelectual, incapaz de controlar el impulso analítico e introspectivo, interrogativo e insatisfecho. También aquí la ficción, el ideal –el ansia de conocimiento, la voluntad de ser escritor libre– interviene en la vida cotidiana, en la existencia contingente, pero esta vez con evidencias narrativas de su influencia destructiva, su naturaleza dañina y desequilibrante de los precarios mecanismos de supervivencia humana. La renuncia del novelista a la vida es un acto suicida de generosidad humana, una suerte de sacrificio ritual, mágico y eminentemente metafórico: el problema se plantea en la primera novela y se resuelve con la desaparición del novelista en la segunda.

La desconcertante y poderosa superioridad del arte respecto de la vida alimenta el resentimiento contra la vida misma y explica una conciencia de exilio del lugar de los sueños, lugar impracticable en la biografía civil del escritor. La dramatización del otro gran tema de Verdaguer entra en la primera novela con la asimetría entre creador y creación, la idea subterránea sobre la puerilidad de esperar o aspirar a la realización de ningún alto ideal en la realidad y la convicción de que el refugio para toda forma de ideal es la literatura, el arte o la música, nunca la realidad física y contingente. En la realidad, la única actitud razonable y práctica es el cinismo, la displicencia, la pasividad y la ironía: 'el ideal vale para poca cosa –[ya que] la realidad nos envuelve y nos consume' (*El marido, la mujer y la sombra*, p. 79).

En la primera novela el personaje novelista pacta con la realidad; en la siguiente novela rechaza la viabilidad de ninguna solución real porque la naturaleza roedora y autodestructiva, frustrante y dañina de la carcoma del escritor, es superior a la capacidad de adaptación a la realidad. Identifica su enfermedad de intelectual en forma de espejismos, ilusiones infundadas, fantasías destructivas de la estabilidad sentimental y de cualquier proyecto de vida afectiva y personal. Por eso el intelectual se retira y se deja morir, en una muerte alegórica que deja vivir a los demás de su entorno. Mario Verdaguer es el novelista de herramientas modernas para una lección de vida de signo cristiano y cínicamente plácida: el coste vital de la ambición literaria –de la carcoma, de la investigación en el hombre, de la duda y la contradicción: la vida inteligente– es la desestabilización, la ruina, el sacrificio ajeno, el dolor del otro y la permanente insatisfacción propia. La exasperante evidencia que dicta la carcoma no la resiste la convencional organización de la vida humana y está destinada, en manos de Mario Verdaguer, a la proscripción cautelar: los riesgos de intoxicación de la vida empírica y real son excesivos cuando el escritor vive el papel de escritor con la intensidad enfermiza, adolescente, confusa, que recrea el personaje del novelista en *Un intelectual y su carcoma*: 'Si yo doy tanta importancia al espíritu, ¿por qué, de pronto, con una fuerza irresistible me domina la materia? ¿Por qué en el fondo de mi dolor nacen esos impulsos turbios e inexplicables que me envenenan la existencia?' (p. 1425). Y un poco más atrás se había preguntado '¿Cómo es posible que yo no pueda imaginar lo que quiero y que haya otro ser que dentro de mí piense e imagine a su antojo?' (p. 1415).

La impotencia creadora es una metáfora explícita para una reflexión moral de raíz cristiana y culpabilizada. La repugnancia al inconsciente, a la respuesta sin control, o a la naturaleza instintiva, daña la conciencia moral, pero exaspera a la conciencia estética porque de esa vida interior torturada y conflictiva debía ser capaz de extraer una obra de arte que absolvería y justificaría la tenacidad dolorosa de la carcoma. El dilema es insoluble porque nunca será el escritor capaz de expulsar la conciencia de culpa que vive en vida y que podría alimentar el arte: la confusión insoluble de ambos en el personaje conduce a su propia extinción como ser (y, en el fondo, conduce también al rechazo de Mario Verdaguer a proseguir la exploración de los resquicios, las ambigüedades, las deformaciones de la conciencia humana en una reacción de retraimiento particularmente significativa de su personalidad).

Cuando el personaje novelista decide cambiar de vida y programar un modo más convencional de existencia –expulsar la carcoma, adaptarse a un sistema de vida más rutinario, hacerse oficinista–, sabe que está dictando su condena de muerte, y así se lo dice a sí mismo: 'Al decir estas palabras tuve la sensación clara, irrefutable, definitiva, de que mi felicidad había desaparecido para siempre. Que se había roto algo dentro de mí y que ya no era posible vivir' (pp. 1444-445). Lo brillante y lo que hace más vivaz y actual el planteamiento teórico de la novela es que tampoco la decisión contraria –seguir alimentando la vida intelectual aunque indague en la oscuridad obscena de las motivaciones humanas– conduce a otro lugar que la muerte. La novela describe la perplejidad esterilizante del escritor –quizá del mismo escritor Mario Verdaguer–, y el rechazo moral al riesgo de explorar las razones de ese mismo rechazo. Porque el asunto de fondo de las dos novelas se dirime en el plano de la realidad empírica: el problema decisivo de los dos personajes escritores –en una y otra novela– sigue siendo cómo vivir la dedicación al arte y la literatura. Lo diré con palabras de *Un intelectual y su carcoma*:

> Me parecía que comenzaba a aparecerme a mí mismo como un personaje de novela tenebrosa. Comprendía perfectamente que Catalina, sin darse cuenta, se hallaba cansada de sufrir, de su soledad al lado de mi vida egoísta, que deseaba otra felicidad y otra paz, y que ahora, a lo lejos, la entreveía en una casa que no era la mía, en un jardín de rosas que yo no había plantado. (p. 1445)

Ambas novelas pueden leerse como las señales de humo de un náufrago (en tierra): transmiten la retirada de un escritor desengañado y decepcionado, contienen el parte de guerra final de un escéptico.

Esa lógica del retraimiento, del abandono de una brecha potencialmente costosa en términos personales, o familiares, puede estar relacionada con algunos episodios trascendentes de su biografía. El propio Verdaguer los recordó con atenta devoción, y los recreó literariamente más de una vez, para sintetizar su pragmática distinción entre vida y literatura, el aprendizaje profiláctico de lo vedado en la vida y lo legítimo y necesario en la literatura. El desafío de la verdad moral está en la base la escritura de *Un intelectual y su carcoma*, pero también la meditación en torno al coste moral y vital de esa desnudez. Y me parece que fue ese componente de verdad oscura y viscosa, de verdad humana, el que desarmó a Mario Verdaguer como lector de *Tempestades de acero*, de Ernst Jünger. Identificó ahí el reto que había de asumir con la redacción de *Un intelectual y su carcoma*. El prólogo que antepuso a su traducción de *Tempestades de acero* es, además de un críptico alegato catalanista (como lo es el capítulo evocador de Vic de *El marido, la mujer y la sombra*), una confidencia de escritor pudoroso:

> No hay nada que tenga tanta fuerza emotiva y filosófica como la verdad, la obra de Jünger está iluminada por una verdad fría y tremenda, verdad casi mecánica que tiene la fijeza y la minuciosidad de una placa fotográfica, donde se descubren múltiples detalles horrendos y ocultos sentimientos mezcla absurda de civilización y barbarie, que constituyen tal vez, en conjunto, la más grande y terrible definición que se haya hecho nunca de ese ser misterioso que es el hombre, mezcla de sublimidad espiritual y de despreciable y mísero barro.[21]

Creo que las oscilaciones neuróticas del personaje de *Un intelectual y su carcoma*, la abyección satisfecha en pugna con el ideal de verdad moral, son deudoras del impacto de una literatura transgresora de los límites del pudor y valiente con la zona de sombra del hombre: la complejidad paradójica, insoluble, de la condición humana, y del escritor, en el caso de Verdaguer.

Pero entre los factores que explican la renuncia a esa exploración oscura, sospecho que algunos tienen un anclaje directo en episodios biográficos muy aleccionadores, formativos en el sentido más decisivo de la palabra —como ley subterránea de comportamiento y emotividad moral. En sus años de estudiante en Mallorca y en Barcelona entró en contacto con la vida bohemia y los cafés, la vida literaria y la mugre, el periodismo derrengado y la *vida de artista*. Pero dos personajes fueron decisivos en el orden de lo privado y pudieron ser auténticos modelos intimidatorios para el joven Verdaguer: la vida real se pone al borde del precipicio cuando es la literatura, la ficción —el ideal— quien dicta sus pasos, cuando es el de-

---

21 Mario Verdaguer, 'Prólogo del traductor' a Ernst Jünger, *Tempestades de acero*, Barcelona, Iberia, 1930, p. 19.

monio de la ilusión y la imaginación o la fantasía el que está contaminando la vida real. La degradación alcohólica de Rubén Darío, primero, y la tristísima y patética peripecia final del escritor Pompeu Gener, *Peius*, pudieron ser dos episodios biográficos determinantes en su propia maduración personal, y así lo insinúa una lectura atenta de *La ciudad desvanecida* y de varios capítulos de *Medio siglo de vida íntima barcelonesa*.

Tras ambas vivencias, y ayudado por un alto sentido del equilibrio o de la asepsia emocional, Verdaguer no perderá nunca el sentido de la distancia entre arte y vida. Por eso sus novelas son comentarios, escolios y glosas a la tentación de reunirlas o confundirlas, y por eso también una expresión predilecta del escritor –y tan turbadora en su puerilidad– es la que tiene una de sus variantes más expresivas en carta a Joan Balagué (fundador de editorial Lux y amigo): 'tengo que ser a veces un poco heroico para trasladarme al mundo de los sueños después de ocho horas de haber estado expurgando en la vil materia', le escribe el 30 de diciembre de 1945 (Archivo MV de la BC). Esa inocente discriminación del estado de plenitud –la escritura– de la mediocridad de la existencia es un *leit motiv*, una acuñación verbal e ideológica que cruza su biografía intelectual y que puede esconder detrás de su aparente banalidad –el dolor de salir de la fantasía para regresar a la realidad– una lógica de fondo nada accesoria: el miedo a la realidad y al compromiso profundo con la verdad de la literatura.

Antes de la guerra, Verdaguer nunca llegó a romper con el periodismo, ni con la dirección editorial, ni con la traducción y, sin embargo, la tentación de hacerlo y el coste de intentarlo está presente de continuo en su obra. Sus escritores son tanto en *El marido, la mujer y la sombra* como en *Un intelectual y su carcoma* profesionales ligados a una empresa editorial, ganapanes conscientes de su humillación, como si estuviesen espejeando la del mismo autor, como si la violencia particular de vivir el periodismo sacrificando la literatura fuese una de las tensiones necesarias e insalvables de la condición de escritor. La lección más amarga de sus novelas es la claudicación del escritor literario y exigente en la sociedad literaria de su tiempo: en la primera novela el personaje renuncia a sus sueños y sus ideales literarios en favor de una negociada instalación en la vida plácida –la mediocridad de la mentira como condición de la estabilidad sentimental y personal– y en la segunda le espera sólo la muerte después de identificar en sí mismo el elemento dañino, la carcoma que en sí mismo roe incesantemente para destruirlo a él y a su entorno en una indagación permanentemente insatisfecha sobre la persona y el mundo.

Leída desde estos supuestos –y no como mero cuadro idílico de la vida balear–, *La isla de oro* se entiende como novela de formación de un muchacho que descubre su modelo humano en el extravangante Dr. Obransky –presumible contrafigura de Pompeu Gener. De él aprende la dignificación de la vida profesional en las propias obsesiones, en el territorio que se delimita uno a sí mismo, frente a la apariencia o la respetabilidad social debida. El Dr. Obransky se siente al margen del estallido de la Gran Guerra porque lo único que cuenta es lo que acabará aprendiendo de veras el muchacho:

> Y estúpidamente, sin saber por qué, en vez de comenzar a reflexionar gravemente sobre mi porvenir, se me agarró al cerebro una idea fija, disparatada. Iba repitiendo la última frase que había oído al estrafalario doctor Obransky: 'Hay dos cosas grandes en el mundo: la Filatelia y Ramón Llull'. (p. 296)

Ese es el polo positivo del final de una adolescencia cuyo otro polo es la vulgaridad pragmática y acomodaticia, insensible y tosca, de quienes son inquilinos de la misma pensión que el joven estudiante: los doce hombres 'se me metieron para siempre en mi cabeza como una masa triste y, cuando se habla de la estupidez de la vida –cosa que ocurre muy a menudo–, me parece que ellos condensan el símbolo de nuestra ridícula y fugaz existencia' (p. 300).

El tiempo vivido entre ese descubrimiento temprano –la lealtad al ideal propio– y la redacción de sus dos novelas vanguardistas ha servido para aprender honda y resignadamente una decepción que tiene mucho de cinismo resentido hacia sí mismo y bastante de combustible para una literatura de interés positivo. Verdaguer como escritor oscila entre los dos polos y su narrativa defiende el destino libre del escritor a cambio de asumir la naturaleza dañina y destructiva del oficio, en una concepción absoluta y romántica que ridiculiza, sin duda, pero en la que vive inmerso el mismo escritor. ¿Qué otra cosa significa la perplejidad derrotada, el estado de estupor y pesadilla logorreica del escritor de *Un intelectual y su carcoma*?

La nostalgia de una vida mejor, la ansiedad por regresar al lugar de la imaginación, fuera de la amenaza hostigante de la realidad, es un motivo central que pocas veces ha de expresar Verdaguer con tanta contundencia dramática como en este pasaje de Mirador: 'creamos las ilusiones, como el desierto crea los espejismos, pero nos quedamos en la arena tórrida, torturados por la sed, contemplando con esperanza la divina mentira que no existe más que en la fantasía'.[22] La superioridad del arte y el rechazo del compromiso con el arte son la contradicción profunda de un escritor; la recrean sus dos novelas vanguardistas, ambas advierten de su insolubilidad y recomiendan la fidelidad del escritor a las aguas más seguras, pese a su condición subsidiaria, del periodismo, la crónica, el memorialismo: modos de vida que acoracen contra el miedo a ver calcinadas las alas de Ícaro.

---

22 Mario Verdaguer, *Obra inédita*, p. 219.

Nigel Dennis

César Arconada at the Crossroads: *La turbina* (1930)

In an autobiographical note written in the early months of 1936, César Arconada reviewed the sense of his literary career up to that point and commented laconically: 'no ha sido fácil descender del paraíso de las musarañas al campo vivo y real del proletariado'.[1] With these words he signalled the radical shift that in little more than a decade had taken place in his work: from a youthful engagement with the carefree but exquisite aesthetics of the literary Avant-Garde in the early and mid-twenties to the militant political commitment that characterised his writing during the years of the Republic. Such a major realignment of interests was, in a sense, typical of writers of his generation, almost all of whom came to acknowledge the limitations of an art deliberately distanced from reality, enthralled with its own stylistic virtuosity, and opted, in one form or another, for a more responsible and responsive art that was closer to the social and political realities of the times.[2] Few of them, however, switched allegiances quite so emphatically and uncompromisingly as Arconada did, or relinquished with so little regret the writing that had constituted the early stages of their careers. As Ernesto Giménez Caballero, his former friend and fellow combatant in the literary Avant-Garde, noted in 1931, perhaps to commemorate Arconada's formal entry into the Communist Party: 'Tras adorar en Greta Garbo a la "Pecadora de todos los pecados" –imposible, lunar, mística–

---

1 César Arconada, 'Autobiografía' in José Esteban and Gonzalo Santonja (eds.), *Los novelistas sociales españoles (1928-1936)*, Madrid, Hiperión, 1977, p. 177. [First published in *Nueva Cultura*, 11, March-April, 1936.]
2 This shift, as experienced by the poets of the pre-war period, is the subject of Juan Cano Ballesta's well known book *La poesía española entre pureza y revolución (1930-1936)*, Madrid, Gredos, 1972. In the case of the prose writers, a useful panoramic study is María Francisca Vilches de Frutos, 'El compromiso en la literatura: la narrativa de los escritores de la Generación del Nuevo Romanticismo (1926-1936)', *Anales de la Literatura Española Contemporánea*, VII, 1, 1982, pp. 31-58.

[Arconada] ha concentrado su intimidad religiosa en la virgen inmaculada del comunismo'.[3]

La turbina constitutes the axis on which Arconada's writing turns and comes to face in a new direction. It stands at the mid-point between his Avant-Garde writings of the twenties and his later, heavily politicised works and offers a revealing insight into how he – and, by extension, other writers of his age and sensibility – experienced the transition from one set of imperatives to another. The novel was published in 1930, a particularly significant year in Spain's political, literary and intellectual history, defined at the time by Antonio Espina, with characteristic clear-sightedness, as 'un lugar de cita, primer lugar de cita de los primeros hijos del siglo'.[4] Arconada, born in 1898, could certainly be counted among those 'primeros hijos del siglo' who faced up to the challenge thrown down by that turbulent year and accepted, as Espina went on to state, that 'el momento obliga a todos los intelectuales del mundo a problematizar sus vidas y sus ideas concienzudamente'.[5] In Arconada's case, this 'problematization' was most graphically conveyed in his public desertion from the ranks of the Avant-Garde where his writings on music, literature, cinema, and aesthetics and, in particular, his involvement with *La Gaceta Literaria*, had earned him a privileged position.[6] It is worth recalling that in January 1928, as part of a general survey on the relationship between literature and politics, Arconada had answered the question '¿Debe intervenir la política en la literatura?' in the following unequivocal terms:

> No, no; no rotundamente. La literatura es ocio, fantasía, inutilidad. Es decir, lo contrario de la política, que es utilidad y realidad. La literatura es deporte, juego,

---

3   Ernesto Genes Caballero, 'Arconada reza a la virgen', *La Gaceta Literaria*, 112, 15 August 1931, p. 2.
4   In his review of José Díaz Fernández, *El nuevo romanticismo*, quoted by Anthony Leo Geist in 'El nuevo romanticismo: evolución del concepto de compromiso en la poesía española (1930-36)', *Ideologies and Literature*, III, 15, 1981, p. 97. Díaz Fernández had himself written of that year: 'Pocas fechas en la historia habrán aparecido tan estimulantes para el hombre español como ésta de 1930', *El nuevo romanticismo*, Madrid, José Esteban, 1985 [1930], p. 95.
5   *Ibid.*, p. 97.
6   For complete details of Arconada's disparate writings of the pre-war years, see Gonzalo Santonja, 'César M. Arconada. Bio-bibliografía', *Publicaciones de la Institución Tello Téllez de Meneses*, 47, 1982, pp. 5-57. Between January and September 1929 Arconada occupied the post of 'redactor jefe' of *La Gaceta Literaria*.

> prestidigitación; la literatura es magia ... [Hay que optar] por dejar que el arte sea sólo arte. No política. No sociología. No moral. Además de otras razones, éstas: los jóvenes lo queremos así.[7]

It would be difficult to find a more symptomatic expression of support for the principles of 'pure', 'dehumanised' art as they had taken shape in the twenties. Two years later, however, in another revealing survey undertaken in *La Gaceta Literaria*, Arconada offered a quite different perspective on his relationship with the Avant-Garde:

> Si en este momento hay vanguardia, yo soy un desertor [...] No quiero un cerco estrecho de grupo, ni unas amistades condicionadas a la estética. Quiero, para desenvolverme, mayores libertades. Quiero un mundo más amplio, más inabarcable que el de la pequeña capilla de amigos para cuyos ritos no tengo vocación'.[8]

Like Antonio Espina, Arconada realised that the writers of his generation had reached a critical point at which far-reaching decisions had to be made. Such decisions were necessarily conflictive and pointed in literary and aesthetic terms to divisions so fundamental that they could only be worked out ultimately in armed confrontation: 'En este momento sobreviene la guerra civil: cada uno se va por un lado. Y el antiguo ejército literario está en pelea. Hacen bien en matarse, en ser héroes, en sacrificar la literatura al servicio de la humanidad'.[9]

Some of the causes of this change of outlook in Arconada are hinted at in the statements reproduced above, most notably the sensation of being asphyxiated by the inward-looking, self-congratulatory intellectual elite to which he had belonged. But there is more to it than that. As an alert and well-informed young writer based in Madrid, he would certainly have been aware of the journal *Post-Guerra*, the ambitious activities of Ediciones Oriente and the books of José Díaz Fernández published towards the end of the previous decade: *El blocao* (1928) and *La Venus mecánica*

---

[7] Quoted by Brigitte Magnien in 'La obra de César María de Arconada, de la "deshumanización" al compromiso. La novela rural bajo la Segunda República', in Manuel Tuñón de Lara (ed.), *Sociedad, política y cultura en la España de los siglos XIX y XX*, Madrid, Cuadernos Para el Diálogo, 1973, p. 335.

[8] Arconada's answer in this survey is reproduced in Ramón Buckley and John Crispin (eds.), *Los vanguardistas españoles 1925-1935*, Madrid, Alianza, 1973, pp. 396-98.

[9] *Ibid.*, p. 398.

(1929).[10] He would doubtless have pondered their implications for his own work and given serious consideration to Díaz Fernández's proposal that the formal achievements of the Avant-Garde could and should be put to more constructive use.[11] It was also a question of personal development and growing maturity, of a natural evolution of priorities. As Arconada himself put it:

> Cada día tengo menos interés por el esteticismo, o, si se quiere más claro, por la definición. La estética es el refugio cómodo y común de todos los jóvenes. En una edad en que no se tiene nada personal que crear, se entrega uno con pasión al juego sofístico de las ideas.[12]

But what seems to have had a more direct impact on his views on literature and, by implication, on the new directions his own work could follow, was, as Brigitte Magnien has suggested, his reading of Russian literature.[13] In August 1929 – that is, at the very time we may legitimately imagine he was writing *La turbina* – he formulated his enthusiastic response to Soviet writers, pulling into focus already then his perceptions of the limitations of the Avant-Garde:

> Rusia posee hoy la única literatura nueva –auténticamente nueva– del mundo [...] Lo que en Occidente llamamos arte nuevo no es más que una confluencia de dos reflejos: uno, instintivo, formal, verdadero, que procede de la fuente común de la época; y otro, falso, decadente, sustancia del espíritu burgués, o mejor, del *snobismo*, que es la espuma de la burguesía. He aquí por qué el arte nuevo, en Occidente, tiene un fondo laborioso, de barroquismo extremado: porque sirve al snobismo, que es la expresión barroca –final– de este decadente espíritu burgués.[14]

---

10   On these subjects, see, for example, Víctor Fuentes, *La marcha al pueblo en las letras españolas 1917-1936*, Madrid, Ediciones de la Torre, 1980; Laurent Boetsch, *José Díaz Fernández y la otra Generación del 27*, Madrid, Pliegos, 1985; and José Manuel López de Abiada's prologue to the 1985 reprint of *El nuevo romanticismo*, pp. 7-27.

11   In his 'Nota para la segunda edición' of *El blocao*, Díaz Fernández wrote: 'Trato de sorprender el variado movimiento del alma humana, trazar un escenario actual con el expresivo rigor de la metáfora; pero sin hacer a ésta aspiración total del arte de escribir, como sucede en algunas tendencias literarias modernas', Madrid, Turner, 1976 p. 11.

12   In the text referred to in note 8.

13   See her 'La obra de César María de Arconada', p. 336.

14   *Ibid.*, p. 336.

La turbina needs to be set in this context of reconsideration in which Arconada questions the validity of the self-indulgent excesses of the Avant-Garde and sketches out other directions in which literature can and should move. It was his first novel and as such reveals certain ambiguities: on the one hand, it rests confidently on the foundation provided by several years of tireless and assured writing; on the other, it draws attention to its own uncertainties, responding simultaneously to a miscellany of impulses and possibilities. It looks back towards the stylistic accomplishments of the twenties and takes from them what is useful and worthwhile; and it looks forward, albeit tentatively, to the future and anticipates what would subsequently become, according to the writer's own criteria, his most personal and important work.

Set in 1910, *La turbina* depicts the impact on a small rural community – Hinestrillas – of the construction of a generating plant designed to provide electricity for the local region. This project predictably produces a conflict between, on the one hand, a traditional way of life, happily rooted in the unchanging rhythms of nature, and, on the other, the prospect of technological progress, associated with an alien, urban world, defined by its irreverence and insensitivity. Cachán embodies the stubborn attachment to the past and the principle of living in harmony with the natural world. His daughter Flora, however, falls in love with Antonio, the leader of the crew of engineers who arrive in Hinestrillas to install the turbine. Antonio has nothing but contempt for the stagnant attitudes and practices of the rural backwater in which he finds himself and inevitably clashes with Cachán. The triumph of progress is never in doubt though the novel lingers on the human costs attached to it. Arconada elevates the sense of the tensions and squabbles that these differences give rise to by setting them against a larger backdrop where the cosmic forces of Light and Darkness do battle. Furthermore, by constantly framing these confrontations in terms of a titanic struggle between God and the Devil, the writer gives the story an epic, biblical, almost mythic dimension.

What is interesting in the current context is the nature of the social issues that Arconada draws attention to in *La turbina* and the ways in which he represents them. An examination of these aspects of the novel provides a way of defining with some precision the debts that the Arconada of 1929-30 continued to owe to the Avant-Garde and of calibrating the degree to which he staked out at that time a more 'humanised' and responsible approach to his writing. It is precisely this convergence of interests in *La turbina* that highlights not only its hybrid nature but also its lasting value as an example of how the Spanish novel evolved from the elegant model implicit in the Nova Novorum collection published by Ortega in the *Revista de Occidente* to the didactic, politicised writing of the fully-fledged 'social' novels of the 1930s.

La turbina offers a compelling and evocative picture of life at the beginning of the twentieth century in an isolated rural community – its practices and rituals, its frictions, aspirations and prejudices. In this sense, quite unlike the experimental novels of the 1920s, it links up directly with the nineteenth-century traditions of realism and *costumbrismo*. For example, the narrator affectionately describes such local practices as the public posting of notices of items wanted and for sale and explains how news is disseminated in a society largely untouched by the printed word:

> en los pueblos hay mujeres especialmente dotadas, que van de una casa a otra, comunicando noticias particulares: bodas, enfermedades, riñas, desavenencias, situaciones económicas, ahora los trabajos de la luz. Son el periódico de la localidad.[15]

Similarly, he registers how in such an unspoiled location the means of measuring the passing of time and the cycle of the seasons have evolved in harmony with nature, generating popular poetic traditions: 'En los pueblos, donde la vida es ancha y vegetal [...] el tiempo se apoya en referencias líricas y los acontecimientos se articulan líricamente' (p. 30). He skilfully recreates the picturesque speech of the local inhabitants, peppering their dialogues with colloquial expressions and popular turns of phrase.[16]

Such an approach to the representation of life in Hinestrillas suggests that Arconada had little interest in analysing or denouncing the social conditions prevalent there. Indeed, serious readers of *La turbina* have tended to downplay the element of social criticism in the novel, dismissing the suggestion that any importance should be attached to the fact that it deals with peasants living in a feudal world. Typical in this respect is the comment of Mangien:

---

15 *La turbina*, edited by Gonzalo Santonja, Madrid, Turner, 1975, p. 80. All subsequent references will be to this edition with page numbers indicated in brackets.
16 From the opening chapters of the novels, see the examples on pp. 21, 22, 27, 52 and 55, involving Don Rosendo, Engracia, Basi and other inhabitants of Hinestrillas.

> Aun cuando el tema de la instalación de una turbina permite descubrir la ignorancia primitiva, el fanatismo de corto alcance de los campesinos del pueblo, hay que reconocer que la preocupación social es en esta novela completamente secundaria. (p. 341)

It is undoubtedly true that in comparison with, say, his approach to peasant life in *Reparto de tierras* (1934), Arconada's main interest in *La turbina* does not lie in exposing unjust social conditions or in proposing a way of improving them.[17] This is to say that at the time of writing the novel he did not possess a coherently formulated political theory that could offer an agenda for social reform. However, it is a simplification to say, as Magnien does, that in human terms the conflict in the novel is limited to the friction between Cachán and Antonio and that the attitude of the narrator towards the milieu he describes is neutral because he is primarily preoccupied with the *artistic* exploitation of the potential offered by the situation.[18] This point is worth pursuing in order to clarify the nature of the 'social' content of this novel.

What Magnien and other readers of *La turbina* have tended to overlook are those instances in the novel where the narrator, setting aside the issue of the conflict between the inhabitants of Hinestrillas and the outsiders who invade and violate their rural idyll, lingers pointedly on the social, economic and even political divisions *within* the community. Arconada was clearly aware of the pernicious hierarchical structures of such rural societies in which an 'us *versus* them' mentality prevailed. Flora's response to the arrival of Antonio and his crew emphasises not so much the

---

[17] In this connection, see Juan Carlos Ara Torralba's comment on *La turbina*: 'No se proyecta hacia una modelación del espacio y tensión novelescas a partir de una oposición de clases, sino a partir de una profunda, palmaria y constante oposición Campo/Ciudad [...] con la turbina como elemento "no propio" del espacio "campo" y por consiguiente polemizador o "disparador" de la narración"', in '¿Avanzada o "avanzadilla"?: la España irredenta y *La turbina* de César Muñoz Arconada', *Cuadernos de Investigación Filológica*, XVII, 1-2, 1991, p. 144. On *Reparto de tierras*, see Gregorio Torres Nebrera's introductory study 'Aproximación a la obra narrativa de César M. Arconada' to the 1988 reprint of the novel, Badajoz/Palencia, Diputación Provincial de Badajoz/Diputación Provincial de Palencia, pp. 11-61.

[18] Magnien writes: 'La actitud del autor es neutral; más bien podríamos decir que reacciona en artista, en esteta más que en juez', *op. cit.*, p. 342. It is noteworthy that Magnien actually contradicts here an earlier assertion: '[Arconada] adopta en su primera novela [...] una actitud crítica frente a la realidad contemporánea', p. 333.

disruption that this will mean to their traditional way of life but rather the passive dependence of a family such as hers on their social superiors within Hinestrillas. She knows full well that their livelihood depends on silent obedience, on respecting the rigid and unforgiving principle of 'knowing one's place': 'Los amos quieren poner un fábrica de luz, pues que la monten. ¿A nosotros qué? Nosotros obedecemos, y nada más. Si sigue usted así vamos a tener un disgusto muy serio. Se enterarán los amos y le echarán de aquí' (p. 63). Flora sees quite clearly that the real danger, in terms of the prosaic realities of their life, lies not in quarrelling with Antonio but in upsetting Don Rosendo.

The 'nosotros' Flora uses and the 'amos' to which she refers assume different forms in the novel, as do the tensions which divide them. This seems to me to be a much more intriguing indication of the way in which Arconada's social conscience gradually takes shape during the writing of *La turbina* and comes to influence the way in which life in Hinestrillas is represented. The narrator's frequent allusions to the distinctions between the rich and the poor are in themselves a sign of his acknowledgement of unjust social divisions. Consider his comment on how communal wedding celebrations – potentially a purely *costumbrista* topic – are broken up by the need to get back to the business of making a living and filling one's stomach:

> Al cuarto día cada convidado se va a su casa, y los novios, que son pobres y no tienen comodidad de rentas, guardan sus vestidos en las arcas, se ponen los trajes de diario, y salen a trabajar con apremios, con urgencia, porque, aunque se amen mucho, necesitan comer (p. 90).

The way in which the comment is framed is far from neutral: there is, on the one hand, a clear acknowledgement of the way in which the scope of positive human experiences, individual and collective, is determined by social status and, on the other, an implicit disdain for those who enjoy the dubious privilege of rental income.

A similar impression is created by the narrator's comments on the different kinds of bread baked in the village of Hinestrillas:

> Los panaderos sólo hacían el pan blando de los ricos, el pan que se comía caliente en las mesas del médico, del boticario, del curo, del maestro, del juez, del abogado... Pero la otra gente tenía, por lo visto, los dientes menos delicados. La otra gente recogía sus cargas de trigo, las llevaba a los molinos: hacía su harina. Después llevaba la harina a los hornos: hacía su pan [...] El pan se ponía duro, correoso, áspero.

> Importaba poco esto. ¿Cuándo los estómagos de los pobres se pueden permitir el lujo de poner reparos al pan duro? (p. 54)

This passage deals only with a minor detail of everyday life but it spells out the underlying social distinctions operating in the village and the privileged treatment enjoyed by the bourgeoisie. The narrator's tone is ironic, even sarcastic, when dealing with this sector of society. By contrast, there is a humane empathy in his references to the realities of hunger, the need to attend to basic necessities, a life where drudgery is the unrelenting norm. By leaving the final question unanswered he simply underlines the impotence of the lower ranks of this kind of feudal social structure.[19]

What such passages reveal is that the narrator has no option but to fall back on his own instinctive allegiances and hostilities, sharply delineating one social group from another. The 'amos' of Hinestrillas, for example, are spatially separated from the other inhabitants and congregate in the casino. The details of their background and habits are described with undisguised ridicule:

> Casi todos ellos habían viajado, habían hecho viaje de novios; iban con frecuencia a la capital de la provincia a comprar chorizos, fuelles, puntillas, batas para la señora... Casi todos ellos leían periódicos. Casi todos ellos sabían que la luz eléctrica era cómoda, inmejorable, única [...] En fin, los socios del casino eran personas ilustradas, que en vez de jugar a la brisca o al mus como las personas modestas, jugaban al tresillo, y en vez de lavarse la cara todos los días de fiesta, se la lavaban diariamente. (p. 149)

The repetition of the phrase 'casi todos ellos' and the ironic references to the true extent of their enlightenment and progressive practices effectively covers them with contempt. The clear implication is that there is really very little that makes them less ignorant or intrinsically 'better' than the peasants who guarantee their financial well-being.

Even more revealing in this context is the way in which Arconada stresses how political power is concentrated in the hands of this social elite. The issue of whether or not the turbine should be built is ostensibly open to public debate and subject to a general vote, but this is shown to be a sham. Votes are manipulated; the lower ranks of Hinestrillas are power-

---

19 On the subject of Arconada's attitude towards the rural working class it is worth recalling what he says in his 'Autobiografía': 'mi amor por el "campesino" es mi odio contra el feudalismo que lo hace esclavo', *op. cit.*, p. 178.

less victims of a system that deprives them of any meaningful say in their own affairs. As one of their spokesmen points out:

> Hay que desengañarse: los que mandan, mandan. Ellos quieren la luz, pues la luz se trae. Ellos quieren quitar al maestro, pues quitan al maestro. Ellos quieren tirar una casa, pues tiran una casa. Mandan, y nada más. Todos nosotros ... borregos, cochinos borregos. Cuando van a nuestras casas a pedirnos el voto están muy amables, nos dan la mano, nos llaman por el nombre, nos ofrecen muchas cosas. Después de las elecciones se cambia todo, y si te he visto no me acuerdo. Ni le saludan a uno, ni le conocen, ni le reciben si se va a verlos. ¡Debiéramos votar al diablo y no a ellos! (p. 95)

There is a clear contradiction between the opinions people voice and the outcome of the process of consultation: 'Todos rumores eran adversos, pero las votaciones, favorables' (p. 52). The narrator may be discreet when dealing with this side of life in the village, but he is not impartial. He allows himself a wry comment that simply stresses his lack of faith in a political system whose proposed programmes of action are a foregone conclusion: 'Dentro de poco tiempo, gracias a esta eficacia de la votación sobre el rumor, todos estos pueblos tendrán luz eléctrica' (p. 52).

These considerations lead to the following conclusion: while the dramatic interest of *La turbina* undoubtedly lies in the clash between tradition and progress, between the old and the new, and in the conflicts this generates between Cachán and Antonio, with Flora caught between them, it is nonetheless true that these elements are projected against the backdrop of a rigidly and unjustly organised rural society in which privilege and power rest in the hands of the few while the majority, well trained in the virtues of passive resignation, has no choice but to get on with the business of meeting pressing daily needs. As the examples quoted above suggest, the narrator mixes irony and sarcasm to deflate the pretensions of the ruling elite and adopts a gently sympathetic attitude to 'la gente pobre que necesita vivir porque tiene una vida, y unos hijos, y una mujer, y unas necesidades' (p. 24). What the peasants of Hinestrillas lack is precisely what Arconada will provide in his subsequent novels: a figure able to harness social resentment and propose a programme of political reform that will lead to radical social change.

Having made these comments on the 'social' dimension of the novel's content, we now need to examine its form. In order to illuminate the nature and function of of Arconada's style in *La turbina* and to define more closely the unusual transitional status this book has in the context of pre-war prose fiction, we have to review briefly the fundamental differences between the Avant-Garde novel, as characterised by Ortega and practised by the writers associated with the *Nova Novorum* collection, and the fully-fledged social novel of the years of the Republic.[20] In general terms, the Avant-Garde novel tended towards what Ortega termed 'morosidad' because the plot and the action – if indeed such elements could be said to be present in a conventional sense – mattered less than the way in which the text was configured. The writer's style, the imaginative use of figurative language, tended to be independent values, worthy of appreciation in their own right. In other words, the primary emphasis was on form since it was there that the writer's originality, ingenuity and inventiveness could be displayed. The social novel, on the other hand, generally placed the emphasis squarely on the economy and effectiveness, to say nothing of the intelligibility, of the narrative. The priority of the social novelist was to communicate a message clearly to the reader, subordinating aesthetic considerations in the process.

All commentators of *La turbina* have noted the lyrical qualities of Arconada's style. Magnien, for example, dwells on his 'interpretación lírica de la Naturaleza, de la vida en todos sus aspectos, de la actividad humana' (p. 342). In his prologue to the 1975 reprint of the novel, Gonzalo Santonja alludes to its 'frecuentes incisos de carácter poético' (p. 12) and rightly stresses that its 'poéticas imágenes y metáforas [...] hunden sus raíces en la época vanguardista del autor' (pp. 13-14).[21] From a stylistic point of view, then, the consensus has been that Arconada here makes full use of his accumulated experience and expertise as an Avant-Garde writer, in verse as well as in prose.[22] Except for a brief study by Juan Manuel

---

20   My remarks on these differences are necessarily schematic. I would refer the interested reader to the detailed discussions in José M. del Pino, *Montajes y fragmentos: una aproximación a la narrativa española de vanguardia*, Amsterdam/Atlanta, GA, Rodopi, 1995, especially Chapter 3 'Desarrollo y límites de la narrativa española de vanguardia', pp. 41-71; and to Fulgencio Castañar, *El compromiso en la novela de la II República*, Madrid, Siglo Veintiuno, 1992.

21   Eugenio de Nora, among others, also comments on Arconada's 'técnica impresionista y lírica' in *La turbina*. See his *La novela española contemporánea*, Madrid, Gredos, 1968, II, p. 461.

22   We should not lose sight of Arconada the poet. Of his two books of poetry published before the outbreak of the Civil War, the more relevant, in the context of this discus-

Rozas of the traces of Ramón Gómez de la Serna's influence discernible in certain aspects of the novel's metaphorical language, no attempt has been made to define critically the nature of Arconada's Avant-Garde style in *La turbina*.[23] What I propose to do in the pages that follow is to look closely in different contexts – both 'micro' and 'macro' – at the ways Arconada handles language. This will provide a fuller account than has been available up to now of the continued presence in his writings of 1929-30 of his Avant-Garde affiliations.

Arconada's prose in *La turbina* is richly nuanced and heavily layered, displaying little of the sparse directness the reader would tend to associate with a social novel possessing a clear political intention. He achieves this dense, textured effect by adopting a stance that in general terms is indeed reminiscent of Gómez de la Serna, constantly subjecting the items that appear in the narrative, even the most prosaic ones, to an insistent metaphorical gloss. Consider the following extract which describes the poles erected in the countryside in order to carry the planned electric cables:

> Los postes eran como lanzas de un ejército en línea. Rectos, firmes, altos. Dividían el paisaje haciéndole enemigo, como ambos lados de una trinchera alambrada. Unidades inconmovibles, sujetas a la tierra, parecía que iban a tirar, como una reata de mulas, de algún peso enorme. Parecía que iban a arrastrar al mismo río [...] Los alambres pasaban por sus hombros, bien sujetos para tirar con más fuerza. Y así, kilómetros y kilómetros de disciplina en la libertad gozosa del paisaje. (p. 137)

Such descriptive passages as this one, with its accumulations of suggestive parallels and equivalences (the reader cannot fail to notice the insistent use of 'como' and 'parecía que' in Arconada's prose) may seem superfluous to the narrative itself, burdening it with non-essential, tangential meanings; but, as in this case, they often constitute a highly controlled and coherent development of a key idea. In this example, Arconada intensifies the no-

---

sion, is *Urbe*, Malaga, Sur, 1928. Due to its extreme rarity, almost no critical attention has been devoted to this book. However, the image-coiner of *Urbe* is very closely related to the author of such works as *Vida de Greta Garbo*, Madrid, Ulises, 1930, and *La turbina*.

23 Juan Manuel Rozas, 'Greguería y poema en prosa en tres novelas sociales de la Generación del 27', *Anuario de Estudios Filológicos*, II, 1979, pp. 251-69. Although Rozas only devotes a few pages to *La turbina*, his comments provide a useful framework for the consideration of the figurative language Arconada uses in most of his prose writings between 1927 and 1934.

tion of conflict – man's invasion of the peaceful landscape – by exploiting, through metaphor, the military implications of the situation.

This kind of descriptive writing undoubtedly inflates the text and slows down the narrative. It reveals the extent to which Arconada remained attached to the principle of comparing, repeating, interpreting figuratively – accumulating shades of meaning in order to build up an elaborate picture of the subject under review. A comparable example would be the scene in which Cachán discovers that electric lights have been installed in Don Rosendo's house. Arconada dwells cinematically on the details in Cachán's field of vision and emphasises, through the comparisons suggested, the apparent lifelessness of the technology this character despises:

> El portalámparas estaba reluciente, nuevo. El cordón era blanco como una lombriz enorme. La bombilla parecía un pequeño fanal para guardar un rosario. A través del cristal se percibía un pelo enroscado, como un pelo de novia metido en un dije [...] Y ahora estaba todo muerto, dormido, como un trasto inservible, como un juguete [...] aquellas luces estaban muertas, enterradas en las sombras, sin vida ninguna por sus venas. Eran simplemente cosas, objetos inanimados, parados, inútiles. (pp. 134-35)

These examples pull into focus two key aspects of the figurative language Arconada systematically uses. The first is how when proposing or developing comparisons, his points of reference are usually taken from an easily intelligible reality, one that would be entirely congruent with the context in which the characters move.[24] So in the second example quoted above, the similes and metaphors are straightforward and emerge naturally from Cachán's world rather than being hoisted in from an alien environment, characterised by its strident modernity. In order to underline the importance of this aspect of Arconada's style, I offer below a selection of similar examples culled from the opening chapters of the book:

> Los nervios alzaron la carne como se alza el tendido de ropa de los lavaderos cuando se estiran las cuerdas. (p. 25)

---

[24] Arconada himself was, of course, entirely familiar with the world inhabited by Cachán. In his 'Autobiografía' he says: 'No puedo disimular mi ascendencia campesina [...] Conozco muy bien las campiñas de España, lo que equivale a conocer España, porque mi país es tierra y campesinado, es aldea y primitivismo', *op cit.*, pp. 176-77.

> Hay hermanos irreconciliables como las ramas de los olivos. (p. 29)
> Era la fatalidad irreconciliable de las ramas de los olivos, de las orillas de los arroyos, de los brazos de las cruces, de los cangilones de las norias. (p. 36)
> [...] unas nubecillas blancas, como ropa puesta a secar en una soga. (p. 42)
> La carretera era como un largo puente sin barandilla. (p. 44)
> Esa tierra de las orillas alza a los árboles como hijos a quien se quiere bendecir. (p. 45)
> Dios colgó en la noche el pequeño farol de luz de la luna. (p. 47)
> El cielo y el campo, frente a frente, mirándose como un techo y un enfermo. (p. 53)
> El pollo nuevo estaba indeciso, aparte, sin atreverse a entrar en la sociedad del corral, como un huésped nuevo en el comedor de una fonda. (p. 57)

The point need not be laboured, but it is worth noting that this kind of recurring figurative language constitutes a fine example of the 'renovación metafórica' advocated by José Díaz Fernández, even if it lacked that dynamic modernity – the 'cualidades específicas del tiempo presente' – that the author of *El blocao* identified in 1930 as a priority to be pursued.[25]

The second significant feature of Arconada's prose is the carefully engineered rhythms of his sentences. His preferred structure rests on the principle of repetition, usually of three complementary items. These can be adjectives – as in the sentence 'Los domingos son los días falsos, transitorios, vacíos' (p. 88) – or adverbial phrases, as in the following: 'Los pueblos se entregan a la noche, a la naturaleza, a la sombra' (p. 50). Arconada often strings together three verbs, either infinitives or conjugated forms (or both), in order to achieve this characteristic layered effect: 'El agua [...] marcha sumisa hasta el molino a mover las ruedas, a hacer girar los ejes, a mover las piedras. Y todo para que el trigo se triture, se ablande, se haga harina' (p. 24).

There are many variations on this basic structure, all of which bear witness to the writer's sensitivity to rhythm and to the patterns they produce either to the ear or on the page. Consider the way in which two one-word adjectives are combined with an adjectival phrase in the following example: 'Hacía una noche negra, profunda, como una sima monstruosa' (p. 175) or the measured, elongated effect produced by the combination of one adjective and two adjectival phrases in 'Se presentía una noche desolada, de lluvia insistente, tenebrosa como una cueva' (p. 173). The same effect is occasionally multiplied and intensified within a single sentence,

---

25   See *El nuevo romanticismo*, p. 56.

as rhythms are repeated and become intermingled. In the following example Arconada incorporates, with a virtuoso gesture, sets of three verbs, each with its corresponding direct object, three nouns and three adjectives: '[Un borriquillo] menea la cabeza, baja los ojos, y anda kilómetros, leguas, mundos, y siempre sumiso, humilde, servicial' (p. 59).

The insistent repetition of identical or similar structures can produce memorable clusters of sentences in which balance and harmony are engineered with almost mathematical precision, nuancing and embellishing statements which in themselves are relatively unremarkable:

> Los padres se mueren, se marchan, toman ese tren negro que pasa por el túnel perpetuo de la muerte. Y los hijos los reemplazan en sus puestos, se posesionan de su dinero, de sus títulos, utilizan sus mismos caminos señalados, sus mismos secretos, su misma técnica de vivir. (pp. 32-3)

If, on the basis of what has been said above, we step back and view this kind of writing in a wider context, moving from isolated sentences to paragraphs and entire sequences of pages, we can identify other significant stylistic and structural principles at work in *La turbina* which also help to account for its Avant-Garde texture. In the example quoted immediately above, Arconada switches, in characteristic fashion, from the particular incident to the universal lesson it contains. The function of this feature of the narrative is less important here than the effect it has on the narrative itself.[26] By constantly pausing to ponder or explain the general sense of the events he is presenting, Arconada both enriches the text and slows it down. This is a cumbersome practice to illustrate because of the length of the examples required so I will limit myself to a single case and summarise where possible. At the end of Chapter VIII Flora allows herself, against her better judgement, to be seduced by the amorous reassurances of Antonio. This narrative 'fact' is admittedly important since it leads to Flora's pregnancy, Cachán's rage when he discovers what has happened and the subsequent violent ending of the novel; but it is also a simple one: Flora has given in. If the reader wishes to attach a general significance to it, it can be summarised succinctly: words can be persuasive, undermining even the stiffest resistance. What Arconada's narrator does, however, is to offer

---

26 The function of this aspect of the text has been perceptively examined by Gonzalo Navajas in 'Las antinomias del progreso en *La turbina* de César Arconada', *Letras Peninsulares*, Spring 1993, pp. 95-107.

an elaborate gloss, universalising the notion of the power of words and the way in which women can be swayed by them. Flora and Antonio are therefore accorded almost archetypal status, as if in their encounter a whole dimension of human experience were being played out. As well as picking up on what has been said earlier (about sentence structure, metaphorical language, patterns of adjetivization and so on), the following extract gives an idea of the attention devoted not to the incident itself but rather to what it tells us about the human condition:

> ¡Las palabras! Porque las ideas se obstinan, se mantienen, se apelmazan, se hacen sólidas, irrompibles, como masas de granito. Pero se les deja a un lado, se rodea un poco, se cambia de camino. Las ideas de las mujeres son tenaces. Pero las palabras no hacen caso de ello y afinan su puntería al corazón. Las ideas son tenaces, pero el corazón es blando, sensible. Las palabras fluyen abundantes, capciosas, borboteando rumores irresistibles. Las palabras envuelven, acosan, marcan. Tienden dulces lazos y crean ficciones encantadoras. Las palabras deslumbran, ofuscan, obsesionan con un poder alucinante, irresistible. Y como las mujeres son débiles, como tienen un corazón tierno, jugoso y lleno de ansiedades de hombre, como se sienten dominados, como siempre es dulce ceder, abandonarse a la fuerza dominadora, someterse, humillarse, he ahí por qué, al final de un torbellino de palabras, las mujeres se entregan, se precipitan por los taludes más peligrosos, completamente inconscientes y libres como almas hacia Dios. (p. 100)

Leading on from this point is the technique Arconada uses to orchestrate whole sequences of his narrative. I use the word 'orchestrate' deliberately since what has been said already about the melodic rhythms and structural harmonies within sentences or strings of sentences can legitimately be extended to substantial parts of individual chapters. Again, this is an awkward issue to illustrate since ideally it entails a close analysis of examples running to several pages each. For the sake of convenience I will simply identify the processes at work in a particular chapter but also make the suggestion that they can be seen to operate elsewhere in the novel, with varying degrees of emphasis. Chapter XIII (pp. 137-45) centres on the idea of man's conquest of nature and the futility of resisting his designs. Arconada makes full use of his stylistic repertoire to argue the point lyrically through the animation of the natural world, referring to 'las furias del viento', 'las zarpas del huracán', etc. But what strikes the reader most here is the pattern of stresses and repetitions that are built up over a number of pages and the impact these have on the narrative. For example, on pages 137-38, in a sequence of several paragraphs, Arconada repeats six times the verbs *dominar* and *vencer*, combining them as a single, recurring textual unit. At the same time, interwoven into these same paragraphs, the phrase *será inútil* is repeated five times. The context is enriched with the characteristic glosses and reiterations of the twin themes of the dominance of man and the impotence of nature. The musical analogy is a compelling one: it is as if the writer establishes the underlying themes of these pages by striking two main chords. He then explores each one in a point/counterpoint arrangement, moving into variations and sub-themes by way of modified echoes and glosses. These are punctuated by the repetition of the main themes (*dominar/vencer* and *será inútil*), now made more complex and suggestive by what has been spun out earlier and by the variations that will follow. These repetitions build up to a crescendo and reach a resounding climax that restates the original premise ('Inútil. Los hombres dominan, vencen' [p. 138]) but presents it now in its fullest and most expressive version.[27]

*

In June 1931, as noted at the beginning of this essay, Arconada joined the Communist party. It was the logical outcome of his growing social concerns and his rejection of the stylish posturing of the Avant-Garde elite. His move marked a formal break with his past and would have a decisive effect on his subsequent writing, both critical and creative, in prose and in verse. His two later novels – *Los pobres contra los ricos* (1933) and *Reparto de tierras* (1934) – would have a clear Marxist orientation and would be designed to depict the socio-economic realities of a particular sector of Spanish society with the twin objectives of appealing to the political sensibility of the reader and promoting revolutionary social change. These novels deal with events and situations that are closer, chronologically, to the writer and his own circumstances. Whereas *La turbina* looks

---

27 It is not a coincidence, I think, that a good many of Arconada's early writings are devoted to music. His interest in the subject culminated in his first book *En torno a Debussy*, Madrid, Espasa-Calpe, 1926, where the aesthetics of 'dehumanisation' are applied, with due respect to Ortega, to the realm of music. Consider too in this context a remark he made in one of his early chronicles on music published in the journal *Alfar*, 55, December 1925: 'el músico moderno sentirá la alegría de su arte, la satisfacción de un sonido, de una resonancia, de un detalle de ordenación y sutilidad'.

back twenty years, *Los pobres contra los ricos* centres on the proclamation of the Republic and its initial progress up to July 1931 and *Reparto de tierras* actually covers the political events of the period during which it was written: from the autumn of 1932 to the autumn of the following year. There is, therefore, a progressive acceleration, in terms of chronology and history, in Arconada's novels of the 1930s: he consciously narrowed the gap between the moment of writing and the time portrayed. This strategy undoubtedly reflects both the growing urgency and drama of events in Spain and a deliberate attempt to tackle head-on the most relevant social and political issues of the day.

Arconada's novels of 1933 and 1934 exhibit many of the characteristics conventionally associated with the politically committed social novels of the time: simplification and schematisation; the privileging of content over form; speed, clarity and accessibility of the narrative; a narrator whose own ideological affiliations are unequivocally stated; a clear political agenda. They correspond to the general model of the genre as defined by Castañar:

> La misión de la novela es transmitir de una forma clara e inequívoca [la visión de la sociedad que tiene el grupo en que el novelista se inserta], lo que implica cierto alejamiento de las concepciones de la obra literaria que cifran todo el valor de la originalidad en el lenguaje empleado.[28]

It goes without saying that this is a generalisation rather than a categoric judgement and does not mean that there is no polished writing in the social novels of the period 1931-36. It means, rather, that the urgency of those years, the speed at which the novels were written, and the didactic goals pursued by their authors did not favour the production of the kind of carefully engineered texts of the previous decade. That Castañar's comments are only *relatively* applicable to the social novel is clear in Arconada's own case since even in a work as combative and proselytising as *Reparto de tierras*, he instinctively makes use of the same rhetorical devices that appear in *La turbina*.[29]

La turbina lacks what Ignacio Soldevila has called 'la intención política de modificar la sociedad a través de la concienciación del lector a la

---

28 Castañar, *op. cit.*, p. 404.
29 Castañar himself quotes a passage from *Reparto de tierras* to show how effectively Arconada manipulates in it 'la sonoridad rítmica' of language, *op. cit.*, p. 419.

injusticia social'[30] and cannot legitimately be ranked alongside *Los pobres contra los ricos* and *Reparto de tierras,* even if Arconada himself did so.[31] If anything, it could be defined as a 'sociological' novel in the sense that it focuses on 'los efectos de las condiciones sociales y económicas en un tiempo y lugar determinados sobre los hombres y sus conductas'.[32] It functions, above all, as a bridge, linking the writer's Avant-Garde past with his political aspirations of the years of the Republic. It cultivates a rhetoric that piles image upon image, metaphor upon metaphor, thickening and embellishing the text. It deploys a narrator whose worldly wisdom and fondness for languid, lyrical glosses produce an artfully structured but slow-moving narrative. While it fails to engage strictly contemporary events with a clearly defined political agenda, it does, nevertheless, focus on human dilemmas and on the impact of social change on an affectionately portrayed rural community. It also intermittently reveals an awareness on the part of the author/narrator that within this community power, wealth and privilege are concentrated in the hands of a vacuous but cynical and manipulative minority. In this sense *La turbina* can be seen as a symptom of that transitional phase in the Avant-Garde novel that José Díaz Fernández drew attention to in his well known prologue to the second edition of *El blocao*.[33] *La turbina* avoids the self-indulgence and virtuosity of

---

30 'La "novela social" y su significación durante la Segunda Dictadura', in *Actas del Sexto Congreso Internacional de Hispanistas*, Toronto, University of Toronto Press, 1980, p. 720.
31 In his 'Autobiografía' Arconada seems to view these three novels as a block and, perhaps contentiously, ascribes to them all the same militant political orientation: 'Gracias a mis convicciones revolucionarias, vencí el fermento campesino que llevaba en mi sangre. Comprendí entonces, guiado por el marxismo, lo que era España: un feudalismo retrógrado, y, por consiguiente, comencé la lucha contra este feudalismo en donde era necesario librar aquella batalla: en los campos. / De esta época, y sobre temas agrarios y revolucionarios, datan tres novelas: *La turbina, Los pobres contra los ricos* y *Reparto de tierras'*, *op. cit.*, pp. 177-78.
32 Ignacio Soldevila, 'La "novela social"', p. 719.
33 In his 'Nota para la segunda edición', Díaz Fernández wrote: 'Así como creo que es imprescindible hacer literatura vital e interesar en ella a la muchedumbre, estimo que las formas vitales cambian, y a ese cambio hay que sujetar la expresión literaria', *op. cit.*, p. 12. Note too Laurent Boetsch's comment on the article entitled 'Acerca del arte nuevo' which Díaz Fernández published in Post-Guerra in September 1927: 'Díaz Fernández esboza la idea de integrar las innovaciones de vanguardia con una temática "humana"', *op. cit.*, p. 47.

the *Nova Novorum* novelists but in it Arconada still writes stylishly and elegantly, carefully exploiting the expressive potentials of language yet containing them within a framework of reference congruent with the characters and milieu he examines. He shows little concern for the streamlined narrative economy of a José Mas o Joaquín Arderíus – an economy he would appropriate soon enough anyway – but in his depiction of the tensions between tradition and progress he never loses sight of the human issues at stake and offers pointed reminders of the social divisions within rural communities. When he wrote in 1930 'Yo seré siempre el hombre que lleva una corona de agradecimiento a la tumba del vanguardista desconocido', he not only acknowledged his indebtedness to the literary Avant-Garde but also stressed how, for him at least, as for a good many of his contemporaries, that movement had by that time accomplished its mission and had expired in the process.[34]

---

34   In the text referred to in note 8.

Francisco Miguel Soguero García

Los narradores de vanguardia como renovadores del género biográfico: aproximación a la biografía vanguardista*

No por tan traídas y llevadas son menos pertinentes las siguientes palabras de Rosa Chacel:

> Ideó [Ortega] la colección 'Vidas extraordinarias del siglo XIX'[1] que empezó a publicar la editorial Calpe, y nos asignó a unos cuantos de sus discípulos otros tantos personajes novelables [...] En aquel momento estaban en boga las biografías noveladas, pero los españoles no sólo no teníamos fe en nuestra propia vida, sino que ni siquiera creíamos tener héroes dignos de perdurar. Ortega señaló con el dedo y dijo: Éste, éste, éste, éste... Nosotros obedecimos; la responsabilidad de la elección era de Ortega y nos pusimos a estudiar los modelos dados. En seguida vimos que valían la pena.[2]

En las líneas anteriores sobresalen algunos aspectos cruciales a la hora de enfrentarnos con el fenómeno que nos ocupa, el del auge de la biografía en España durante los últimos años de la década de los veinte y los primeros de la siguiente, evidencia bien conocida pero no suficientemen-

---

* El presente trabajo se inscribe en un proyecto más amplio, 'La biografía vanguardista (1929-36)', dirigido por el profesor Nigel Dennis, y financiado mediante una beca del Programa de Formación de Investigadores del Departamento de Educación, Universidades e Investigación del Gobierno Vasco, que estoy llevando a cabo en la Universidad de Deusto.

1 Como veremos más adelante, no tuvo nunca tal denominación. Sí, en cambio, es el título de otra serie de biografías, también editada por Espasa-Calpe en los treinta.

2 Rosa Chacel, 'Cómo y por qué de la novela', *Obras Completas*, III (Artículos I), Valladolid, Diputación de Valladolid/Fundación Jorge Guillén, 1993, pp. 137-54. No es la única ocasión en que Rosa Chacel se ha referido a esta empresa editorial de Ortega y Gasset, así también en 'Sendas perdidas de la generación del 27', y 'Respuesta a Ortega: la novela no escrita', *op. cit.*, pp. 231-66 y pp. 369-93, respectivamente.

te estudiada hasta el momento, hecho sorprendente si reparamos en los autores de las producciones biográficas más interesantes del periodo: Benjamín Jarnés, Antonio Espina, César M. Arconada, Juan Chabás, Antonio Marichalar y la propia Rosa Chacel, entre otros. La honrosa excepción a este olvido lo constituyen algunos trabajos de Gustavo Pérez Firmat, Ana Rodríguez-Fischer y Luis Fernández Cifuentes.[3] El propósito de nuestro estudio es desentrañar las claves del fenómeno, contenidas en las palabras introductorias de Rosa Chacel, tarea vital para el perfecto entendimiento del conjunto de la prosa de la época. Esto conlleva el análisis de la teorización sobre el género que, desde las tribunas periodísticas, se llevó a cabo de manera masiva, principalmente a partir de 1929; el estudio del papel de Ortega en el florecimiento de la biografía y el contexto literario en el que surge, así como el examen detallado de las causas que lo desencadenaron.

Si hemos de fijar una fecha de comienzo que sirva de referente para acotar el campo cronológico de actuación de la boga biográfica, debemos acudir al año 1929, año que marca el lanzamiento de la colección 'Vidas españolas del siglo XIX'[4] en la editorial Espasa-Calpe. Supone esta llegada la plasmación de un proyecto concebido ya desde 1928 por Ortega y Gasset, quien asignó a Melchor Fernández Almagro, uno de los críticos literarios más influyentes del momento, la labor de dirigirlo. Es

---

3 Gustavo Pérez Firmat, 'La biografía vanguardista', en Fernando Burgos (ed.), *Prosa hispánica de vanguardia*, Madrid, Orígenes, 1986, pp. 181-89 (En la segunda edición del libro de Pérez Firmat, *Idle Fictions. The Hispanic Vanguard Novel, 1926-1934*, Durham/London: Duke University Press, 1993, pp. 169-77, figura como apéndice, con el título de 'Vanguard Saints', la versión en inglés del artículo). Ana Rodríguez-Fischer, 'Un proyecto de Ortega y Gasset: la colección "Vidas españolas e hispanoamericanas del siglo XIX"', *Scriptura*, 6-7, 1991, pp. 133-44. Luis Fernández Cifuentes, *Teoría y mercado de la novela en España: del 98 a la República*, Madrid, Gredos, 1982, pp. 342-51.
4 Un año después de su creación, a partir del volumen 11, *Bolívar, el libertador de José María Salaverría*, la colección pasó a denominarse 'Vidas españolas e hispanoamericanas del siglo XIX'. En la reseña que a la obra hace J. López Prudencio en *ABC*, 12 de diciembre de 1930, podemos leer: 'Responde esto al propósito de proyectar el radio de acción de estos trabajos a la América española'. El criterio nacionalista con que se inició el proyecto fue comentado por Jaime Torres Bodet, en su artículo 'Vidas españolas del siglo XIX', *Revista de Occidente*, XXVII, 1930, pp. 281-93: 'Ante todo una limitación en este panorama de vidas. Una limitación de lugar [...] Es, exclusivamente, una galería de figuras españolas', p. 283.

Rosa Chacel, de nuevo, quien da cuenta del proceso de selección de biógrafos y biografiados:

> Ortega, como el maestro que hace una señal con lápiz en el libro y ordena a los párvulos rebeldes: '¡Mañana, desde aquí hasta aquí!', nos dio de tarea a cada uno un alma. Algunas resultaron espléndidas: la de *El duque de Osuna*, de Antonio Marichalar, la de *Luis Candelas*, de Antonio Espina, por ejemplo.[5]

Además de los aludidos, entraron a formar parte de la colección, en una primera etapa, toda una serie de escritores vinculados muy estrechamente a *Revista de Occidente*:[6] Jarnés, Chabás, Cigés Aparicio. La propia Rosa Chacel recibió el encargo de biografiar a la amante de Espronceda, Teresa Mancha, obra que no llegó nunca a aparecer en la colección,[7] a pesar de que figura como 'de próxima aparición' en los primeros volúmenes que vieron la luz. La colección se inaugura con la biografía *El general Serrano, duque de la Torre*, del marqués de Villaurrutia, a la que siguieron *Sor Patrocinio, la monja de las llagas* de Benjamín Jarnés, *Luis Candelas, el bandido de Madrid* de Antonio Espina,[8] *Carlos VII, duque de Madrid* por el conde de Rodezno, y *Riesgo y ventura del duque de Osuna* de Antonio Marichalar, todas ellas de 1929. Poco a poco fueron apareciendo nuevos títulos, hasta alcanzar los casi sesenta en junio

---

5   'Respuesta a Ortega...', *op. cit.*, p. 391.
6   Es de ineludible consulta, para comprender el papel desempeñado por la revista en el mundo de la intelectualidad de la época, el trabajo de Evelyne López Campillo, *La 'Revista de Occidente' y la formación de minorías (1923-1936)*, Madrid, Taurus, 1972. Para el tema que nos ocupa, el capítulo 'La biografía', pp. 179-83.
7   '*Teresa* debió pertenecer a la colección 'Vidas extraordinarias del siglo XIX', que empezó a publicar Calpe por el veintitantos. Para ella me fue ofrecida por mi maestro Ortega y Gasset, firmé contrato con Calpe y en 1930 publiqué el primer capítulo en la *Revista de Occidente*. Como tardé años en terminarla –la entregué a primeros del 36–, no llegó a salir en Madrid, y no se publicó hasta el 41, en Buenos Aires'. Rosa Chacel, 'Advertencia a Teresa' en *Obras completas*, *op. cit.*, pp. 155-68.
8   Existe edición anotada de esta obra, con una estupenda introducción a cargo de Jaime Más Ferrer, Madrid, Espasa-Calpe, 1996. También de *Sor Patrocinio*, con prólogo de Ildefonso-Manuel Gil, Barcelona, Círculo de Lectores, 1993. De algunas de las biografías de la colección todavía pueden encontrarse ejemplares, aparecidos en la década de los setenta, en la editorial Espasa-Calpe. Es el caso de las de Benjamín Jarnés, el conde de Romanones, Juan Antonio Cabezas, Antonio Marichalar, etc.

de 1936.[9] Uno de los últimos publicados es *Doble agonía de Bécquer* de Jarnés, el autor que más obras aportó al proyecto: además de las dos citadas, en 1931 *Zumalacárregui, el caudillo romántico* y en 1935 *Castelar, hombre del Sinaí*. No podemos dejar de señalar otros títulos que, junto a los ya mencionados, dan idea del alcance e importancia de la colección en la década de los treinta: *Joaquín Costa, el gran fracasado* (1930) de M. Cigés Aparicio, *Avinareta, o la vida de un conspirador* (1931) y *Juan Van Halen, el oficial aventurero* (1933) de Pío Baroja, *Isabel II, reina de España* (1932) de Pedro de Répide, *El cura Merino, su vida en folletín* (1933) de Eduardo de Ontañón, *Juan Maragall, poeta y ciudadano* (1935) de Juan Chabás, y *Romea, o el comediante* (1935) de Antonio Espina.

Hemos mencionado la fecha de 1929 como punto medular desde el que plantear el análisis prospectivo del fenómeno, si bien debemos retroceder unos años para dejar cimentado el edificio sobre el que Ortega construye el tejado. De fecha tan temprana como 1925 son las siguientes declaraciones de Álvaro Alcalá Galiano, aparecidas en el diario *ABC*: 'Durante los últimos años la literatura inglesa se ha enriquecido con biografías interesantísimas como [...] la ya célebre *Reina Victoria*, de Lytton Strachey, que ha de quedar como modelo de intuición psicológica y de fino humorismo, unidos a un admirable pincel de retratista literario.[10] Es el mismo autor, y desde las páginas del mismo periódico, quien un año después en el artículo titulado 'Las biografías novelescas' describe 'la creciente afición del público por las biografías', tanto en Francia como en Inglaterra, y nos describe alguna de las claves del éxito: 'Para

---

9   J. Mª Martínez Cachero apunta que, una vez finalizada la contienda civil, aparecieron algunos títulos, pero que 'enseguida dejó de publicarse'. La editorial siguió prestando atención al género, pero ya no al siglo XIX, siglo que 'gozó de mala prensa en estos primeros años de la posguerra y contrapeso a su peligrosidad fue la exaltación de los siglos XVI y XVII y, consiguientemente, la moda de las biografías imperiales'. *La novela española entre 1936 y 1980*, Madrid, Castalia, 1985, p. 86.
10 Álvaro Alcalá Galiano, 'El interés de las memorias', 28 de enero de 1925. Líneas antes, después de criticar la oposición existente en España a desvelar las intimidades de los personajes célebres por parte de sus descendientes 'hasta la tercera o cuarta generación', hecho que dificulta la tarea de los biógrafos e historiadores, concluye que 'de tan insensata hostilidad al libro íntimo, al recuerdo personal, proviene esta triste escasez de buenas biografías en España'.

darle amenidad al género y atraerle numerosos lectores, se ha adoptado este género híbrido de lo que pudiéramos llamar la 'biografía novelesca', procedente de la novela y del archivo documentado a un tiempo'.[11] En 1927 Ricardo Baeza dedica tres artículos al 'arte de la biografía',[12] dando cuenta de su gran desarrollo, desde hacía unos años, tanto en Francia como en Inglaterra, así como de la creación en el primer país de dos colecciones dedicadas exclusivamente al género: 'Le Roman des grandes existences' de la editorial Plon, y 'Vies des hommes illustres', de la *Nouvelle Revue Française*. Después de referirse a la fortuna de la biografía en las letras españolas, 'más pobres que ningunas en el género', el autor se dirige a los jóvenes escritores 'si es que juzgamos ya irremediablemente tullidos a los viejos para esta gimnástica de amor y de imaginación', instándoles al ejercicio biográfico, ya que 'las facultades intelectuales no escasean' y 'el carácter español cuenta con algunas magníficas capacidades al buen biógrafo, tales: el don de la observación, el sentido de la realidad y la afición a la chismografía'.[13] Por esos mismos años la *Revista de Occidente* dedicaba algunas de sus páginas a dar cuenta de los que ya eran considerados padres de la nueva biografía – André Maurois y Lytton Strachey. Ángel Sánchez Rivero, en un extenso trabajo titulado 'Vida de Disraeli',[14] proclama que 'vuelve la predilección por las biografías. Plutarco entra una vez más en el signo de la actualidad', y anota luego algunas consideraciones acerca de la manera de entender Maurois la biografía. Strachey suscita la atención de Antonio Marichalar, quien le dedica unas páginas como preámbulo a la traduc-

---

11   Álvaro Alcalá Galiano, 'Las biografías novelescas', *ABC*, 11 de agosto de 1926.
12   'El nuevo arte biográfico', 'El arte de la biografía en Inglaterra' y 'Últimas consideraciones sobre el arte de la biografía', *El Sol*, 29 de abril, 1 de mayo y 7 de mayo de 1927, respectivamente. En el mismo periódico, el 18 de octubre de 1928, Enrique Díez-Canedo señalaba en su artículo 'El afán de las vidas' el auge que había tenido en Francia el género biográfico, desde donde 'se ha comunicado a otros países y va llegando al nuestro, donde ya empiezan a traducirse algunas [biografías] de las más celebradas, como, por ejemplo, la *Vida de Disraeli*, escrita por André Maurois, que es en cierto modo el iniciador de esta moda literaria'.
13   'Últimas consideraciones..'., *op. cit.*.
14   Tomo XVIII, 1927, pp. 296-28. Ya en fecha tan temprana como 1923, año de su aparición en Francia, tenemos noticia en *Revista de Occidente*, I, pp. 242-47 de la primera biografía escrita por André Maurois, *Ariel*, sobre la vida de Shelley, en el artículo de Enrique Díez-Canedo 'Shelley'.

ción de *La muerte del general Gordon*, uno de los personajes biografiados por el inglés en *Eminent Victorians*.[15] En ellas, después de evidenciar 'el interés creciente que despiertan los libros de carácter biográfico', realiza algunas disquisiciones sobre los métodos y técnicas de la nueva biografía, a la vez que aventura las causas de su auge, entre las que destaca 'la popularidad que van adquiriendo aportaciones científicas como las del psicoanálisis o del *behaviorismo*, y las investigaciones de tipología, fisiognomía, caracterología y temperamento, psicología infantil, etc.'[16] A éstas, de carácter científico, suma Marichalar, las de signo literario, de las que nos ocuparemos más adelante. Benjamín Jarnés, prolífico autor de biografías, lo es también de análisis teóricos sobre el género[17] y no deja pasar su avezada pluma sin apuntar algunas de sus características más destacadas. En una nota aparecida en 1928 en *Revista de Occidente*, con el significativo título de 'Escuela de Plutarcos',[18] destinada a dar a conocer la creación en Francia de las dos 'colecciones de hombres ilustres', mencionadas anteriormente, se permite aconsejar a los autores de biografías la 'conveniencia del dibujo apretado y sintético cuando de hacer retratos se interese (son los nuestros tiempos de Picasso, no de Regnault)'. Reclama Jarnés no sólo una nueva biografía, que ya estaban poniendo en práctica Strachey, Maurois, Ludwig, Dilthey y Bertran, entre otros, sino una biografía vanguardista, que incorpore las innovaciones que se estaban llevando a cabo en todo el orbe artístico, desde la pintura a la literatura, pasando por la música y la arquitectura.

---

15 'Las "vidas" y Lytton Strachey', *Revista de Occidente*, XIX, 1928, pp. 343-58. El texto de *La muerte del general Gordon* aparece dividido en tres entregas. La primera en el número señalado, páginas pp. 359-78, las dos siguientes en el tomo XX, 1928, pp. 57-85 y pp. 194-230, respectivamente. En la misma revista aparecieron otros textos del autor inglés: 'Retrato en miniatura: Madame de Lieven', XXXIII, 1931, pp. 155-69, y 'Biografía en miniatura: Lady Hester Stanhope', XXXIX, 1933, pp. 268-79.
16 *Ibid.*, p. 344.
17 Además de las que señalaremos a continuación, realizó numerosas reseñas de biografías en diversas publicaciones. En su ensayo de crítica literaria *Feria del libro*, Madrid, Espasa-Calpe, 1935, da amplia noticia de más de veinte títulos de los aparecidos en la colección 'Vidas españolas e hispanoamericanas del siglo XIX', pp. 171-207.
18 Tomo XIX, pp. 387-89.

En 'Nueva quimera del oro',[19] reseña de la obra de Maurois *Aspects de la biographie*, en la que el escritor francés descubre 'su aparato de resucitar los hombres', analiza Jarnés las características que diferencian la biografía tradicional de la moderna:

> La biografía antigua es esclava del dato; la moderna es policía de un espíritu, de una personalidad. La diferencia entre los dos biógrafos es la diferencia que va del hombre que colecciona al hombre que vibra. Tal vez el biógrafo moderno sea peor historiador de una etapa, pero siempre será mejor reconstructor de un individuo.

Concluye su recensión de manera tajante y muy descriptiva, reduciendo la biografía a una hipotética definición de diccionario, más acorde con los vientos renovadores que surcaban sobre el género: 'Biografía: aventura. Biógrafo: poeta de la historia'.[20]

Una vez llegados a este punto, debemos precisar lo dicho hasta ahora, ya que, si bien la producción de biografías en España a la altura de los años veinte no había sido tan numerosa como en otros países europeos, donde el auge fue señalado como rasgo común a las letras continentales, tampoco se puede afirmar con rotundidad su completa inexistencia. Así, como precedente, se puede citar la fugaz colección que publicó, en 1915, la editorial de la Residencia de Estudiantes, con la traducción de varias biografías: Juan Ramón Jiménez fue el encargado de traducir *Beethoven, Miguel Ángel* y *Tolstoi* de Romain Rolland; Díez-Canedo, la *Vida de Carlos XII* de Voltaire; Ramón M. Tenreiro, *Ficción y Realidad* de Goethe[21]. Al tratarse de modelos clásicos es de suponer que no portasen las innovaciones que, sólo unos pocos años después, se incorporarían al género, innovaciones que iban a ser llevadas a cabo en Inglaterra por Lytton Strachey, quien ya en 1918 había publicado *Eminent Victorians*, obra que fue recibida con enorme éxito. En nuestro país

---

19 Benjamín, Jarnés, 'Nueva quimera del oro', *Revista de Occidente*, XXIII, 1929, pp. 118-22.
20 En términos similares a los apuntados en esta reseña se refiere Jarnés en otra, 'Vidas oblicuas', *Revista de Occidente*, XXVI, 1929, pp. 251-56, en la que analiza la obra de Ramón Gómez de la Serna *Efigies*: '[Las biografías] no son vidas al través de un dato, son vidas al través de un espíritu, de un transformador. Son otras vidas. Porque ningún creador renuncia a sus derechos de primogenitura, y él se ingeniará para, en el trance de no concederle inventar una vida, transfigurarla, al menos'.
21 Tomamos el dato de Luis Fernández Cifuentes, *op. cit.*, p. 343.

Ramón Gómez de la Serna, precursor de tantas modas literarias, no podía ser menos en este caso. Las primeras semblanzas biográficas con marcado carácter novedoso publicadas en España llevan su firma. Es el propio escritor quien nos da noticia de sus precoces incursiones en el género:

> Cuando la biografía aún no se había puesto de moda –allá por el 1916–, yo ya encabezaba con largas y cordiales biografías a mi manera –bajo el signo del vitalismo muerto–, las obras de Ruskin, de Baudelaire, de Williers, de Nerval, de Oscar Wilde, etc. Pasado el tiempo, coleccioné en un tomo titulado *Efigies*, parte de estas biografías y seguí escribiendo otras nuevas sobre Quevedo, Lope, Figaro, Goya, El Greco, mi tía Carolina Coronado, Gutiérrez Solana, Azorín, Silverio Lanza...[22]

Hay que notar que a lo que Gómez de la Serna se refiere no son sino prólogos que servían de pórtico a la edición de obras de los mencionados autores, así se promocionaban como libros completos lo que en realidad correspondía a varios prefacios ramonianos, como el que hace a *Las hijas de fuego* (1920), de Gerardo Nerval, en la editorial Biblioteca Nueva, bocetos biográficos que posteriormente 'toman cuerpo en volúmenes colectivos como *Efigies* (1929), *Retratos contemporáneos* (1941), etc.'[23] Durante la década de los veinte Ramón publicó, en *Revista de Occidente*,[24] diversos fragmentos que con el tiempo se convertirían en biografías, como las de *Goya* (1928) y *Azorín* (1930), a las que seguirían las ya mencionadas por el autor, completando así una de las facetas literarias a la que con más empeño y originalidad se dedicó durante toda su vida, quehacer literario que bien pudiera resumirse en las palabras con las que encabeza la 'Advertencia preliminar' a su biografía sobre Lope de Vega: 'Mi libro es Lope. Los demás son sobre Lope'.[25]

Llegamos, pues, de nuevo, al año en el que comenzábamos, 1929, fecha en la que da sus primeros pasos la colección 'Vidas españolas del

---

22   En el 'Prólogo' a sus *Retratos Contemporáneos*, Buenos Aires, Editorial Sudamericana, 2da edición, 1944.
23   Pura Fernández, 'En torno a la bibliografía de Ramón Gómez de la Serna', en Ramón Gómez de la Serna, *Obras Completas I. Escritos de juventud (1905-1913)*, Barcelona, Círculo de Lectores/Galaxia Gutenberg, 1996, pp. 49-71.
24   'El gran español, Goya' y 'Concepto de Goya', XVI, 1927, pp. 191-203 y XX, 1928, pp. 20-44, respectivamente. También 'Azorín', XXII, 1928, pp. 202-26.
25   Ramón Gómez de la Serna, *Biografías completas*, Madrid, Aguilar, 1959, p. 119.

siglo XIX'. De lo anterior es fácil constatar que Ortega, animador de la empresa, ya tenía cosechado el campo, sólo faltaba trillar, separar el grano de la paja, acción que emprende al asignar entre sus discípulos más aventajados las biografías que inaugurarían la colección en Espasa-Calpe. A partir de la eclosión que se produce ese año, y hasta la decisiva fecha de 1936, el mercado editorial español no dejará de lanzar colecciones de 'historias de vidas'. La Nave edita algunas de las biografías más aclamadas del periodo, como los citados *Azorín* y *Goya* de Gómez de la Serna y el *Loyola* (1930) de Salaverría. La editorial F. Beltrán dedica una de sus colecciones a las 'Mujeres de antaño', y entre sus títulos destaca *Madame de Stael* (1930), del marqués de Villaurrutia, al igual que Seix-Barral lo hace con 'Vidas de Mujeres Ilustres', entre cuyos volúmenes es de destacar la *Vida de Santa Teresa* (1932) de Juan Chabás. La propia Espasa-Calpe amplia los límites temporales de la colección ideada por Ortega y crea 'Vidas extraordinarias', en la que se publica, por ejemplo, el *Garcilaso de la Vega* (1933) de Altolaguirre. El cine, arte nuevo que tanto influyó en las trayectorias artísticas de nuestros escritores de entonces, dio pie a un proyecto editorial que al final no cuajó. Se trataba de la serie 'Figuras del cinema', que planteaba la publicación quincenal, en formato de revista, de biografías de las principales estrellas del celuloide.[26] La que se preveía como primera entrega, *Clara Bow*, por César M. Arconada, fue la única que llegó a materializarse y sería incluida más tarde en su libro *Tres cómicos del cine* (1931), junto a las biografías de Charles Chaplin y Harold Lloyd. No era la primera vez que Arconada incurría en el mundo del séptimo arte. Ya en

---

26 En el número 77, 1 de marzo de 1930, de *La Gaceta Literaria*, se informaba del proyecto: 'A medida que se vayan publicando estos pequeños volúmenes se irá viendo cómo la joven literatura interpreta –con estilo cinematográfico y personal– las diversas figuras del cinema. Será una experiencia animosa y, desde luego, vislumbrante de promesas'. Entre los títulos que se anunciaban los había tan atrayentes, dada la calidad de los biógrafos y de la mayoría de los biografiados, que lamentamos que el proyecto no se llevara a cabo: *Iván Mosjoukine*, por Benjamín Jarnés; *Harry Langdon*, por Alberti; *Douglas Fairbanks*, por Giménez Caballero; *Max Linder*, por Antonio Espina; *Francesca Bertini*, por Ramón Gómez de la Serna; *Janet Gaynor*, por Francisco Ayala; *Charles Farrell*, por Ernestina de Champourcín; *Greta Garbo*, por Jaime Torres Bodet; *Charles Chaplin*, por Edgar Neville y *Harold Lloyd*, por Bergamín, entre otros.

1929 había publicado *Vida de Greta Garbo*,[27] que se convirtió en la primera biografía de la actriz sueca a escala mundial, por lo que fue rápidamente traducida a otros idiomas. Inmersa en la vorágine biográfica, la editorial Colón, a comienzos de la década de los treinta, decide lanzar la revista *Biografías*, de la que salieron algunos números con vidas como la de *Carlos III, El Greco*, etc. Son significativas del apogeo que había alcanzado el fenómeno las tradicionales evaluaciones literarias que, al finalizar el año, realizaban las distintas publicaciones periódicas, así, por ejemplo, en la que hace de 1930 *La Gaceta Literaria* 'Los doce mejores libros del año', adjudica los peculiares títulos de 'Mister Abril', 'Mister Julio' y 'Mister Noviembre', a otras tantas biografías: *Cristóbal Colón, el Quijote del océano*, de Jacob Wassermann, *Joaquín Costa, el gran fracasado*, de Cigés Aparicio y *Bolívar, el libertador*, de José María Salaverría.[28] La boga biográfica no decayó con el avance de los años y así se puede leer en el encabezamiento del artículo que el diario *El Sol* consagra a dar noticia de la III Feria del Libro de Madrid, en 1935: 'Las biografías, libros de historia y de técnicas diversas se clasifican en primer término en las preferencias del público'.[29] Este éxito en la recepción del género biográfico mereció una especial atención desde las páginas de las publicaciones periódicas, en concreto en las dedicadas a las reseñas de libros. En el periodo comprendido entre 1929 y 1936, fechas que delimitamos como de alta producción biográfica en España, *El Sol* reseña más de trescientas biografías.[30] Tanto *Revista de Occidente* como

---

27 Las dos obras de Arconada mencionadas aparecieron en la editorial Ulises, de la que el escritor fue uno de los fundadores. Se reeditaron en los años setenta: *Vida de Greta Garbo*, Madrid, Castellote, 1973; *Tres cómicos de cine*, Madrid, Castellote, 1974.
28 *La Gaceta Literaria*, Número 97, 1 de enero de 1931, p. 23.
29 8 de mayo de 1935. En el interior del artículo pueden leerse líneas tan esclarecedoras como las siguientes: 'Hemos interrogado a los vendedores de los 'stands' acerca de las preferencias del público. –Donde mayores ventas se han realizado han sido en aquellos departamentos donde se exhiben preferentemente libros de biografía y de carácter más o menos histórico. Siguen ocupando en la devoción de las gentes preeminente puesto los nombres de los famosos biógrafos de grandes personajes vivos y muertos'.
30 Hemos podido contabilizar 313, de las cuales 141 pertenecen a biografías escritas originalmente en español y 172 a biografías escritas en otro idioma, hayan sido o no traducidas al nuestro. Luis Fernández Cifuentes, en *Teoría y mercado...*, *op. cit.*, p. 347, señala que ya desde 1928 la página literaria de *El Sol* incluía una sección

La Gaceta Literaria, prestaron una amplia atención al fenómeno. La primera publicó numerosos fragmentos de obras próximas a publicarse en la colección 'Vidas españolas e hispanoamericanas del siglo XIX', así como de varios de los mejores autores extranjeros: el citado Strachey, Stefan Zweig, Pfandl, etc. Por fin, para finalizar con este recorrido, demostrativo de la dimensión y alcance que el auge biográfico supuso en las letras españolas, también hay que mencionar que la concienciación teórica sobre el género no dejó de producirse en la década de los treinta, y a ella dedicaron innumerables páginas la mayor parte de los escritores que lo pusieron en práctica.

Ya se han dejado entrever algunos de los motivos causantes de la fortuna del género biográfico. Entre los factores de tipo sociológico no debemos olvidar el incremento de la demanda, originada por el gusto del público por las biografías.[31] Entre los de índole científica, la pujanza de los estudios psicológicos, sociológicos, antropológicos e históricos, conducentes todos ellos a colmar el deseo del hombre por conocer los entresijos del alma y el comportamiento humanos. Una muestra del extraordinario desarrollo que estas ciencias habían alcanzado es la amplia dedicación que, desde las páginas de *Revista de Occidente* (y de igual manera desde su editorial), se les prestó, ya desde sus comienzos. Se han apuntado otras explicaciones para justificar la difusión de la biografía en esa época, así Evelyne López Campillo sugiere el papel educativo y de formación que cumple: 'El pasado llega a ser materia para la ense-

---

para la reseña de biografías. Si bien debemos añadir que la verdadera avalancha se produce desde el año mencionado. En el diario *ABC* aparecieron, en el mismo periodo, un total de 100 reseñas. Como dato significativo mencionaremos que 84 corresponden a biografías en español, y tan sólo 16 a las escritas en otro idioma.

31 'Nadie sabe explicarlo; pero el hecho ahí está, con la irrefutable evidencia de lo verdadero. Lo gritan, jugando a las cuatro esquinas, todos los escaparates; lo pregonan catálogos y anuncios, anaqueles y bibliotecas. El desordenado apetito de lectura de nuestro tiempo sólo se sacia con carne de vida, esto es, con biografías, con historias. Hasta el buen español que antes protestaba de que le contasen historias hoy las pide. Hasta España, país esencialmente histórico, pero poco historiográfico [...] demanda una y otra vez biografías'. Eugenio Montes, 'Tiempo de biografía. El hombre ante el hombre', *El Sol*, 3 de febrero de 1932. Ana Rodríguez-Fischer cita un par de ejemplos que demuestran este 'apetito': *'Sor Patrocinio, la monja de las llagas* y *Luis Candelas, el bandido de Madrid* tuvieron dos ediciones en el curso de dos años, hecho no ocurrido con ninguna de sus novelas'. En 'Un proyecto de Ortega...', *op. cit.*, p. 136.

ñanza, pero no un pasado cualquiera: la mayor parte de las biografías son las de hombres quienes han sido jefes, guías, caudillos...'.[32] Evidentemente, todo lo anterior tiene que ver con el auge biográfico en el ámbito europeo, para el que no podemos dejar de señalar la atracción por los héroes y las hazañas heroicas individuales que se observa en el lector tras la inmediata Gran Guerra.[33] No se busca la exaltación de unos ideales colectivos, porque se carece de ellos, sino que se produce el retorno a la pura individualidad. Sin embargo, en las letras españolas se suman a las anteriores otra serie de causas que derivan de un denominador común: Ortega y Gasset.

Ha quedado expuesto más arriba que es Ortega quien impulsa la creación de la serie 'Vidas españolas e hispanoamericanas del siglo XIX', pero la colección no es más que la consecuencia natural, la puesta en práctica de un proyecto devengado del fracaso de otro que había sido fomentado, sólo unos años atrás, por él mismo. Nos referimos, claro está, a su propuesta de innovación en el género novela, expuesta en los polémicos ensayos *La deshumanización del arte* e *Ideas sobre la novela* (1925). No vamos a entrar aquí en detalles, pues de todos es bien sabido que ambas obras supusieron para un grupo de jóvenes prosistas – Benjamín Jarnés, Antonio Espina, Francisco Ayala, Rosa Chacel, Juan Chabás, Valentín Andrés Álvarez, César M. Arconada, entre otros– el tratado normativo de cabecera al que siguieron escrupulosamente a la hora de componer sus obras, de lo que resulta un grupo de novelas experimentales y vanguardistas, preñadas de lirismo y metáforas, que rechaza abiertamente los principios articuladores de la novela de tradición realista. Estas novelas innovadoras estaban dirigidas a un público minoritario y elitista, del que se esperaba una participación activa e inteligente en el proceso de la lectura. No fueron pocos los que validaron el adjetivo utilizado por Ortega, designando con el marbete de 'deshumanizadas' a estas obras, apuntando así otro de los rasgos que las caracterizaba: el distanciamiento del mundo real y los conflictos humanos, evitando el diseño de personajes 'de carne y hueso'.[34] Los resultados no fueron to-

---

32 López Campillo, *La Revista de Occidente y la formación...*, *op. cit.*, p. 181.
33 Lo señala Emilia de Zuleta en su *Historia de la crítica española contemporánea*, Madrid, Gredos, 1966, pp. 299-300.
34 Parece que en los últimos años se está reavivando el estudio de este grupo de novelas sin las cuales no es posible un entendimiento global de la llamada 'Edad de Pla-

do lo fructíferos que se esperaba, y las críticas desde los estrados periodísticos no se hicieron esperar. Hacia 1930 se producen dos hechos que son sintomáticos del canto de cisne del proyecto vanguardista: la publicación de *El nuevo romanticismo* (1930) de José Díaz Fernández, y la conocida encuesta sobre la vanguardia realizada el mismo año, entre numerosos escritores, por *La Gaceta Literaria*.[35] Dos años antes, en la nota que acompañaba a la segunda edición de su obra *El blocao*, Díaz Fernández atacaba la intrascendencia de las obras de los vanguardistas:

> Trato de sorprender el variado movimiento del alma humana, trazar su escenario actual con el expresivo rigor de la metáfora, pero sin hacer a ésta aspiración total del arte de escribir, como sucede en algunas tendencias literarias modernas [...] Cultiven ellos sus pulidos jardines metafóricos, que yo me lanzo al intrincado bosque humano, donde acechan las más dramáticas peripecias.[36]

En este prólogo adelantaba parte de las concepciones rehumanizadoras del arte que guiaban su empeño en *El nuevo romanticismo*, con el que pretendía remover las conciencias 'deshumanizadas', todo ello al hilo de la honda crisis social y política que se estaba viviendo en España al comienzo de la década de los treinta. En consecuencia, la novela vanguardista va retrocediendo a medida que avanza la novela rehumanizada o 'de avanzada'. Antes de la publicación del ensayo de Díaz Fernández ya había reconocido Ortega la incapacidad de los novelistas modernos para crear novelas que llegasen a un público medio, formado dentro de la tra-

---

ta' de la literatura española. Indispensable resulta la ya clásica obra de Gustavo Pérez Firmat. *Idle Fictions. The Hispanic Vanguard Novel, 1926-1934, op. cit.*, o las más recientes de José M. Del Pino, *Montajes y fragmentos: una aproximación a la narrativa española de vanguardia*, Amsterdam/Atlanta, Rodopi, 1995, y Domingo Ródenas de Moya, *Los espejos del novelista. Modernismo y autorreferencia en la novela vanguardista española*, Barcelona, Península, 1998. De este último también merece destacarse *Proceder a sabiendas. Antología de la narrativa de vanguardia española 1923-1936*, Barcelona, Alba, 1997.

35 Miguel Pérez Ferrero iniciaba la encuesta el 1 de junio y durante varios números contestó a la misma buena parte de la intelectualidad española del momento. Ernesto Giménez Caballero contesta que 'ha existido. Ya no existe'. César M. Arconada duda que en esos momentos exista, pero afirma que 'si en este momento hay vanguardia, yo soy un desertor'. El crítico Ernesto Salazar y Chapela es tajante: 'La vanguardia existió, gozó y murió'.

36 Existe edición moderna de la obra con prólogo de José Esteban: Madrid, Viamonte, 1998.

dición realista. Con el proyecto de la colección de biografías pretendía 'reconciliarse con la realidad, ser el rehumanizador que la rehumanizase y la proyectara hacia un ámbito popular sin que abandonase el sello de la elegancia espiritual que caracterizaba a cualquier empresa orteguiana'.[37] Ortega había aceptado, al fin, la impericia de sus discípulos para crear personajes, 'psicologías imaginarias', y con su propuesta de novelar personajes reales no pretendía otra cosa que recuperar a los lectores perdidos, a la vez que ejercitar a los jóvenes escritores en el oficio de la pluma. La relación existente entre el agotamiento de la novela vanguardista y el florecimiento incipiente de la biografía novelada en España fue vislumbrada de manera anticipada por Enrique Díez-Canedo en 1928: 'Como síntoma del cansancio producido por el género novelesco al uso en la generalidad de los lectores puede tomarse, entre otros muchos, el auge de las 'vidas' que desde Francia se ha comunicado a otros países y va llegando al nuestro'.[38] Melchor Fernández Almagro, al reseñar el *Luis Candelas* de Antonio Espina, no se sorprendía del éxito del género biográfico en España, ya que estaba 'favorecido en su actual boga por quiebras naturales de la novela a la manera realista'.[39]

A la forma en que Ortega puso a trabajar a sus escritores nos hemos referido más arriba, a través de las rememoraciones de Rosa Chacel. En pocos meses las primeras biografías estaban en la calle. Sorprende comprobar que los mismos autores que sólo unos meses antes soportaban críticas abyectas por sus novelas elitistas y minoritarias eran ahora aplaudidos y felicitados, mientras las librerías apuraban en breves lapsos de tiempo sucesivas ediciones. ¿Dónde radicaba el secreto del éxito? ¿Cuáles eran las características de esas biografías que de manera tan ferviente eran consumidas por el gran público, y halagadas por los críticos más exigentes? Si volvemos al ensayo que había puesto el dedo en la llaga al contraponer la 'literatura de vanguardia' a la 'literatura de avanzada', si echamos un vistazo, decíamos, a los credos estéticos proclamados por Díaz Fernández en *El nuevo romanticismo*, comprobaremos que las biografías que los escritores vanguardistas estaban componiendo siguen sus premisas muy de cerca. Para este autor, la verdadera

---

37 Jaime Más Ferrer, en el prólogo a *Luis Candelas...*, *op. cit.*, pp. 29-30.
38 Enrique Díez-Canedo, *op. cit.*.
39 'El *Luis Candelas* de Antonio Espina', *La Gaceta Literaria*, 74, 15 de enero de 1930, p. 1.

vanguardia no es la que se conocía hasta ese momento, refugiada en un esteticismo yermo, sino la que él propone como literatura de avanzada, bajo el sobrenombre de 'nuevo romanticismo'. Esta nueva vanguardia hará 'un arte para la vida, no una vida para el arte', 'una vuelta a lo humano', sirviéndose de elementos modernos: 'síntesis, dinamismo, renovación metafórica, agresión a las formas académicas'.[40] Es, por lo tanto, su concepción de la creación artística, una convergencia entre el esmero en la elaboración formal y una exaltación decidida de lo humano y lo vital[41] en los contenidos. Esta última característica queda totalmente cubierta en la biografía si nos atenemos a la definición que da el diccionario de la R.A.E: La historia de la vida de una persona, o a esta otra de Benjamín Jarnés en la 'Nota preliminar' a *Sor Patrocinio, la monja de las llagas:* 'Novela es el arte de crear un hombre, biografía el arte de resucitarlo'.[42] En cuanto a la forma, los escritores que se habían adiestrado a la vera de Ortega no podían olvidar sus procedimientos anteriores. Bajo ropaje novelesco surge un nuevo tipo de biografía, que cuenta hechos verdaderos, en no pocas ocasiones con escaso rigor histórico, pero mediante la prosa innovadora propia de la novela vanguardista. Aparece así, ligado a la nueva biografía, el virtuosismo estilístico de impronta lírica, plagado de metáforas, como en la siguiente descripción de la protagonista en *Vida de Greta Garbo*, de Arconada:

> Greta Garbo: Líneas flexibles, mecidas al viento. Al viento, fogoso, de los ritmos sensuales [...] Surtidor pulido de formas. Sirena entre las espumas de la luz. Fina y firme. Venus perseguida en los bosques nocturnos del cinema por un aleteo de miradas absortas. Greta Garbo: Forma de abiertas curvas. Redes, sutiles, para las alucinaciones obstinadas.[43]

---

40 José Díaz Fernández, *El nuevo romanticismo*, Madrid, José Esteban editor, 1985.
41 Esto entroncaría directamente con la filosofía vitalista de Ortega, una de las circunstancias que apunta Jaime Más Ferrer como posible para explicar el auge de la biografía en España: 'La reflexión orteguiana se centraba, casi exclusivamente, en la vida humana, en el hombre y su entorno [...] Ortega, al formular y desarrollar esta concepción vitalista y presentista, en cierto modo fortalecía los fundamentos de la biografía, al tiempo que la simultánea crisis, en que se debatía la novela lírica, la fortalecía y potenciaba', *op. cit.*, pp. 30-31. También puede consultarse, al respecto, el artículo de Jaime de Salas 'Vida y biografía en Ortega', *Revista de Occidente*, 74-75, julio-agosto 1987, pp. 77-87.
42 *Sor Patrocinio...*, *op. cit.*, p. 27.
43 Madrid, Ediciones Ulises, 1929, pp. 119-20.

La influencia del maestro Ramón Gómez de la Serna también se deja sentir en numerosas metáforas de regusto greguerizante. Son especialmente significativas, como bien señala Jaime Más Ferrer en su edición de la obra, en el *Luis Candelas* de Antonio Espina:

> Ella [la nariz] es el gancho con que atrapamos las cosas. El sustentáculo de las gafas de vidrio y de los espejuelos de la fantasía. El arpón con que pescamos las grandes ideas que flotan en la atmósfera. El cáliz en que bebemos los vientos de las más fluidas ilusiones [...] La nariz es la proa del ser.[44]

En *San Alejo* encontramos algunas de las páginas más bellas de toda la obra jarnesiana, como en el siguiente fragmento en el que el autor nos describe, con trazos sumamente poéticos, los estragos del tiempo sobre el cuerpo de Adriana, la compañera de Alejo:

> Ya los pequeños obreros que comienzan por arar las frentes, se le deslizan por los ojos, se le ciñen a la boca, le recorren todo el rostro, lo dejan preparado para recibir la amarilla simiente del otoño. Los menudos genios del dolor exprimen las mejillas de Adriana, le sorben los jugos de su cuello, le escalan los senos, succionándolos, agotándolos, hasta convertir en mustios espectros aquellos *dos cabritillos mellizos que se apacentaban entre lirios.*[45]

En la primera biografía de Jarnés, *Sor Patrocinio,* asistimos a un amplio muestrario de otras de las características más sobresalientes de la narrativa vanguardista, como la metaficción y la injerencia autorial. A través de ellas, el escritor desvela las entrañas del proceso compositivo de su obra:

> Todo debe ser apuntado. Una vez hecho así constar, el aprendiz de biógrafo enmudece [...] Él sabe que muchas circunstancias oscuras son más interesantes que el más ruidoso acontecimiento público [...] El mejor biógrafo será aquel en quien más se desarrolle el sentido de la cautela; quizá por eso los ingleses, como de urbanidad más refinada, son mejores, los mejores biógrafos.[46]

---

44 Jaime Más Ferrer en Antonio Espina, *Luis Candelas..., op. cit.,* p. 144.
45 Madrid, Ediciones Literatura (PEN Colección), 1934, p. 114.
46 *Op. cit.,* p. 98. Las alusiones a su labor como biógrafo son muy abundantes en la obra. Anotamos alguna más: 'Es imposible conocer por tradición un diálogo no escrito. Un movimiento político incubado de viva voz, o por teléfono –como hoy se usa–, es difícil de historiar. Quedan los hechos y las hipótesis de sus causas. Apelar a los testimonios vivos es el único medio de despejar la incógnita; y en efecto, se

Los narradores de vanguardia como renovadores del género biográfico 215

Otras veces opina, en la misma obra, sobre el devenir vital de su biografiada, aplaudiendo o criticando determinadas acciones, haciendo gala de una poco comedida objetividad. El siguiente ejemplo, conclusión del autor después de trazar un paralelo entre Santa Teresa de Jesús y Sor Patrocinio, es buena muestra de ello. Es significativo, además, por la alusión a Plutarco, padre de la biografía, y autor de las extraordinarias *Vidas Paralelas*:

> No, no hay semejanza... Teresa funda en el desierto; Patrocinio en los jardines de la corte. Teresa echa cimientos, Patrocinio revoca fachadas. Aquí Plutarco no encuentra la pareja. De una a otra sor hay la distancia que va del héroe al discreto, del inventor a un copista.[47]

Uno de los aspectos más reseñables de la narrativa vanguardista es la interpretación que los autores hacen de los procedimientos cinematográficos, no sólo a través de referencias textuales al mundo del cine, sino también en la construcción y estructuración de sus obras, interpretación que se trasvasa de manera inevitable a la producción biográfica. En *Clara Bow* de Arconada, la descripción del espacio en el que se desarrolla la niñez de la protagonista es un buen ejemplo de ello:

> Brooklyn está sujeto a New York por las bisagras de los puentes. En medio, el East River. Aguas sucias, grises, que rodean el cuello de la isla como una gorguera de encaje. Pasa el elevado, los tranvías. Los *ferrys* surcan las aguas de un lado a otro, pespunteando las costas. Pasa la gente, los obreros, los camiones cargados de vigas de hierro. Los domingos, la multitud llena los autobuses que van a Coney Island. Pero New York está erguido, severo, imperturbable, duro, en medio de su isla...[48]

Pudiera pensarse que esto es así porque el marco es propicio: la biografía de una estrella del cine, retratada en la meca del cine, pero si retrocedemos cien años y nos adentramos en el ambiente madrileño de Luis Candelas el resultado es aún más sorprendente:

---

acudió a un testigo de máxima representación' (p. 110), 'Aquí el aprendiz de biógrafo subrayó tres frases. Ahorran todos los comentarios' (p. 116).
47   *Ibid.*, p. 128.
48   En *Tres cómicos del cine, op. cit.*, p. 182.

Tres mil llamas de bujías: cristalinas arañas en las que estas bujías arden. Haces de luz de gas que corta en círculos infinitos el resplandor de aquellas. Toques brillantes de fulgor en los cristales. Molduras de oro. Medialunas de escotes. Brazos desnudos de mujer que descienden como cuellos de cisnes abatidos sobre la pompa de la falda [...] Música. Coloquios. Risas. Una atmósfera tibia, cargada de esencias.[49]

Bastan los ejemplos anteriores como muestra de que lo que en España se estaba haciendo en materia de biografía. Esta producción soportaba el halo de lo novedoso, de lo vanguardista, que transmitían sus artífices, dueños de una obra novelesca de igual talante innovador. La pléyade orteguiana, que no había sabido llegar al público con sus novelas desbordantes de maestría estilística, sí lo consiguió con sus biografías, portadoras de similar virtuosismo formal, pero también de humanidad, creando una serie de obras que podríamos agrupar, como acertadamente hizo Gustavo Pérez Firmat, bajo el marbete de 'biografía vanguardista', si bien tampoco andaríamos errados al bautizarla con el de 'biografía de avanzada'. La reconciliación con los lectores y la crítica bien merecía el intento, y el resultado es a todas vistas satisfactorio. Todo ello no quiere decir que estos autores olvidasen su labor puramente novelística. Jarnés dio a la imprenta, en la década de los treinta, varias de sus novelas, en las que fue fiel a la estética innovadora de la que había sido un claro precursor con su primera novela *El profesor inútil* (1926).[50] Otros, como Arconada, decidieron orientar sus pasos literarios hacia posiciones ideológicas más comprometidas con la realidad, vinculándose al proletariado y poniendo su pluma al servicio de la lucha de clases: las novelas *La turbina* (1930), *Los pobres contra los ricos* (1933) y *Reparto de tierras* (1934), son buena muestra de ello. Antonio Espina, después de unos excepcionales escarceos en la narrativa vanguardista con *Pájaro pinto* (1927) y *Luna de copas* (1929), desde el año 1930 se dedica casi

---

49   Antonio Espina, *Luis Candelas, el bandido de Madrid, op. cit.*, pp. 160-61.
50   No dejó Jarnés nunca de lado la labor biográfica. En su exilio mexicano publicó, en 1942, poco después del suicidio del gran biógrafo austríaco, *Stefan Zweig. Cumbre apagada*. Del mismo año son *Vasco de Quiroga, obispo de Utopía* y *Manuel de Acuña. Poeta de su siglo*. También de personajes americanos son las semblanzas recogidas en el volumen *Escuela de Libertad. Siete maestros*. En 1944 publica la que sería su última biografía *Cervantes. Bosquejo biográfico*. La impronta vanguardista que dominó en sus biografías de preguerra, deja paso en estas últimas a un estilo más convencional.

exclusivamente a la biografía. Su vasta labor en este campo creativo, además de las dos citadas, aparecidas en la colección 'Vidas españolas e hispanoamericanas del siglo XIX', abarca casi la veintena de títulos, todos ellos en los años que siguieron a la guerra civil.[51]

Para finalizar no nos resta sino decir que, si bien la mayor parte de las biografías escritas en los treinta no fue obra del grupo vanguardista (sirvan como ejemplo las de Salaverría, el marqués de Villaurrutia, el conde de Romanones, Pío Baroja, Pedro de Répide, etc.), todas ellas participaron del impulso, renovación y madurez del género en España, a la par que sucedía en el resto de Europa. Lo realmente destacable es que en nuestro país esta boga fue promovida, en sus primeros vagidos, por los escritores de vanguardia, que dotaron de unas características estéticas singulares la biografía novelada que por aquellos años se ganaba los favores de público y crítica en el viejo continente. No se puede confinar en el olvido toda esa producción, cuyo estudio es imprescindible por la importancia que tiene para la cabal comprensión del conjunto de la narrativa vanguardista y de la historia de la literatura del siglo XX.

---

51   Jaime Más Ferrer indica que el autor 'halló en la biografía la posibilidad de continuar realizándose como escritor en los años difíciles que siguieron a nuestra guerra civil [...] El trauma que ésta produjo en su sensibilidad de escritor, junto con los cambios estéticos experimentados en la posguerra, y unido todo a la necesidad de vivir, indudablemente le incapacitaron para seguir desarrollando su vocación creativa', *op. cit.*, p. 23.

Notes on Contributors

Mechthild Albert, catedrática de Filología Hispánica en la Universidad de Saarbruecken, es autor de *Avantgarde und Faschismus. Spanische Erzaehlprosa 1925-1940* (1996) y ha editado *Vencer no es convencer. Literatura e ideología del fascismo español* (1998). Ha publicado artículos sobre temas que incluyen la vanguardia española, el fascismo español, y la novela contemporánea española y francesa.

Óscar Ayala desarrolla su labor investigadora en la UNED. Ha publicado varios artículos sobre la obra de Antonio Espina y ha editado tres de sus obras anteriormente inéditas: *Las tertulias de Madrid* (1995), *La elocuencia* (1995), y *Audaces y extravagantes y otros aventureros con fondo ambiental* (1996). En la actualidad prepara la edición de las Obras Completas de creación de Espina.

Nigel Dennis is Professor of Spanish at the University of St Andrews. As well as several books on José Bergamín, he has edited *Studies on Ramón Gómez de la Serna* (1988) and *Ernesto Giménez Caballero y 'La Gaceta Literaria'* (1999). He has also prepared editions of Gómez de la Serna's *París*, and Giménez Caballero's *Visitas literarias de España, 1925-1928*.

Ildefonso-Manuel Gil es Profesor Emérito de la Universidad de la Ciudad de New York (CUNY) y Ac. Numerario de la Academia Norteamericana de la Lengua Española. Ha publicado veintiséis poemarios, cuatro novelas y cinco libros de crítica y ensayos literarios. En 1950 ganó con su novela *La moneda en el suelo* el Premio Internacional Janés de Primera Novela y se le concedió en 1992 el Premio Aragón de Letras.

Jordi Gracia es profesor de Literatura Española en la Universidad de Barcelona y autor de *La pasión fría. Lirismo e ironía en la novela de Benjamín Jarnés* (1988), *Estado y cultura. El despertar de una conciencia crítica bajo el franquismo* (1996), *El ensayo español. 5. Los Contemporáneos* (1996) y *Los nuevos nombres: 1975-2000*, tomo 9/1, de la *Historia y crítica de la literatura española* de F. Rico (en prensa).

Alan Hoyle is Lecturer in Spanish in the Department of Spanish and Portuguese Studies at the University of Manchester. His publications include: *Cela: 'La familia de Pascual Duarte'* (1994) and *El humor ramoniano de vanguardia* (1996). He is joint editor of *Spain's 1898 Crisis: Regenerationism, Modernism, Post-Colonialism* (2000).

Alex C. Longhurst is Professor of Spanish at the University of Leeds. He is the author of several books and articles on Baroja, Unamuno, Gabriel Miró and other modern novelists, including *Las novelas históricas de Pío Baroja* (1974), a *Critical Guide to 'Nuestro Padre San Daniel' and 'El obispo leproso'* (1994), and several editions of works by Unamuno.

Francis Lough is Senior Lecturer in Spanish at the University of Kent at Canterbury. He specialises in 20th century Hispanic narrative and has published *Politics and Philosophy in the Early Novels of Ramón J. Sender (1930-1936): The Impossible Revolution* (1996), in addition to a range of essays on Sender, Benjamín Jarnés and Felisberto Hernández.

Domingo Ródenas de Moya, profesor de Literatura Española y Literatura de Tradición Europea de la Universitat Pompeu Fabra (Barcelona), es autor de *Los espejos del novelista. Modernismo y autorreferencia en la novela vanguardista española* (1998) y de *Proceder a sabiendas. Antología de la narrativa de vanguardia española, 1923-1936*. Ha editado entre otros libros *Paula y Paulita* (1997) y *El profesor inútil* (1999).

Francisco Miguel Soguero García desarrolla su labor investigadora en la Universidad de Deusto. Entre sus artículos destacan los dedicados a Benjamín Jarnés y la biografía vanguardista (*Letras de Deusto, ABC Cultural, Trébede, Ínsula*). Ha publicado una edición de *El profesor inútil* de Benjamín Jarnés (2000) y ha finalizado la de la obra inédita, *El aprendiz de brujo*, del mismo autor para la Residencia de Estudiantes.